Mª Fátima Vaquero Ramalho Leyser

Mandado de Segurança

Individual e Coletivo

WVC
EDITORA

© 2002, WVC Gestão Inteligente Ltda.

Editor:
Wagner Veneziani Costa

Produção e Capa:
Equipe Técnica Madras

Ilustração da Capa:
Equipe Técnica Madras

Revisão:
Rita Sorrocha
Renato de Mello Medeiros
Adriana Bairrada

ISBN 85-7386-044-8

Proibida a reprodução total ou parcial desta obra, de qualquer forma ou por qualquer meio eletrônico, mecânico, inclusive por meio de processos xerográficos, sem permissão expressa do editor (Lei nº 9.610, de 19.2.98).

Todos os direitos desta edição reservados pela

WVC Gestão Inteligente Comercial LTDA.
Rua Francisco Baruel, 70 — Santana
CEP 02403-020 — São Paulo — SP
Caixa Postal 12299 — CEP 02013-970 — SP
Tel.: (0_ _11) 6959.1127 — Fax: (0_ _11) 6959.3090
http://www.madras.com.br/wvc

Ao Nosso Senhor JESUS CRISTO, luz espiritual e salvação de toda a humanidade, que me concedeu bênçãos para a elaboração deste trabalho.

À memória de minha mãe BENITA GARCIA VAQUERO, como fruto de amor e gratidão.

Ao meu esposo MARTIN LINO LEYSER, amor da minha vida, que tem se desdobrado tanto para mim e para toda a minha família.

À Professora Doutora THEREZA CELINA DINIZ DE ARRUDA ALVIM, pela atenção na orientação deste trabalho.

Índice

Capítulo I
O Mandado de Segurança como Tutela Diferenciada 11
   1 — Conceito de tutela jurisdicional 11
   2 — A efetividade da tutela jurisdicional 12
      2.1 — O papel do processo e do procedimento na efetividade da tutela jurisdicional 13
      2.2 — As tutelas diferenciadas 14
      2.3 — A cognição em tema de tutelas diferenciadas 16
      2.4 — Tipos de tutelas diferenciadas detectáveis no direito processual civil brasileiro 18

Capítulo II
O Mandado de Segurança (Individual e Coletivo) como Garantia Constitucional 21
   1 — Conceito de garantia constitucional 21
   2 — O mandado de segurança (individual e coletivo) e sua previsão constitucional 24
   3 — O mandado de segurança e o *habeas corpus* 26
   4 — O mandado de segurança e o mandado de injunção 26
   5 — O mandado de segurança e o *habeas data* 27
   6 — O mandado de segurança, a ação direta de declaração de inconstitucionalidade e a ação popular 28
   7 — Requisitos constitucionais do mandado de segurança 30

Capítulo III
Evolução Histórica do Mandado de Segurança 35
   1 — Ordenações, a Lei nº 221/1894 e interditos possessórios ... 35
   2 — Doutrina brasileira do *habeas corpus* 38
   3 — O mandado de segurança nas Constituições do Brasil 39
      3.1 — Projeto de revisão da Constituição de autoria de ALBERTO TORRES 39
      3.2 — Projeto de autoria de GUDESTEU PIRES 40

3.3 — O mandado de segurança na Constituição de 1934 41
3.4 — A Lei nº 191/36 42
3.5 — O mandado de segurança no Código de Processo Civil de 1939 42
3.6 — O mandado de segurança na Constituição de 1946 43
3.7 — O mandado de segurança e a Constituição de 1967 e Emenda Constitucional de 1969 43
3.8 — O mandado de segurança e sua disciplina atual 44

Capítulo IV
O Mandado de Segurança como Ação 47
1 — Natureza jurídica da ação de mandado de segurança 47
2 — Objeto e características da ação de mandado de segurança 48
3 — As condições da ação no mandado de segurança 52
   3.1 — Generalidades 52
   3.2 — Interesse de agir 53
   3.3 — Possibilidade jurídica do pedido 63
   3.4 — Legitimidade 64
      3.4.1 — Espécies de legitimidade 66
      3.4.2 — Legitimidade ativa no mandado de segurança individual: ordinária e extraordinária 68
      3.4.3 — Legitimidade passiva no mandado de segurança 71
      3.4.4 — Litisconsórcio 75

Capítulo V
O Procedimento no Mandado de Segurança 77
1 — Generalidades 77
2 — Petição inicial 78
3 — Prazo de impetração 78
4 — Informações da autoridade coatora e contestação 80
5 — Assistência e outras formas de intervenção (de terceiros) no mandado de segurança 82
6 — Prova 83
7 — Intervenção do Ministério Público 85
8 — Sentença 86

Capítulo VI
Antecipação de Tutela no Mandado de Segurança 89
1 — Natureza jurídica da liminar no mandado de segurança 89
2 — A liminar propriamente dita 90
   2.1 — Relevância do fundamento 93
   2.2 — Concessão da liminar 94

2.3 — Modificação, revogação, caducidade e cassação da liminar 99
2.4 — Suspensão da liminar 104

Capítulo VII
Mandado de Segurança Preventivo 107
1 — Previsão legal 107
2 — Justo receio 109
3 — O mandado de segurança preventivo e a lei em tese 113
4 — A sentença no mandado de segurança preventivo 114
    4.1 — Natureza jurídica 114
    4.2 — Efeitos 115
5 — Mandado de segurança coletivo preventivo 116
6 — Mandado de segurança preventivo contra ato jurisdicional 117
7 — O Ministério Público e o mandado de segurança individual preventivo 117

Capítulo VIII
Mandado de Segurança contra Atos Jurisdicionais 119
1 — Conceito de atos jurisdicionais 119
2 — Escopo e objeto do mandado de segurança contra atos jurisdicionais 120
3 — Natureza jurídica 124
4 — O pressuposto constitucional do direito líquido e certo 125
5 — Prazo 126
6 — Legitimados ativos (além das partes) 126
7 — Mandado de segurança contra atos jurisdicionais e a atual disciplina do agravo 127

Capítulo IX
O Sistema Recursal no Mandado de Segurança 129
1 — O sistema recursal do Código de Processo Civil e o mandado de segurança 129
2 — Agravo 130
3 — Apelação 132
    3.1 — Efeito suspensivo 132
    3.2 — Reexame necessário 133
4 — Correição parcial 134
5 — Embargos de declaração 135
6 — Embargos infringentes 135
7 — Recurso ordinário, extraordinário e especial 137
8 — Ação rescisória e ação anulatória 139
9 — Legitimidade para recorrer 140
10 — Prazo recursal 141

Capítulo X

Execução no Mandado de Segurança 143
  1 — Execução forçada 143
  2 — Efetivação da sentença concessiva de mandado de
      segurança 147
    2.1 — Condutas impostas à autoridade coatora 147
    2.2 — Sanções de caráter criminal 148
    2.3 — Multa diária 150
    2.4 — Outras medidas 150
    2.5 — Defesa da autoridade coatora 150
    2.6 — Substituição da autoridade coatora 150
  3 — Execução provisória 151
  4 — Custas e honorários advocatícios 156

Capítulo XI

Mandado de Segurança Coletivo 157
  1 — Generalidades 157
  2 — Significado da expressão "interesses" contida no nº II do
      inciso LXX do artigo 5º da Constituição Federal 159
  3 — Objeto 159
  4 — Legitimidade ativa 160
    4.1 — Natureza jurídica 160
    4.2 — Partido político 162
    4.3 — Organização sindical, entidade de classe ou associação . 163
    4.4 — Ministério Público 164
    4.5 — Litisconsórcio ativo 164
    4.6 — Assistência 164
  5 — Coisa julgada 165
  6 — Litispendência 167
  7 — Prazo 168
  8 — Competência 168
  9 — Petição inicial 170
  10 — Liminar 170
  11 — Execução 171

Capítulo XII

Conclusões 173

Bibliografia 181

CAPÍTULO I

O Mandado de Segurança como Tutela Diferenciada

SUMÁRIO: 1. Conceito de tutela jurisdicional; 2. A efetividade da tutela jurisdicional: 2.1. O papel do processo e do procedimento na efetividade da tutela jurisdicional; 2.2. As tutelas diferenciadas; 2.3. A cognição em tema de tutelas diferenciadas; 2.4. Tipos de tutelas diferenciadas detectáveis no direito processual civil brasileiro.

1. Conceito de tutela jurisdicional

A tutela jurisdicional deve ser entendida como aquela apta a tornar efetivo o direito, em casos concretos trazidos ao Judiciário, para apreciação. Para DONALDO ARMELIN, a "tutela jurisdicional se apresenta como a contrapartida do direito, ou melhor, poder de provocar a atuação da jurisdição, se enfocada pelo ângulo de quem a requer. Se, ao revés, vier a ser apreciada pela ótica do seu prestador, será obviamente a atividade do Poder Judiciário desenvolvida, em esfera que lhe é normalmente adstrita com exclusividade, a partir, geralmente, de provocação da parte ou interessado. Assim, na medida em que o exercício desse poder subjetivo se dá, necessariamente adimplidos determinados requisitos, tal prestação ocorre de forma total ou parcial, consoante haja ou não apreciação do próprio pedido veiculado através de tal exercício. Não se exclui, por outro lado, em casos excepcionais, uma prestação espontânea de tal tutela, à mingua de correspondente provocação"[1 e 2].

---

1. "A tutela jurisdicional cautelar", in Revista da Procuradoria Geral do Estado de São Paulo 23:111.
2. JOSÉ CARLOS BARBOSA MOREIRA, "Tutela sancionatória e tutela preventiva", in Temas de Direito Processual, p. 21.

Em outras palavras, a tutela jurisdicional preocupa-se com "o resultado jurídico-substancial do processo, conduzindo a uma relativização do fenômeno direito-processo"[3]. JOSÉ ROBERTO DOS SANTOS BEDAQUE explica bem este fenômeno: "a tipicidade não é da ação, mas da tutela pleiteada. Existe um nexo entre o direito de agir em juízo e a tutela a um direito substancial, o que não significa, todavia, sejam a ação, a demanda e a defesa passíveis de classificações e distinções de conteúdo, relacionadas, na verdade, ao tipo de provimento e de tutela. O elemento variável da demanda é exatamente o tipo de tutela, que leva em conta o resultado do processo e que pode ser objeto de classificação. Na verdade, todos os institutos fundamentais do direito processual recebem reflexos significativos da relação jurídica material (jurisdição, ação, defesa e processo). O mesmo se diga das condições da ação, das nulidades processuais (especialmente quanto ao princípio da instrumentalidade das formas), coisa julgada, prova. Isso revela o nítido caráter instrumental do direito processual e reforça a necessidade de relativizar o binômio direito-processo"[4].

2. A efetividade da tutela jurisdicional

A tutela jurisdicional se revela efetiva ou eficaz, "quanto menor for, dentro dos limites do praticamente possível, a diferença entre o resultado que ela proporciona à parte vitoriosa e o resultado que esta última obteria, em face do ordenamento jurídico, se não tivesse recorrido ao processo para obter esse mesmo resultado"[5].

Para JOSÉ CARLOS BARBOSA MOREIRA, "o mecanismo criado para prover essa necessidade precisa corresponder a uma lógica, mas terrível exigência: atuar de tal maneira que, em toda a extensão da possibilidade prática, venham as coisas a passar, de acordo com os preceitos do ordenamento. Que significa isso ao ângulo do jurisdicionado? Recorrendo à Justiça, ele há de poder esperar, ao menos em princípio, que se o seu direito se vê reconhecido, o processo lhe proporcione cabal proteção, pondo-o em condições de fruir, de maneira tão completa quanto possível, da vantagem prometida pela norma. Em outras palavras, o processo avizinha-se do *optimum* na proporção em que tende a fazer coincidir a situação concreta com a situação abstrata prevista na regra jurídica material; e afasta-se progressiva e perigosamente desse ideal na medida em que o resultado na verdade obtido difere daquele que se obteria caso os preceitos legais fossem observados de modo espontâneo e perfeito pelos membros da comunidade"[6].

---

3. LUIZ GUILHERME MARINONI, *A antecipação da tutela na reforma do Código de Processo Civil*, p. 20.
4. *Direito e processo: influência do direito material sobre o processo*, p. 28.
5. MARCELO LIMA GUERRA, *Estudos sobre o processo cautelar*, p. 11.
6. "Tutela sancionatória e tutela preventiva" *in Temas de Direito Processual*, 2ª s., pp. 21-2.

A síntese desse pensamento traduz-se pela célebre expressão de CHIOVENDA, qual seja, o processo deve dar a quem tem um direito tudo aquilo e precisamente aquilo que ele tem o direito de obter.

Aduz CÂNDIDO RANGEL DINAMARCO que "é preciso romper preconceitos e encarar o processo como algo que seja realmente capaz de 'alterar o mundo', ou seja, de conduzir as pessoas à 'ordem jurídica justa'. A maior aproximação do processo ao direito, que é uma vigorosa tendência metodológica hoje, exige que o processo seja posto a serviço do homem, com o instrumental e as potencialidades de que dispõe, e não o homem a serviço da sua técnica"[7].

A exigência de prestação efetiva da tutela jurisdicional decorre da idéia de Estado de Direito, de onde se extraem os princípios do monopólio da jurisdição (proibição de autotutela). "Vislumbra-se uma correlação (ou, mais precisamente, uma decorrência) entre a proibição da justiça privada e a assunção, pelo Estado, da outorga de proteção *plena* às solicitações de tutela jurídica, através dos magistrados, *inclusive contra os seus próprios órgãos*, independentemente mesmo de verificação aprofundada e *a priori* de estar ou não fundada a situação, em face do direito material"[8] e a garantia de proteção jurisdicional de qualquer lesão ou ameaça de lesão a direito (*rectius*, afirmação de direito). Como observa LUIZ GUILHERME MARINONI, "tal direito é garantido por princípio constitucional, pois a Constituição da República de 1988, em seu art. 5º, XXXV, estabelece que a lei não excluirá da apreciação do Poder Judiciário lesão, *como também ameaça a direito*, com o visível intuito de propiciar ao cidadão o asseguramento constitucional de seu direito à *"adequada tutela jurisdicional"*[9].

2.1. O papel do processo e do procedimento na efetividade da tutela jurisdicional

O papel do processo e do procedimento na efetividade da tutela jurisdicional refere-se à questão da duração do processo. "O processo é um sistema onde mais deve ser acentuado o seu caráter entrópico de tal sorte que a sua excelência deve ser medida em função do menor espaço de tempo possível entre o seu início e a sua conclusão eficaz, entendida esta expressão como o término do processo que produz efeitos normais"[10].

As normas processuais devem sempre seguir pelo caminho da efetividade do processo. De outro modo, o processo definido por LIEBMAN, como "l'attivitá con cui si svolge in concreto la funzione giurisdicionale...

---

7. *A instrumentalidade do processo*, p. 297.
8. JOSÉ MANOEL DE ARRUDA ALVIM NETTO, *Tratado de Direito Processual Civil*, v. 1, p. 21.
9. *Efetividade do processo e tutela de urgência*, p. 67.
10. DONALDO ARMELIN, "A tutela jurisdicional cautelar", *in Revista da Procuradoria Geral do Estado de São Paulo*, 23:115.

con una serie coordinata di atti che si svolgano nel tempo e che tendono alla funzione di un atto finalle"[11] deve ser analisado em função do tempo. E isto porque, no contexto social, político e jurídico, o fator tempo assumiu papel de relevo e decisivo na solução das lides (= pretensões de direito).

Como salienta LUIZ GUILHERME MARINONI[12], "uma das questões que emerge quando tratamos da efetividade do processo, e que é o ponto fundamental a inspirar a razão de ser deste trabalho, é a da equação do problema rapidez-segurança". DONALDO ARMELIN refere-se, também, à questão da efetividade do processo, salientando que "se o processo não é o mal social, mas o remédio para esse mal — que é o conflito de interesses — será ele tanto mais eficaz quanto mais rápido for seu resultado"[13]. A questão do acesso à justiça e da efetividade do processo foi amplamente estudada por MAURO CAPPELLETTI e BRYANT GARTH, os quais ressaltam que "em muitos países, as partes que buscam uma solução judicial precisam esperar dois ou três anos, ou mais, por uma decisão exeqüível. Os efeitos dessa delonga, especialmente se considerados os índices de inflação, podem ser devastadores. Ela aumenta os custos para as partes e pressiona os economicamente fracos a abandonar suas causas, ou a aceitar acordos por valores muito inferiores àqueles a que teriam direito"[14].

Em resumo, a tendência do direito processual civil moderno é no sentido de conferir maior utilidade aos provimentos jurisdicionais[15], isto é, propiciar ao processo os meios para realizar os fins ou produzir os efeitos a que se ordene. Como aduz BARBOSA MOREIRA, "toma-se consciência cada vez mais clara da função instrumental do processo e da necessidade de fazê-lo desempenhar de maneira *efetiva* o papel que lhe toca. Pois a melancólica verdade é que o extraordinário progresso científico de tantas décadas não pôde impedir que se fosse dramaticamente avolumando, a ponto de atingir níveis alarmantes, a insatisfação, por assim dizer, universal, com o rendimento do mecanismo da justiça civil"[16].

2.2. As tutelas diferenciadas

Realmente, existem as chamadas tutelas diferenciadas e, como enfatiza ANDREA PROTO PISANI, elas são necessárias para assegurar o exercício do direito à adequada tutela jurisdicional, que representa a concretização do princípio da inafastabilidade do controle jurisdicional, consagrado no artigo 5º, inciso XXXV, da Constituição Federal. "O processo civil deve

---

11. *Manuale di Diritto Processuale Civile*, p. 31.
12. *Tutela cautelar e tutela antecipatória*, p. 15.
13. "A tutela jurisdicional cautelar", in *Revista da Procuradoria Geral do Estado de São Paulo*, 23:115.
14. *Acesso à Justiça*, p. 20.
15. CÂNDIDO RANGEL DINAMARCO, *A instrumentalidade do processo*, p. 320.
16. "Tendências contemporâneas do direito processual civil", in *Repro* 31:199.

ser visto como uma espécie de contrapartida que o Estado oferece aos cidadãos diante da proibição da autotutela, contrapartida esta que se deve traduzir na predisposição de meios de tutela jurisdicional adequados às necessidades de tutela das particulares situações de direito substancial"[17].

KAZUO WATANABE[18] explica que para visualizarmos tutelas próprias à concretização da efetividade do processo precisamos ter em mente que "se de um lado há exigências próprias do direito material por uma adequada tutela, há de outro as técnicas e soluções específicas do direito processual, não somente quanto à natureza do provimento, como também no tocante à duração do processo, à eventual antecipação da tutela, à intensidade e amplitude da cognição e a muitos outros aspectos".

As tutelas jurídicas diferenciadas caracterizam-se como formas alternativas de tutela sumária para atender a situações urgentes. Para que seja "assicurata la tutela giurisdizionale di una determinata situazione di vantaggio, non basta, non è sufficiente, che a livello di diritto processuale sia predisposto un procedimento quale che sia, ma è necessario che il titolare della situazione di vantaggio violata (o di cui si minàccia la violazione) possa utilizzare un procedimento strutturato in modo tale da potergli fornire una tutela effetiva e non meramente formale o astatta del suo diritto"[19].

Como revela DONALDO ARMELIN, a tutela jurisdicional diferenciada "prende-se talvez mais remotamente à própria questão da indispensável adaptabilidade da prestação jurisdicional e dos instrumentos que a propiciam à finalidade dessa mesma tutela". Explica o autor que "dois posicionamentos, pelo menos, podem ser adotados a respeito da conceituação de 'tutela diferenciada'. Um, adotando como referencial da tutela jurisdicional diferenciada a própria tutela em si mesma, ou seja, o provimento jurisdicional que atende a pretensão da parte, segundo o tipo da necessidade de tutela ali veiculado. Outro, qualificando a tutela jurisdicional diferenciada pelo prisma de sua cronologia no *iter* procedimental em que se insere, bem assim como a antecipação de seus efeitos, de sorte a escapar das técnicas tradicionalmente adotadas nesse particular. Continuando, o autor salienta que "realmente, presentes diferenciados objetivos a serem alcançados por uma prestação jurisdicional efetiva, não há porque se manter um tipo unitário desta ou dos instrumentos indispensáveis a sua corporificação. A vinculação do tipo da prestação à sua finalidade específica espelha a atendibilidade desta; a adequação do instrumento ao seu escopo potencia o seu tônus de efetividade. A adoção de técnicas diferenciadas versando a tutela e os instrumentos de sua prestação se insere, considerando que o

---

17. "I rapporti fra diritto sostanziale e processo", *in Appunti sulla giustizia civile*, Bari, Cacucci, p. 42.
18. *Da cognição no processo civil*, p. 19.
19. ANDREA PROTO PISANI, "Breve premessa a un corso sulla giustizia civile" *in Appunti sulla giustizia civile*, p. 11.

processo é também técnica, ainda que informada e condicionada por princípios e valores jurídicos"[20].

Com a introdução da antecipação da tutela pretendida, total ou parcialmente, no bojo do processo de conhecimento, nos termos do artigo 273 da lei processual civil, bem como da tutela específica prevista para as ações que tenham por objeto o cumprimento de obrigações de fazer ou não fazer, segundo o artigo 461 do referido diploma legal, ambos com a redação dada pela Lei nº 8.952/94, procurou-se minimizar a complexa questão da efetividade do processo ou, em outros termos, objetivou-se a realização *in natura* do bem jurídico discutido, deixando-se, para segundo plano, a conversão em seu sucedâneo patrimonial.

2.3. A cognição em tema de tutelas diferenciadas

O processo deve propiciar a efetiva tutela do direito da parte, isto é, deve conduzir ao mesmo resultado que seria obtido se espontaneamente cumprida a norma de direito substancial ou realizada a ação de direito material.

Sobre o assunto manifestou-se com pertinência LUIZ GUILHERME MARINONI no seguinte sentido: "a perspectiva de direito material possibilita o ajuste da tutela jurisdicional às peculiaridades da pretensão de direito material. A idéia de que 'a todo direito corresponde uma ação que o assegura' é resgatada, porém, como queria Barbosa Moreira, com sonoridades modernas. Com efeito, como diz Watanabe, para que do art. 75 do Código Civil 'se retire toda a conotação imanentista, basta que se leia o texto como se nele estivesse escrito que a toda afirmação de direito (e não um direito efetivamente existente) corresponde uma ação que o assegura'. O direito 'afirmado', como é cediço, não é a mesma coisa que direito existente. Aliás, mesmo o texto constitucional (art. 5º, nº XXXV) deve ser lido com o mesmo cuidado, pois seu texto afirma que 'a lei não excluirá da apreciação do Poder Judiciário lesão ou ameaça a direito', e sua leitura apressada poderá conduzir a uma conclusão imanentista, quando na verdade o que nele se afirma é que nenhuma afirmativa de lesão ou ameaça a direito poderá ser excluída da apreciação do Poder Judiciário"[21].

Como bem acentua THEREZA ARRUDA ALVIM em trabalho que analisa pontos da reforma do Código de Processo Civil à luz dos novos valores ditados pela atual doutrina do processo: "em face da moderna interpretação desse art. 75, do CC, combinado com o art. 5º, inc. XXXV, da CF, pode-se afirmar que o processo, como instrumento, deve oferecer o caminho que assegure à parte individual ou coletiva solução o mais possível aproximada, se não igual, àquela que obteria não tivesse havido trans-

---

20. "A tutela jurisdicional diferenciada", *in Repro* 65:46.
21. *Efetividade do processo e tutela de urgência*, pp. 38-9.

gressão da norma legal. Essa tutela, em sendo o processo efetivo, deve ser oferecida em breve espaço de tempo, respeitando-se, porém, o princípio do contraditório"[22].

A pretensão de direito material que deve ser realizada de modo urgente, porque existente uma situação de perigo de dano, requer provimento diferenciado, ou seja, provimento apto a atender esta situação particular de direito material.

Somente através da combinação das diferentes espécies de cognição é que se pode buscar os procedimentos adequados, para o fim de tornar eficaz o direito à adequada tutela jurisdicional. "Os limites para a concepção destes procedimentos estão estabelecidos pelo princípio da inafastabilidade do controle jurisdicional e pelos princípios que compõem a cláusula do 'devido processo legal'"[23].

Enfatiza DONALDO ARMELIN que se "situa no instrumento processual a sede da investigação da tutela jurisdicional diferenciada, cuja diversidade resulta de técnicas relativas ao procedimento de onde ela emerge e/ou do grau de cognição indispensável a sua efetivação. Assim derivaria ela de uma antecipação no *iter* procedimental de processo de cognição plena e exauriente, efetiva ou eventual, ou de processo autônomo de cognição sumária, não cautelar. Também poderia surgir no procedimento de execução específica, ou seja, de certa forma, constituiria uma tutela prestada em instrumento processual marcado pela cognição sumária, que não se confunde com o procedimento sumário caracterizado pela simplificação ou abreviação do seu *iter*. A cognição sumária corresponde àquela superficial, embora sem limitação no plano horizontal, contrapondo-se, destarte, à plena e exauriente, ainda que horizontalmente limitada"[24].

É cada vez maior a preocupação com a efetiva tutela dos direitos, por essa razão houve a introdução recentemente no sistema processual positivo da antecipação dos efeitos da tutela de mérito, que "representa, sem a menor sombra de dúvida, a construção, por via legislativa, de regra com a mesma finalidade: estabelecer mecanismos para obtenção de concordância prática, de formas de convivência simultânea, entre o direito fundamental à efetividade do processo e o direito fundamental à segurança jurídica, naquelas hipóteses em que tais direitos fundamentais estiverem em rota de colisão"[25].

---

22. "A tutela específica do art. 461, do Código de Processo Civil", in *Repro* 80: 104.
23. KAZUO WATANABE, *Da cognição no processo civil*, p. 94.
24. "A tutela jurisdicional diferenciada", in *Repro* 65:46.
25. TEORI ALBINO ZAVASCKI, "Antecipação da tutela e colisão de direitos fundamentais" in *Repertório de Jurisprudência e Doutrina sobre Liminares*, Coord.: Teresa Arruda Alvim Wambier, pp. 87-8.

2.4. Tipos de tutelas diferenciadas detectáveis no direito processual civil brasileiro

Para a efetividade da tutela jurisdicional é necessária uma ação que permita a realização do direito com base em cognição sumária[26]. Este tipo de cognição, inerente ao processo cautelar, ocorre, por exemplo, em formas não cautelares de antecipação de tutela, como são as liminares das ações possessórias (art. 928 do CPC), da ação de nunciação de obra nova (art. 937 do CPC), da ação de busca e apreensão do Decreto-Lei nº 911/69 e nos embargos de terceiro, dentre outras. Também pode ser observada nos procedimentos das medidas provisionais do artigo 888 do Código de Processo Civil.

As tutelas jurídicas diferenciadas podem ser concebidas com a criação de instrumentos mais efetivos à solução da lide ou com mecanismos de agilização da prestação jurisdicional[27]. Exemplos da primeira hipótese são a Lei da Ação Popular (Lei nº 4.717, de 29.6.65, art. 5º, § 4º), Lei da Ação Civil Pública (Lei nº 7.347, de 24.7.85, art. 12), Código de Defesa do Consumidor (Lei nº 8.078, de 11.9.90, art. 84, § 3º), Lei do Mandado de Segurança (Lei nº 1.533, de 31.12.51, art. 7º) e Lei da Ação de Desapropriação (Decreto-Lei nº 3.365/41, art. 15). Exemplos da segunda hipótese são os juizados especiais cíveis e criminais (Lei nº 9.099/95) e a tutela antecipatória instituída pelo CPC, arts. 273 e 461, § 3º, com a redação da Lei nº 8.952/94.

As reformas introduzidas no Código de Processo Civil tiveram como objetivo completar o elenco do gênero denominado "tutelas de urgência", de que são espécies o provimento antecipatório e o liminar, de modo a evitar ou reparar eventual lesão a direito. Basicamente são três as tutelas sumárias urgentes: a) cautelar (próprias, típicas e atípicas ou nominadas e inominadas); b) antecipatória satisfativa interinal e c) satisfativa autônoma (conhecida por 'cautelar satisfativa' ou cautelar imprópria).

A tutela de urgência encontra-se prevista na Constituição Federal. Observa-se essa norma diante da expressão "ameaça de lesão a direito" contida no inciso XXXV do artigo 5º da Carta Magna. Esse dispositivo "revela o propósito de o constituinte garantir constitucionalmente a tutela de urgência, seja a cautelar, seja a sumária antecipatória. Existe, pois, direito constitucional à tutela de urgência"[28].

A previsão de tutelas diferenciadas, em nível constitucional, visa, precipuamente, a ampliação dos mecanismos de acesso à justiça. "O acesso à justiça, portanto, pode ser encarado como o requisito fundamental —

---

26. LUIZ GUILHERME MARINONI, *Efetividade do processo e tutela de urgência*, p. 58.
27. NELSON NERY JÚNIOR, *Atualidades sobre o Processo Civil — A reforma do Código de Processo Civil brasileiro de 1994 e de 1995*, p. 60.
28. LUIZ GUILHERME MARINONI, *Efetividade do processo e tutela de urgência*, p. 31.

o mais básico dos direitos humanos — de um sistema jurídico moderno e igualitário que pretenda garantir, e não apenas proclamar, os direitos de todos"[29].

Entre as hipóteses de tutelas diferenciadas previstas na Carta Magna temos a ação popular, a ação civil pública, o mandado de injunção, o *habeas corpus* e o mandado de segurança (individual e coletivo).

O mandado de segurança (individual e coletivo) exige direito líquido e certo.

CELSO ANTÔNIO BANDEIRA DE MELLO ao explicar o conceito da expressão "direito líquido e certo" acentua que "não é, contudo, o direito que deve ser líquido e certo. O que se requer, em verdade, é que as afirmações dos fatos se apresentem como induvidosas independentemente da instrução para o estabelecimento de sua certeza"[30].

Confira julgado do Tribunal de Alçada do Rio Grande do Sul, que denegou a segurança que havia sido concedida em primeiro grau, com a seguinte ementa:

"MANDADO DE SEGURANÇA COLETIVO. DIREITO LÍQUIDO E CERTO. O direito deve estar assentado em fato incontroverso, independente de dilação probatória. Se houver dúvida e dependendo de ulterior comprovação, mostra-se inviável o remédio constitucional. Segurança denegada"[31].

O mandado de segurança individual indica a possibilidade de liminar para a proteção *in natura* do bem questionado pelo Estado, quando comprovados os seus pressupostos e a vedação da consumação da lesão à afirmação de direito contida na impetração. CASTRO NUNES referindo-se ao mandado de segurança individual conclui que "o mandado de segurança é, como já vimos, o remédio específico para assegurar, nas relações de direito público, a prestação *in natura*. Como veremos adiante, não repara a violação a direito"[32].

"Por fim, já na formulação hoje em dia vigente, *ex vi* da Lei 1.533 (art. 7º, II), não mais se alude à gravidade ou à irreparabilidade da possível lesão (aliás, a *irreparabilidade* não é de sorte alguma relevante, seja para a concessão da liminar, seja para a concessão da segurança: isso porque o mandado de segurança não é ação de cunho reparatório). Atualmente, o que importa, ao lado da relevância do fundamento, é a circunstância de que, na ausência da concessão de medida de caráter antecipatório da tutela, estará a parte realmente na iminência de se ver frustrada, pela absoluta então inap-

---

29. MAURO CAPPELLETTI e BRYANT GARTH, obra citada, p. 12.
30. "O ato coator", *in Curso de mandado de segurança*, p. 47.
31. JTARS 84:279.
32. *Do mandado de segurança e de outros meios de defesa contra atos do Poder Público*, p. 40.

tidão da sentença final com vistas à produção dos efeitos restauradores do direito *em si*, que constituem a finalidade do mandado de segurança"[33].

Ensina PONTES DE MIRANDA que "a ação de mandado de segurança é tipicamente *ação mandamental*, como o é, no direito constitucional e no direito processual penal, a ação de *habeas corpus*"[34].

Assim, o mandado de segurança individual representa uma garantia constitucional colocada à disposição do cidadão, proporcionando eficiência e rapidez quanto à proteção ao direito (*rectius*: afirmação de direito). "A proteção dos direitos do homem em face do uso abusivo do 'poder' somente se realiza através de garantias instrumentalizadas em processos céleres, e com expedientes destinados a tutelar contra o *periculum in mora*"[35].

Em síntese, o mandado de segurança individual "é uma tutela mais qualificada aos direitos líquidos e certos, isto é, aos direitos cuja demonstração independe de prova em dilação"[36]. Além disso, é da própria *ratio* do mandado de segurança a agilidade e presteza a amparar o cidadão contra atos praticados pela autoridade, que possam vir a se mostrar contra o direito. Isto porque, se assim não fosse, estaria suprimida a garantia do artigo 5º, inciso XXXV, da Carta Magna, que possibilita ao jurisdicionado acautelar, desde logo, o seu direito (*rectius*: afirmação de direito).

O mandado de segurança coletivo é o mesmo mandado de segurança do inciso LXIX do artigo 5º da Constituição Federal de 1988, com peculiariedades próprias, dentre outras, no que pertine à legitimidade *ad processum*.

No mandado de segurança coletivo, contudo, a lesão ou ameaça de lesão não pode ser considerada individualmente, tendo como objeto direitos (*rectius*: interesses) coletivos.

---

33. SÉRGIO FERRAZ, *Mandado de segurança (individual e coletivo) — Aspectos polêmicos*, p. 109.
34. *Apud* J. CRETELLA JÚNIOR, *Comentários à lei do mandado de segurança*, p. 33.
35. LUIZ GUILHERME MARINONI, *Efetividade do processo e tutela de urgência*, p. 69.
36. THERESA ARRUDA ALVIM WAMBIER, *Medida cautelar, mandado de segurança e ato judicial*, p. 60.

Capítulo II

O Mandado de Segurança (Individual e Coletivo) como Garantia Constitucional

> SUMÁRIO: 1. Conceito de garantia constitucional; 2. O mandado de segurança (individual e coletivo) e sua previsão constitucional; 3. O mandado de segurança e o *habeas corpus*; 4. O mandado de segurança e o mandado de injunção; 5. O mandado de segurança e o *habeas data*; 6. O mandado de segurança, a ação direta de declaração de inconstitucionalidade e a ação popular; 7. Requisitos constitucionais do mandado de segurança.

1. Conceito de garantia constitucional

A Carta Magna enumera os direitos e garantias individuais, esclarecendo que se destinam a sua proteção, aos brasileiros e, também, aos estrangeiros residentes no país.

VICENTE GRECO FILHO classifica os direitos e garantias em três espécies, a saber: 1) direitos materiais, 2) garantias formais e 3) garantias instrumentais. Explica o autor que se consideram direitos materiais "aqueles diretamente outorgados pelo texto constitucional, o qual define, também, o seu conteúdo. Pode, eventualmente, certa delimitação ou regulamentação ser remetida à legislação ordinária, a qual, todavia, não poderá desvirtuar o direito constitucional garantido. Como exemplos de direitos materiais teríamos o da liberdade de consciência, o do sigilo de correspondência, o da livre manifestação de pensamento, o do livre exercício de qualquer trabalho e outros"[37].

---

37. *Tutela constitucional das liberdades*, pp. 39-40.

Para o mesmo autor consideram-se garantias formais "aquelas que, sem definir o conteúdo do direito, asseguram a ordem jurídica, os princípios da juridicidade, evitando o arbítrio, balizando a distribuição dos direitos em geral. Garantias formais são o princípio da legalidade, o da isonomia ou da igualdade". Ainda, o referido autor salienta que se consideram garantias instrumentais ou processuais "as disposições que visam assegurar a efetividade dos direitos materiais e das garantias normais, por sua vez, sua aplicação de garantias. Garantias instrumentais ou processuais são as do processo, como a da ampla defesa, a instrução contraditória etc."[38].

CELSO RIBEIRO BASTOS[39] entende que os direitos individuais consistem em "um rol de direitos que consagra a limitação da atuação estatal em face de todos aqueles que entrem em contato com esta mesma ordem jurídica" e garantias constitucionais são "direitos de ordem processual, são direitos de ingressar em juízo para obter uma medida judicial com uma força específica ou com uma celeridade não encontrável nas ações ordinárias".

Podemos afirmar que as garantias constitucionais são meios processuais caracterizados pela celeridade, destinados à proteção dos direitos individuais. Para JOSÉ AFONSO DA SILVA, "as garantias constitucionais, em conjunto, se caracterizam como imposições, positivas ou negativas, especialmente aos órgãos do Poder Público, limitativas de sua conduta, para assegurar a observância ou, no caso de inobservância, a reintegração do direito violado"[40].

Dessa forma, a título de exemplo, pode-se asseverar que a proteção dada pela Constituição à igualdade de todos perante a lei seria um direito, enquanto o mandado de segurança é uma garantia, isto porque é o instrumento processual voltado ao asseguramento do direito substancial ou de direitos que tutelam os bens da vida (liberdade, igualdade, propriedade etc.).

Na atual Constituição, temos as seguintes garantias constitucionais: *habeas corpus*, mandado de segurança individual, mandado de segurança coletivo, mandado de injunção, *habeas data*, ação popular e ação direta de inconstitucionalidade. VICENTE GRECO FILHO exclui do rol das garantias constitucionais, que denomina instrumentos constitucionais especiais, a ação popular ("porque não é diretamente protetiva de liberdade individual") e a ação direta de inconstitucionalidade ("porque a legitimação para propô-la, apesar de ampliada pelo novo texto, é restrita aos órgãos ou entidades referidas no artigo 103 da Constituição Federal")[41].

---

38. VICENTE GRECO FILHO, *Tutela constitucional das liberdades*, pp. 39-40.
39. *Curso de Direito Constitucional*, p. 164.
40. *Curso de Direito Constitucional positivo*, p. 393.
41. *Tutela constitucional das liberdades*, pp. 142-3.

A interpretação dos textos constitucionais relativos às garantias constitucionais deve ser sistemática, levando em conta as demais normas que encerram princípios constitucionais.

Para a boa interpretação constitucional é preciso verificar, no interior do sistema, "quais as normas que foram prestigiadas pelo legislador constituinte ao ponto de convertê-las em princípios regentes desse sistema de valoração. Impende examinar como o constituinte posicionou determinados preceitos constitucionais. Alcançada, exegeticamente, essa valoração é que teremos os princípios. Estes, como assinala Celso Antônio Bandeira de Mello, são mais do que normas, servindo como vetores para soluções interpretativas. De modo que é preciso, para tal, conhecer cada sistema normativo. No nosso, ressaltam o princípio federativo, o do voto direto, secreto, universal e periódico; a separação dos Poderes; dos direitos e garantias individuais. Essa saliência é extraída do art. 60, § 4º, do Texto Constitucional, que impede emenda tendente a abolir tais princípios. Por isso, a interpretação de uma norma constitucional levará em conta todo o sistema, tal como positivado, dando-se ênfase, porém, para os princípios que foram valorizados pelo constituinte. Também, não se pode deixar de verificar qual o sentido que o constituinte atribui às palavras do Texto Constitucional, perquirição que só é possível pelo exame de todo normativo, após a correta apreensão da principiologia que ampara aquelas palavras"[42].

J. H. MEIRELLES TEIXEIRA, ao se referir aos critérios de interpretação constitucional, lembra as lições do Juiz Back, da Suprema Corte americana, para concluir que "quando o sentido comum das palavras (*shown on the face of the words*) for definido e inteligível, não assiste aos tribunais o direito de procurar outro sentido, ainda que este pudesse parecer mais provável ou natural. Ao contrário, devem admitir que a Constituição significa justamente aquilo que ela diz. Mas, advirta-se, se as palavras da Constituição, assim tomadas, forem vazias, ou conduzirem a uma conclusão absurda, ou forem contraditórias com outras partes da Constituição, então não se pode presumir que a sua primeira aparência expresse a sua real intenção. Nesse caso, os tribunais devem empregar os processos de interpretação (*construction*) para chegarem à real intenção, tomando as palavras em significado tal que lhes dê um sentido definido e sensível, que as reconcilie com o resto do instrumento. E este sentido deve ser determinado comparando-se aquela cláusula particular com as outras partes da Constituição; considerando-se os vários sentidos, vernaculares ou técnicos, que os vocábulos possam assumir; estudando-se os fatos da história contemporânea, as finalidades a serem atingidas, os benefícios a serem assegurados ou o mal a ser remediado pela disposição em causa"[43].

---

42. MICHEL TEMER, *Elementos de Direito Constitucional*, p. 24.
43. *Curso de direito constitucional, organizado e atualizado por Maria Garcia*, p. 275.

2. O mandado de segurança (individual e coletivo) e sua previsão constitucional

Preceitua o inciso LXIX do artigo 5º da Constituição Federal que "conceder-se-á mandado de segurança para proteger direito líquido e certo não amparado por *habeas corpus* ou *habeas data*, quando responsável pela ilegalidade ou abuso de poder for autoridade pública ou agente de pessoa jurídica no exercício de atribuições do Poder Público".

O inciso LV do artigo 5º da Constituição Federal confere aos acusados a proteção da ampla defesa e do contraditório. "Por ampla defesa deve-se entender o asseguramento que é feito ao réu de condições que lhe possibilitem trazer para o processo todos os elementos tendentes a esclarecer a verdade"[44]. "O contraditório, por sua vez, se insere dentro da ampla defesa. Quase que com ela se confunde integralmente na medida em que uma defesa hoje em dia não pode ser senão contraditória. O contraditório é, pois, a exteriorização da própria defesa. A todo ato produzido caberá igual direito da outra parte de opor-se-lhe ou de dar-lhe a versão que lhe convenha, ou ainda de fornecer uma interpretação jurídica diversa daquela feita pelo autor"[45].

Dessa norma constitucional deflui que, tanto em processo judicial como administrativo, assegura-se às partes o direito à ampla defesa.

A existência de outros meios legais para a proteção de um direito não é suficiente para excluir o mandado de segurança. Como bem salienta CASTRO NUNES, o mandado de segurança é "o remédio específico para assegurar, nas relações de direito público, a prestação *in natura*... O direito é assegurado, *no seu exercício,* e não pela forma *indireta* da equivalência econômica, princípio pelo qual se define o ressarcimento da inexecução da obrigação, *scilicet* violação da lei. O ato violador é removido como obstáculo para que se restabeleça a situação jurídica preexistente, e não apenas anulado com os efeitos reparatórios conhecidos"[46].

Daí, podemos inferir que não há antinomia entre a garantia constitucional do mandado de segurança e a garantia da ampla defesa.

O objeto do mandado de segurança é o ato da administração. Entende-se, pacificamente, na doutrina brasileira, que o "mandado de segurança só será adequado se o ato lesivo ou ameaçador tiver sido praticado pelo Estado como Poder Público, excluídos, assim, os atos em que ele tenha agido como pessoa privada, pois nesses casos estará sujeito apenas aos remédios comuns das leis processuais"[47]. Contudo, CELSO ANTÔNIO

---

44. CELSO BASTOS e IVES GANDRA MARTINS, *Comentários à Constituição do Brasil,* p. 266.
45. *Ibidem,* p. 267
46. Obra citada, p. 38.
47. CELSO AGRÍCOLA BARBI, *Do mandado de segurança,* p. 74.

BANDEIRA DE MELLO[48] aduz que as hipóteses de cabimento do mandado de segurança podem se referir a comportamentos da Administração.

A proteção do mandado de segurança não se estende a todo e qualquer direito, mas somente ao direito líquido e certo. Entende-se, majoritariamente, na doutrina, que direito líquido e certo é aquele que se apóia em fatos incontroversos, fatos incontestáveis[49].

O mandado de segurança, como garantia constitucional, trata-se de cláusula pétrea no atual texto. Isso porque o artigo 60, § 4º, da Carta Magna afirma serem os direitos e garantias constitucionais insuscetíveis de modificação até mesmo por meio de emendas constitucionais.

A legitimação para a impetração do mandado de segurança individual (legitimidade ativa) é conferida a qualquer pessoa cujo direito líquido e certo tenha sofrido violação ou ameaça de lesão por parte do agente do Poder Público. "Parte legítima para impetrar mandado de segurança é o titular de direito líquido e certo, ameaçado ou violado por ato (ou omissão) ilegal ou de abuso de poder praticado por autoridade"[50]. Essa legitimidade pertence à pessoa física, jurídica ou mesmo universalidade patrimonial privada[51 e 52].

A figura do mandado de segurança coletivo vem prevista no artigo 5º, inciso LXX da Constituição Federal de 1988: "o mandado de segurança coletivo pode ser impetrado por: a) partido político com representação no Congresso Nacional; b) organização sindical, entidade de classe ou associação legalmente constituída e em funcionamento há pelo menos um ano, em defesa dos interesses de seus membros ou associados". Observa-se que a Carta Magna cuidou da questão relativa à legitimidade para impetração do mandado de segurança coletivo.

Interessante questão é saber se o rol de legitimados à propositura do mandado de segurança coletivo previsto no inciso LXX do artigo 5º da Constituição Federal é exaustivo ou não. Afigura-se admissível a legitimidade ativa do Ministério Público para o ajuizamento do mandado de segurança coletivo diante de sua função institucional (arts. 127, *caput*, e 129, IX, da Constituição)[53].

---

48. "O ato coator", obra citada, pp. 8-9.
49. CARLOS MÁRIO DA SILVA VELLOSO, "Conceito de direito líquido e certo" in *Curso de mandado de segurança*, pp. 75-8.
50. ALFREDO BUZAID, *Do mandado de segurança*, pp. 17-23.
51. HELY LOPES MEIRELLES, *Mandado de segurança, ação popular, ação civil pública, mandado de injunção, "habeas data"*, p. 43.
52. CARLOS ALBERTO MENEZES DIREITO, *Manual do mandado de segurança*, p. 79.
53. Vide trabalho do autor: "O Ministério Público e o mandado de segurança coletivo", in *Revista da Associação dos Pós-Graduandos da PUC-SP*, Especial de Direi-

3. O mandado de segurança e o *habeas corpus*

O *habeas corpus* protege a liberdade de locomoção e o direito de ir e vir. Diz o art. 5º, inciso LXVIII, da Constituição Federal: "Conceder-se-á *habeas corpus* sempre que alguém sofrer ou se achar ameaçado de sofrer violência ou coação em sua liberdade de locomoção, por ilegalidade ou abuso de poder". Já o mandado de segurança, segundo a doutrina, tem o modo de sua escolha excludente, no qual não caiba o *habeas corpus* ou o *habeas data* e seu objeto é a "correção de ato da autoridade pública, ato comissivo ou omissivo, marcado pela ilegalidade ou pelo abuso de poder".

Em outras palavras, cabe o mandado de segurança na hipótese de violação ou ameaça de lesão, por autoridade pública, de qualquer outro direito líquido e certo que não se refira exclusiva ou essencialmente à liberdade física do ser humano.

De outra parte, o *"habeas corpus* se dará *sempre* que o indivíduo sofra ou esteja ameaçado de sofrer violência ou coação, palavra que reflete o *privilégio*, vale dizer, a *irrecusabilidade* da ordem, inconfundível com o *writ*, que é o remédio, o mandado, o escrito, o procedimento. Não está clausulada a sua concessão como acontece com o mandado de segurança, que supõe a *certeza* e *liquidez* do direito reclamado. Vale dizer que o *habeas corpus*, *writ* que no direito anglo-saxão se tem por *ex debito justitiae*, na dúvida é de ser concedido, o contrário precisamente do que se dá com o mandado de segurança, que é de inspiração diversa; na dúvida não se concede. O ponto de contato entre os dois institutos, em face do texto constitucional, está somente na argüição que se define em idênticos termos — *coação ou violência por ilegalidade ou abuso de poder*. E, também, em termos razoáveis por aplicação de critérios admitidos no julgamento do *habeas corpus*. Assim é que a recusa da autoridade em prestar informações requisitadas pode ser interpretada como tácita confirmação da violência alegada"[54].

4. O mandado de segurança e o mandado de injunção

O mandado de injunção encontra-se previsto no inciso LXXI do artigo 5º da Constituição Federal: "Conceder-se-á mandado de injunção sempre que a falta de norma regulamentadora torne inviável o exercício dos direitos e liberdades constitucionais e das prerrogativas inerentes à nacionalidade, à soberania e à cidadania".

---

to, 1997. Nesse sentido é a conclusão de CELSO ANTÔNIO FIORILLO, MARCELO ABELHA RODRIGUES e ROSA MARIA ANDRADE NERY, *Direito processual ambiental brasileiro*, pp. 198-202.
54. CASTRO NUNES, obra citada, pp. 19-20.

Para NAGIB SLAIBI FILHO[55], o mandado de injunção é "remédio jurídico processual que intenta suprir a falta de norma regulamentadora que torne inviável o exercício dos direitos e liberdades constitucionais e das prerrogativas inerentes à nacionalidade, à soberania e à cidadania".

Os objetivos do mandado de injunção e do mandado de segurança são diversos. O mandado de segurança protege qualquer ameaça ou lesão a direito líquido e certo, enquanto o mandado de injunção protege somente as garantias relativas à nacionalidade, à soberania e à cidadania, diante da falta de norma regulamentadora. "Não se trata de repor a legalidade ofendida. Não se cuida de assegurar direitos constitucionais feridos por violências ou coações administrativas. Não se cuida de reparar lesividade causada ao patrimônio público. Não se trata ainda de corrigir dados pessoais que órgãos públicos manipulem incorretamente. Não. O de que aqui se cuida é de garantir ao impetrante o asseguramento de um direito que, contemplado na Constituição, não lhe é deferido por quem de direito por falta de uma norma regulamentadora que torne viável o exercício do aludido direito"[56].

Como acentuou o Ministro CELSO DE MELLO do Supremo Tribunal Federal, "o mandado de injunção constitui um dos mais expressivos instrumentos jurídicos de proteção jurisdicional aos direitos, liberdades e prerrogativas de índole constitucional. A tutela concretizadora desses direitos fundamentais, mediante a utilização desse singularíssimo meio formal, deriva da necessidade de tornar viável o seu exercício, que é obstado pela inércia do Estado em adimplir o dever de emanar normas, imposto pela Constituição"[57].

5. O mandado de segurança e o *habeas data*

O *habeas data* está previsto no inciso LXXII do art. 5º da Constituição Federal: "Conceder-se-á *habeas data:* a) para assegurar o conhecimento de informações relativas à pessoa do impetrante, constantes de registros de banco de dados de entidades governamentais ou de caráter público; b) para a retificação de dados, quando não se prefira fazê-lo por processo sigiloso, judicial ou administrativo". O *habeas data* só pode objetivar o conhecimento de informações constantes em registro ou bancos de dados de entidades governamentais ou de caráter público. Não se confunde com o direito previsto no inciso XXXIII do art. 5º da Constituição Federal, que assegura a todos o direito de receber informações dos órgãos públicos. "Neste, é concedido ao indivíduo o acesso àquelas informações que dizem respeito à atuação administrativa"[58].

---

55. *Anotações à Constituição de 1988 — Aspectos fundamentais*, p. 264.
56. CELSO RIBEIRO BASTOS, *Curso de direito constitucional*, p. 221.
57. Mandado de Injunção 164.2-SP (DJ, 24/10/89, p. 16230-2).
58. CELSO RIBEIRO BASTOS, *Curso de direito constitucional*, p. 229.

O Superior Tribunal de Justiça aprovou a Súmula 2, que trata do não cabimento do *habeas data* se não houver recusa de informações por parte da autoridade administrativa.

A jurisprudência entende que a correção de dados pressupõe liquidez e certeza, como na hipótese do mandado de segurança[59].

A Lei nº 9.507, de 12 de novembro de 1997, passou a regular o direito de acesso a informações e a disciplinar o rito processual do *habeas data*.

A referida lei prevê o cabimento do *habeas data* nas seguintes situações: a) para assegurar o conhecimento de informações relativas à pessoa do impetrante, constantes de registro ou banco de dados de entidades governamentais ou de caráter público; b) para a retificação de dados, quando não se prefira fazê-lo por processo sigiloso, judicial ou administrativo, e c) para a anotação nos assentamentos do interessado, de contestação ou explicação sobre dado verdadeiro mas justificável e que esteja sob pendência judicial ou amigável.

A petição inicial do *habeas data* deverá preencher os requisitos dos artigos 282 a 285 do Código de Processo Civil e ser instruída com a prova: a) da recusa ao acesso às informações ou do decurso de mais de dez dias sem decisão; b) da recusa em se fazer a retificação ou do decurso de mais de quinze dias, sem decisão, ou c) da recusa em se fazer a anotação nos assentamentos de contestação ou explicação sobre dado verdadeiro ou do decurso de mais de quinze dias sem decisão.

Ao despachar a petição inicial, o juiz ordenará que se notifique o coator do conteúdo da petição, para que, no prazo de dez dias, preste as informações que julgar necessárias. Findo esse prazo e ouvido o representante do Ministério Público dentro de cinco dias, os autos serão conclusos ao juiz para decisão a ser proferida em cinco dias.

6. O mandado de segurança, a ação direta de declaração de inconstitucionalidade e a ação popular

A atual Constituição Federal, além de consagrar a ação direta de declaração de inconstitucionalidade genérica (destinada a verificar, em tese, a desconformidade de dada lei ou ato normativo com o texto constitucional) criou a ação direta de declaração de inconstitucionalidade por omissão, prevista no artigo 103, parágrafo 2º.

Explica CARLOS MÁRIO DA SILVA VELLOSO que "a diferença entre mandado de injunção e ação de inconstitucionalidade por omissão está justamente nisso: na ação de inconstitucionalidade por omissão, que se inscreve no contencioso jurisdicional abstrato, de competência exclusi-

---

59. Confira-se o julgado inserto na *RT* 686:109.

va do Supremo Tribunal Federal, a matéria é versada apenas em abstrato e, declarada a inconstitucionalidade, por omissão, será dada ciência ao Poder competente para a adoção das providências necessárias e, em se tratando de órgão administrativo, para fazê-lo no prazo de 30 dias (CF, art. 103, § 2º). No mandado de injunção, reconhecendo o juiz ou tribunal que o direito que a Constituição concede é ineficaz ou inviável, em razão da ausência de norma infraconstitucional, fará ele, juiz ou tribunal, por força do próprio mandado de injunção, a integração do direito à ordem jurídica, assim tornando-o eficaz e exercitável"[60].

No que se refere ao mandado de segurança, podemos afirmar que este não tem como finalidade invalidar a lei.

Preleciona SÁLVIO DE FIGUEIREDO TEIXEIRA que "refletindo a posição do direito brasileiro, que inadmite a atuação jurisdicional para declarar a nulidade de uma lei, assentou o Supremo Tribunal Federal, no enunciado 266 da sua jurisprudência sumulada, que 'não cabe mandado de segurança contra lei em tese'. Ou seja, não pode ele ser utilizado como mero instrumento de debate em torno de lei em tese. Admitindo, entretanto, o nosso Direito, a não-incidência da lei ao caso concreto quando presente a inconstitucionalidade, para esse fim se mostra adequado o mandado de segurança. Em tal circunstância, advirta-se uma vez mais, o *mandamus* invalidará apenas o ato hostilizado, deixando íntegra a norma tida como ilegal ou inconstitucional"[61].

Contudo, é cabível o mandado de segurança contra a lei em tese, quando, no caso concreto, esteja presente a sua inconstitucionalidade. Nesse passo, o mandado de segurança pode e deve ser concedido contra o efeito atuante da lei inconstitucional, não contra a lei em si. Como já decidiu o STJ, "o mandado de segurança ampara direito líquido e certo, afetado ou posto em perigo por ilegalidade ou abuso de poder. Não é admissível contra lei em tese. Todavia, idôneo se a lei gera situação específica e pessoal, sendo, por si só, causa de probabilidade de ofensa a direito individual"[62].

O mandado de segurança não é sucedâneo da ação popular. Nesse sentido, a Súmula 101 do Supremo Tribunal Federal dispõe que "o mandado de segurança não substitui a ação popular".

O mandado de segurança "visa a tutela de direitos individuais. Ato de autoridade que atente contra direito líquido e certo do indivíduo, agindo com abuso de poder ou com ilegalidade. A ação popular busca anular atos lesivos ao patrimônio de entidades públicas, sendo parte ativa qualquer cidadão (artigo 5º, LXXIII, CF/88). A atual Constituição aumentou o

---

60. "As novas garantias constitucionais", *in RT* 644:14.
61. *Apud* FRANCISCO ANTÔNIO DE OLIVEIRA, *Mandado de segurança e controle jurisdicional*, p. 41.
62. STJ, REsp. 1.482, rel. Min. VICENTE CERNICCHIARO, DJU 18.12.89, p. 18473.

âmbito do cabimento da ação popular, permitindo ao cidadão 'anular ato lesivo ao patrimônio público ou de entidade de que o Estado participe e que ofenda a moralidade administrativa, o meio ambiente e o patrimônio histórico e cultural'. A ação popular abrange os chamados 'interesses difusos'. O *mandamus* tem sede sobre direitos individuais e coletivos que venham a ser ofendidos por ato de autoridade"[63].

7. Requisitos constitucionais do mandado de segurança

Os requisitos constitucionais do mandado de segurança são: "a existência de um direito líquido e certo a proteger, não tutelável por *habeas corpus* ou *habeas data*; b) ato (ou omissão) marcado de ilegalidade ou abuso de poder, de autoridade pública, ou agente de pessoa jurídica no exercício de atribuições do Poder Público"[64].

Há, ainda hoje, divergências doutrinárias quanto ao conceito da expressão "direito líquido e certo".

CARLOS MAXIMILIANO definiu o direito líquido e certo como "o direito translúcido, evidente, acima de toda dúvida razoável, aplicável de plano, sem detido exame nem laboriosas cogitações"[65].

Para CELSO AGRÍCOLA BARBI, "o conceito de direito líquido e certo é tipicamente *processual*, pois atende ao modo de ser de um direito subjetivo *no processo*: a circunstância de um determinado direito subjetivo realmente existir não lhe dá a caracterização de liquidez e certeza; esta só lhe é atribuída se os fatos em que se funda puderem ser provados de forma incontestável, certa no processo. E isso normalmente se dá quando a prova for documental, pois esta é adequada a uma demonstração imediata e segura dos fatos"[66].

O Prof. ALFREDO BUZAID[67] esclarece que "o conceito de direito líquido e certo é a idéia de sua *incontestabilidade*, isto é, uma afirmação jurídica que não pode ser séria e validamente impugnada pela autoridade pública, que pratica um ato ilegal ou de abuso de direito. Ele tem, na realidade, dois pólos: um positivo, porque se funda na Constituição ou na lei; outro negativo, porque nasce da violação da Constituição ou da lei. Ora, a norma constitucional ou legal há de ser certa em atribuir à pessoa o direito subjetivo, tornando-o insuscetível de dúvida. Se surgir a seu respeito qualquer controvérsia, quer de interpretação, quer de aplicação, já não pode constituir fundamento para a impetração de mandado de segurança".

---

63. FRANCISCO ANTÔNIO DE OLIVEIRA, obra citada, p. 43.
64. SÉRGIO FERRAZ, obra citada, p. 12.
65. *Apud*, CASTRO NUNES, obra citada, p. 51.
66. *Do mandado de segurança*, obra citada, p. 75.
67. *Do mandado de segurança*, obra citada, p. 88.

CARLOS ALBERTO MENEZES DIREITO[68] aduz que "o que o mandado de segurança exige é que o direito submetido ao julgamento dispense qualquer dilação probatória. O que há é a prova pré-constituída, presente no momento da impetração, de tal modo que o direito invocado pelo impetrado possa ser imediatamente protegido".

J. M. OTHON SIDOU[69] alude ao conceito de direito líquido e certo como "uma locução ao mesmo tempo pobre, redundante e vaga. Pobre, porque se a Constituição a omitisse, exprimindo apenas — 'conceder-se-á mandado de segurança para proteger os direitos fundamentais não assegurados pelo *habeas corpus*, seja qual for a autoridade responsável pela ilegalidade ou abuso de poder' — o instituto não perderia a solidez. Não é ela, a seu turno, que assegura o caráter instantâneo do remédio, e se empregada com essa intenção, nada colhe. Redundante, porque todo direito é certo. O que se tenciona dizer é 'fato certo'. Se o fato é certo, isto é, provável de plano a ilegalidade ou o abuso de poder praticado, aquela e obviamente esse por autoridade pública, há caso para mandado de segurança. A forma paralela 'certo e incontestável' soa ainda mais canhestra, posto como, se o direito é incontestável, não há lugar para qualquer ação por inexistir incerteza ou dúvida, que é o escopo de toda ação, já pressentido pelos jurisconsultos romanos. Finalmente, a locução é vaga, porque, servindo a um campo amplíssimo de relações jurídicas, o mandado de segurança não poderia condicionar-se a um direito que se apresentasse líquido e certo antes de ser apreciado. Assim, válida para o *habeas corpus*, por ter um pressuposto simplíssimo e único: a liberdade, o que assegura a quem dela privado um direito líquido e certo presumido, a locução é inválida para o mandado de segurança".

SÉRGIO FERRAZ[70] define: "líquido será o direito que se apresenta com alto grau, em tese, de plausibilidade; e certo, aquele que se oferece configurado preferencialmente de plano; documentalmente sempre, sem recurso a dilações probatórias".

PAULO ROBERTO DA SILVA PASSOS[71] afirma que "a expressão 'líquido e certo' define aquele direito que o impetrante objetiva demonstrar primeiramente visando convencer o magistrado da presença dos pressupostos necessários ao recebimento da segurança, devendo caracterizar-se logo no ajuizamento do mandado".

Na verdade, o direito líquido e certo é aquele comprovado de plano, ou seja, documentalmente. Nesse sentido, temos os entendimentos de HELY LOPES MEIRELLES e CELSO RIBEIRO BASTOS, dentre outros.

---

68. Obra citada, p. 60.
69. Habeas data, *mandado de injunção,* habeas corpus, *mandado de segurança, ação popular — As garantias ativas dos direitos coletivos, segundo a nova Constituição,* p. 188.
70. Obra citada, p. 19.
71. *Do mandado de segurança*, p. 30.

A jurisprudência predominante situa a questão da liquidez e certeza do direito ao mandado de segurança no plano estritamente processual, ou seja, no fato certo, capaz de ser comprovado de plano.

> "O requisito da liquidez e certeza, para tal fim, diz respeito à prova dos fatos, que deve ser pré-constituída, documentalmente ou incontroversa. Saber se incide ou não a legislação da regência é tarefa do julgador." TFR, 2ª Região, Juiz Arnaldo Lima, AMS 89.02-11655-7, DJU 8.12.92, parte II, p. 41543.

> "Direito líquido e certo é o que resulta de fato certo, e fato certo é aquele capaz de ser comprovado de plano, por documento inequívoco." TRF, 1ª Região, Juiz Placito Ribeiro, AMS 90.01-03274-5, DJU 17.2.92, parte II, p. 2792.

> "Direito líquido e certo é o direito translúcido, evidente, acima de toda dúvida razoável, apurável de plano, sem detido exame nem laboriosas cogitações." TST, Pleno 2.328/78, ROMS 301/78, rel. Coquejo Costa, DJU 11.12.78.

O outro requisito constitucional do mandado de segurança é a ilegalidade ou abuso de poder.

J. CRETELLA JÚNIOR[72] ensina que "*ilegalidade é gênero de que abuso de poder é espécie*. Não há um só caso de *abuso de poder* que não configure também a *ilegalidade*. Pode, no entanto, haver caso de *ilegalidade* que não configure necessariamente o *abuso de poder*. A *ilegalidade* de ato de autoridade que fere direito líquido e certo pode consistir não no *abuso de poder*, mas, por exemplo, na *incompetência* do *agente*. Há ilegalidade neste caso e não há *abuso de poder*. Desapropriação editada mediante *portaria* e não mediante *decreto* é desapropriação ilegal. Ocorreu, no caso, *ilegalidade*. Neste caso não ocorreu, porém, *abuso de poder*. Em suma, *ilegalidade* em razão do agente ou em razão da forma pode dar origem a lesão de direito líquido e certo e, neste caso, não ocorre o denominado *abuso de poder*. Por isso a lei foi sábia em separar as duas figuras da *ilegalidade* e do *abuso de poder*".

O texto constitucional usa da expressão *abuso de poder* mais própria do direito penal do que do administrativo, que adota preferentemente *excesso de poder*. Para CASTRO NUNES[73], entretanto, "as duas fórmulas pratica-

---

72. Obra citada, p. 80.
73. Obra citada, pp. 128-9.

mente se equivalem. Uma e outra supõem, em princípio, a autoridade legalmente investida da função ou competente para o ato. É no exercício ou desempenho da função que se verifica o *abuso*, seja por preterição da forma legal, seja na adoção de alguma medida exorbitante da lei ou que exceda de sua alçada, configurando-se já então a incompetência. O abuso ou exercício arbitrário do poder, se revestir alguma das modalidades prefiguradas na lei penal, é crime".

Para fins de mandado de segurança, "consideram-se *atos de autoridade* não só os emanados das autoridades públicas propriamente ditas como também os praticados por *administradores* ou *representantes de autarquias e de entidades paraestatais* e, ainda, os de pessoas naturais ou jurídicas com funções delegadas, como são os *concessionários de serviços de utilidade pública*, no que concerne a essas funções (art. 1º, § 1º). Não se consideram atos de autoridade, passíveis de mandado de segurança, os praticados por pessoas ou instituições particulares cuja atividade seja apenas *autorizada* pelo Poder Público, como são as organizações hospitalares, os estabelecimentos bancários e as instituições de ensino, salvo quando desempenham atividade *delegada* (STF, Súmula 510). Equiparam-se *atos de autoridade* às *omissões administrativas* das quais possa resultar lesão a direito subjetivo da parte, ensejando mandado de segurança para compelir a Administração a pronunciar-se sobre o requerido pelo impetrante, e durante a inércia da autoridade pública não corre o prazo de decadência da impetração"[74].

A expressão ilegalidade compreende "todos os vícios administrativos capazes de ensejar o controle jurisdicional, inclusive o que se queria denominar especificamente de abuso de poder"[75]. O abuso de poder pode se configurar "quer quando o agente atua em nome da lei, mas por ela não está autorizado, quer quando age extralimitando as funções que ela traça, quer quando, embora dentro da lei, age em distorção de seus intuitos"[76].

Os requisitos constitucionais do mandado de segurança constituem condições da ação de mandado de segurança, na acepção a ela conferida por CHIOVENDA e CALAMANDREI (que distinguiram os pressupostos processuais, requisitos imprescindíveis a que o juiz se pronuncie sobre o litígio, das condições da ação, requisitos necessários para que o juiz profira decisão final para a procedência da ação).

Observe-se, com SÉRGIO FERRAZ[77], "que inexiste óbice, lógico ou jurídico, a que o direito líquido e certo seja, a um só tempo, pressuposto de admissibilidade e condição de julgamento favorável de mérito. Aliás, o

---

74. HELY LOPES MEIRELLES, obra citada, pp. 25-6.
75. SEABRA FAGUNDES, *O controle jurisdicional dos atos administrativos pelo Poder Judiciário*, p. 269.
76. J. M. OTHON SIDOU, obra citada, p. 185.
77. Obra citada, pp. 22-3.

ordenamento jurídico está repleto dessas situações de concomitância de natureza. Basta lembrar, para simples exemplo, o caso da ação rescisória ajuizada por invocada ofensa à coisa julgada. Perfunctoriamente, como operação de mera constatação do *fumus*, verifica-se, vestibularmente, se existe uma decisão transitada em julgada, tal como a petição inicial sustenta. Rejeitada que seja, nesta fase inicial, a existência desse pressuposto mínimo, cabe a extinção do processo, liminarmente. Uma vez prosseguindo a ação, a final, ao tempo da decisão de mérito, verificar-se-á se, realmente, *conteudisticamente*, a decisão rescindenda se choca com procedente *dictum* judicial transitado em julgado. Se, nesse momento, o juiz se persuadir da inexistência do atrito, proferirá decisão de mérito, pela improcedência. O mesmo se dá, no mandado de segurança, com o invocado direito líquido e certo. Aliás, pode-se dizer que, de regra, tal é o que acontece, por exemplo, com os fundamentos de fato, de qualquer ação. Num primeiro momento, eles são avaliados sob a linha provisória da mera plausibilidade de existência, com vistas ao despacho de admissibilidade. Mais tarde, à luz da instrução probatória, sofrem eles novo processo de aferição, já então intelectivamente completo, com o objetivo de se atribuir, a quem cabe, o bem de vida em disputa. Em suma, em todos esses exemplos, tal como ocorre com o direito líquido e certo no mandado de segurança, há duas operações lógicas. E a operação lógica inicial, de admissibilidade da ação, é diversa da operação lógica final, da sentença de mérito, conquanto incidam elas sobre os mesmos fatos alegados. E, como operações lógicas e jurídicas diversas que são, levam necessariamente a diferentes conseqüências".

Capítulo III

Evolução Histórica do Mandado de Segurança

SUMÁRIO: 1. Ordenações, a Lei nº 221/1894 e interditos possessórios; 2. Doutrina brasileira do *habeas corpus*; 3. O mandado de segurança nas Constituições do Brasil: 3.1. Projeto de revisão da Constituição de autoria de ALBERTO TORRES; 3.2. Projeto de autoria de GUDESTEU PIRES; 3.3. O mandado de segurança na Constituição de 1934; 3.4. A Lei nº 191/36; 3.5. O mandado de segurança no Código de Processo Civil de 1939; 3.6. O mandado de segurança na Constituição de 1946; 3.7. O mandado de segurança e a Constituição de 1967 e Emenda Constitucional de 1969; 3.8. O mandado de segurança e sua disciplina atual.

1. Ordenações, a Lei nº 221/1894 e interditos possessórios

As Ordenações Filipinas, por influência romano-germânica, protegiam a posse dos direitos corpóreos e não corpóreos.

Ali, no Livro III, Título 78, § 5º está escrito: "se alguém se temer de outro, que o queira ofender na pessoa, ou lhe queira sem razão ocupar e tomar suas coisas, poderá requerer ao juiz, que segure a ele e às suas coisas do outro, que o queira ofender, a qual segurança lhe o juiz dará; e se depois dela ele receber ofensa daquele de que foi seguro, restitui-lo-á o juiz, e tornará tudo o que foi cometido e atentado depois da *segurança* dada, e mais procederá contra o que o quebrantou e menosprezou seu *mandado*, como achar por direito". "A primeira parte — 'se alguém se temer de outro, que o queira ofender na pessoa' — faz ressaltar uma proteção de sentido tipicamente pessoal. A segunda, separada pela disjuntiva — 'ou lhe queira sem razão ocupar e tomar suas coisas' —, consagra uma garantia de caráter real"[78].

A Lei nº 221/1894, que organizou a Justiça Federal, instituiu uma ação sumária, que poderia ser promovida contra autoridades administrativas da União, para a invalidação de atos lesivos de direitos individuais. O art. 13 da citada lei reza que "os juízes e tribunais processarão as causas que se fundarem na lesão de direitos individuais por atos ou decisões das autoridades administrativas da União".

A referida lei, que criou a ação anulatória, excluiu taxativamente o *habeas corpus* de seu campo de aplicação ao prevenir que as disposições novas não alteravam o direito vigente quanto ao *writ* (art. 13, § 6º, *a*), numa primeira tentativa de tratar com remédios diversos várias situações. Entretanto, a força do dispositivo constitucional favorecia a coexistência do *habeas corpus* com a ação sumária especial. Esta promanava de uma lei, aquele de uma Constituição, militando em desfavor da norma legal o fato de não garantir contra a ameaça de lesão, mas em caso de agravo consumado. Originariamente, a ação comportava a parada de execução da medida atacada, se requerida pelo autor e se a isto não se opusessem razões de ordem pública. Mas reforma operada em 1908 cerceou a concessão prévia da garantia, o que fez definhar ainda mais o *mandamus* e, em contrapartida, reforçar o apelo ao *habeas corpus*, então crescente dentro da teoria brasileira.

Muito embora o avanço introduzido pela lei acima enfocada, que previa ação anulatória de atos administrativos, procedimento sumário e a suspensão do ato impugnado pela autoridade administrativa, se não houvesse razões em contrário de ordem pública, o despreparo dos juízes e os defeitos do sistema jurídico que vigia, que possibilitavam a obtenção da suspensão do ato, esquecendo-se, por tempo largo, do julgamento do mérito, em flagrante desvantagem à Administração, determinaram o desuso da Lei nº 221 contra o abuso administrativo.

Realmente, a Lei nº 221/1894 foi a precursora do mandado de segurança.

A referida lei inseria uma variedade de normas para o exercício do controle das leis e dos atos administrativos pelo Poder Judiciário. Ao longo dos dez parágrafos do art. 13, desdobrava-se um verdadeiro sistema a proteger o indivíduo contra as ilegalidades administrativas e contra os abusos do poder. Em resumo, pela Lei nº 221 preceituava-se que a autoridade judiciária, constatando que o ato ou a resolução enfocada era ilegal, o anularia no todo ou em parte, isso para assegurar o direito do autor. Também dispunha que os juízes e tribunais apreciariam a validade das leis e regula-

---

[78]. J. M. OTHON SIDOU, obra citada, p. 108.

mentos e deixariam de aplicar aos casos correntes os atos manifestadamente incompatíveis com as leis ou com a Constituição[79].

Cumpre fazer referência à Lei nº 1.939, de 28 de agosto de 1908, oferecendo modificações à Lei nº 221, tal como a de prescrição da ação sumária em um ano, a contar da data da publicação do ato, não da intimação. Essa lei, também, cerceou a concessão prévia da garantia, reforçando o uso do *habeas corpus*.

Coube inicialmente aos interditos possessórios "garantir, contra qualquer lesão, o aspecto exterior da propriedade e de outros direitos reais consubstanciados na posse. Com a evolução das necessidades sociais e das estruturas econômicas, a técnica jurídica se transformou e os interditos possessórios destinados a impedir a perturbação da posse mansa e pacífica foram convertidos em remédios processuais assecuratórios de certos direitos pessoais historicamente vinculados à propriedade de determinados bens, como o de exercer cargo público, por exemplo"[80].

No direito brasileiro, "a controvérsia sobre a posse dos direitos pessoais foi uma das polêmicas mais importantes da nossa vida judiciária, especialmente na última década do século XIX, época de profundo liberalismo em que a opinião pública e, em particular, os advogados se insurgiam contra a crescente prepotência da Administração Pública, cuja atividade intervencionista na vida do país aumentava progressivamente. O mandado possessório atendia, no caso, tanto à proteção pessoal como à patrimonial. Era a época em que se reconhecia a posse dos direitos patrimoniais e dos direitos de família, do monopólio e do privilégio, recorrendo-se às medidas possessórias para defender a validade de um casamento, a legitimidade de um filho, um título de nobreza ou mesmo um título de doutor. Chegara ao seu apogeu a teoria da posse dos direitos pessoais, ligada que era ao sistema feudal. Na época que precedeu a elaboração do nosso Código Civil, a jurisprudência e a doutrina parecem ter hesitado quanto ao problema da proteção possessória dos direitos pessoais. No campo do direito positivo, devemos lembrar a existência de uma lei de 1904, que permitiu o uso dos interditos contra o fisco. A jurisprudência, depois de longas hesitações, firmou-se definitivamente no sentido de negar a proteção interdital aos direitos pessoais, não obstante o acórdão do Supremo Tribunal Federal de 10 de setembro de 1921, de que foi relator o Ministro Edmundo Lins e que firmou a seguinte doutrina: 'o interdito proibitório não protege somente a posse dos direitos reais, aplica-se também à dos direitos pessoais; pois a lei, quando a ele se refere, fala simplesmente em direitos e onde a lei não distingue a ninguém é lícito distinguir'. A posse dos direitos pessoais

---

79. JOSÉ DE MOURA ROCHA, *Mandado de segurança — A defesa dos direitos individuais*, p. 46.
80. ARNOLDO WALD, *Do mandado de segurança na prática judiciária*, p. 38.

foi defendida com maior ardor depois da reforma constitucional de 1926, que limitou o âmbito de aplicação do *habeas corpus*, deixando desprotegidos certos direitos anteriormente amparados por este remédio processual. Embora estivessem perfeitamente delineados historicamente os campos de aplicação dos interditos possessórios e do mandado de segurança, algumas dúvidas surgiram, na jurisprudência, quanto à possibilidade de utilização do mandado de segurança para a defesa de direitos reais certos e líquidos violados pela Administração Pública"[81].

2. Doutrina brasileira do *habeas corpus*

A conhecida "doutrina brasileira do *habeas corpus*" surgiu para alcançar os atos ilegais da Administração diante da ineficiência da Lei nº 221/1894. "A doutrina brasileira do *habeas corpus* surgiu diante de lacunas no sistema jurídico brasileiro. É que estas lacunas constituíram-se, por assim dizer, na verdadeira causa da estrutura brasileira do *habeas corpus*. É que frente a estas lacunas ao lado da dubiedade do texto constitucional, aproveitaram-se os advogados, legitimamente, para a construção, diria Arruda Alvim, de um instrumento que defendesse o particular contra a administração, tendo encontrado por parte dos juízes brasileiros, liderados em especial por Pedro Lessa, a necessária compreensão, de que, ante a omissão do legislador, imprescindível era a adaptação de *habeas corpus* à defesa de tais direitos"[82]. Assim, o *habeas corpus*, então previsto no texto constitucional de 1891, teve seu campo de ação ampliado. O art. 72, § 22, da CF/1891 autorizava o *habeas corpus* "sempre que o indivíduo sofrer ou se achar em iminente perigo de sofrer violência, ou coação, por ilegalidade, ou abuso de poder".

Para a interpretação liberal do art. 72, § 22, da Constituição Federal de 1891 concorria RUI BARBOSA, o qual lembrava que o referido dispositivo não mencionava prisão ou constrangimento corporal. "Fala-se amplamente, indeterminadamente, absolutamente, em coação e violência de modo que, onde quer que surja, onde quer que se manifeste a violência ou coação, por um desses meios, aí está estabelecido o caso constitucional do *habeas corpus*. Quais são os meios indicados? Quais são as origens da coação e da violência que devem concorrer para que se estabeleça o caso legítimo do *habeas corpus*? Ilegalidade ou abuso de poder. Se de um lado existe a coação ou violência e de outro lado, a ilegalidade ou o abuso de poder; se a coação ou a violência resulta de ilegalidade ou abuso de poder, qualquer que seja a violência, qualquer que seja a coação, desde que resulte de abuso de poder, seja qual ele for, ou de ilegalidade, qualquer que ela seja, é inegá-

---

81. ARNOLDO WALD, obra citada, pp. 38-53.
82. *Apud* JOSÉ DE MOURA ROCHA, obra citada, p. 39.

vel o recurso do *habeas corpus*. E definindo coação e violência, deixava claro seu entendimento no sentido de que o *habeas corpus* não ficava circunscrito aos casos em que um direito, qualquer direito, estivesse ameaçado ou impossibilitado no seu exercício em razão de um abuso de poder ou de uma ilegalidade. Assim a palavra de Rui: 'Senhores Senadores, que é que se chama coação? Que é que se denomina violência? Coação, definirei eu, é a pressão empregada em condições de eficácia contra a liberdade no exercício de um direito qualquer que esse seja. Desde que no exercício de um direito meu, qualquer que ele for, intervém uma coação externa sob cuja pressão eu me sinto embaraçado ou tolhido para usar desse direito, na liberdade plena de seu exercício, estou debaixo daquilo que em direito se considera coação. E violência? Violência é o uso da força material ou oficial, debaixo de qualquer das duas formas, em grau eficiente para evitar, contrariar ou dominar o exercício de um direito'[83].

Ressalta ARNOLDO WALD[84] que "a ampliação do remédio processual não foi mera especulação de jurista romântico, nem teve sentido demagógico. Estava muito intimamente ligada ao desenvolvimento político do nosso povo. Visava assegurar ao Brasil, dentro de certos limites, o respeito aos direitos individuais, restringindo o arbítrio do executivo e dando ao judiciário a função fiscalizadora da aplicação da Constituição e das leis, que lhe pertence dentro do nosso sistema. A discussão teórica não constituíra, pois, mera figura ou sutileza jurídica, mas tivera destacada repercussão política na realidade viva do Brasil, como posteriormente haveria de suceder com o mandado de segurança, que iria moldar a realidade orgânica das nossas instituições".

3. O mandado de segurança nas Constituições do Brasil

3.1. *Projeto de revisão da Constituição de autoria de ALBERTO TORRES*

ALBERTO TORRES ofereceu um Projeto de Revisão Constitucional antecedido de várias considerações e, na parte que nos interessa, disse: "Como garantia judiciária à liberdade e à segurança individual, não se pode desejar mais do que o instrumento que a Constituição consagra. O *habeas corpus* é uma proteção judiciária à liberdade como em nenhum outro país se encontra. Já o mesmo não se dá com a propriedade e os direitos patrimoniais em geral. A Seção da Declaração de direitos consagra-os, diz que os assegura, com a forma solene e peculiar a todas estas reedições constitucionais

---

83. *Apud* JOSÉ DE MOURA ROCHA, obra citada, p. 72.
84. Obra citada, p. 34.

da 'Declaração dos Direitos do Homem', mas a forma prática da garantia judiciária deixou de corresponder à veemente promessa. Era natural que a Constituição cogitasse de tornar efetiva a garantia que proclamava, criando para estes direitos o recurso para o Supremo Tribunal, equivalente ao conferido ao *habeas corpus*"[85].

Ainda, ALBERTO TORRES projetou, na seção correspondente ao Poder Judiciário, o art. 73, nos seguintes termos: "É criado o 'mandado de garantia', destinado a fazer consagrar, respeitar, manter ou restaurar, preventivamente, os direitos, individuais ou coletivos, públicos ou privados, lesados por ato do poder público ou de particular, para os quais não haja outro recurso especial. Parágrafo único. Este mandado só poderá ser expedido depois de ouvido o Conselho Nacional (preconizado organismo pluriforme, integrado por representantes dos três poderes) ou outro órgão competente do Poder Coordenador (também preconizado), quando o direito lesado for de natureza essencialmente política, interessar diretamente a independência dos outros poderes públicos, ou quando a lesão resultar de atos daquele poder. No exercício desta atribuição, competirá ao órgão competente do Poder Coordenador decidir, sob critério político e administrativo, o ponto de interesse público ou governamental envolvido na causa"[86].

A denominação de mandado de garantia já tinha sido proposta por MELO FREIRE, como medida processual, em seu Projeto de Código Criminal português.

3.2. Projeto de autoria de GUDESTEU PIRES

Em 1926, GUDESTEU PIRES apresentou um projeto, criando o mandado de proteção ou de restauração para proteger "todo direito pessoal, líquido e certo, fundado na Constituição ou em lei federal", contra quaisquer atos lesivos de autoridades administrativas. Se o juiz ou tribunal considerasse provada a ameaça, expediria em favor do requerente um "mandado de proteção" e, provada a prática do ato lesivo, expediria um "mandado de restauração", este para fazer cessar a violência e aquele para a abstinência do ato incriminado. O prazo decadencial da ação era de seis meses, a contar da data da intimação ou da publicação do ato do objeto do litígio e, não havendo uma ou outra, a partir da data em que os interessados tivessem ciência do ato.

Esse projeto inspirava-se no *writ of mandamus* e no *writ of injunction* do Direito anglo-americano, no recurso de amparo do Direito mexicano e na doutrina brasileira do *habeas corpus*. Todavia, o projeto não prosperou, porque, de um lado, havia aqueles que entendiam que era necessária a institui-

---

85. J. M. OTHON SIDOU, obra citada, pp. 172-3.
86. *Ibidem*, p. 173.

ção de um novo processo específico, tal como constante do projeto e, de outro lado, outros parlamentares entendiam que bastaria a aplicação aos direitos pessoais dos interditos possessórios. Além disso, houve outras questões incidentes, tais como o remédio processual deveria ser aplicado a todas e quaisquer lesões de direitos individuais ou somente se deveria cuidar do indivíduo contra os atos dos agentes do Poder Público?

3.3. O mandado de segurança na Constituição de 1934

Na Assembléia Constituinte que discutia a Constituição de 1934, JOÃO MANGABEIRA apresentou um anteprojeto de criação do mandado de segurança, visando a garantia do direito individual.

A proposta de JOÃO MANGABEIRA foi a seguinte: "Toda pessoa que tiver um direito incontestável, ameaçado ou violado por um ato manifestamente ilegal do Poder Executivo, poderá requerer ao Poder Judiciário que o ampare com um mandado de segurança. O juiz, recebendo o pedido, resolverá dentro de setenta e duas horas, depois de ouvida a autoridade coatora. E se considerar o remédio legal, expedirá o mandado, ou proibindo esta de praticar o ato, ou ordenando-lhe restabelecer integralmente a situação anterior, até que a respeito resolva definitivamente o Poder Judiciário. Dessa fórmula proposta por João Mangabeira resultam as seguintes características: 'a) o remédio alvejaria o ato ilegal, implícito nesse conceito o ato proveniente de norma inconstitucional; mas estaria excluído o abuso de poder, uma vez que, embora um ato ilegal constitua abuso do poder, nem todo abuso de poder é ato ilegal; b) o remédio contrapor-se-ia apenas a atos do Executivo, tornando-se restritivo, posto como não é só esse poder que incide em atos ilegais; c) a postulação seria admitida à vista da prova da existência de um ato manifestamente ilegal, e o mandado seria expedido à vista da insubsistência da defesa do ato apresentada pela autoridade coatora; d) o prazo a que se subordinaria o exame judicial (72 horas) seria o penhor do caráter célere do processo, sem instrução nem dilatação probatória; e) o mandado revestiria a condição de medida liminar, sempre, facultado à pessoa interessada promover a resolução definitiva no mesmo feito ou em feito autônomo, via do Poder Judiciário; decorrentemente, a decisão não revestiria a condição de coisa julgada; f) o remédio perseguiria apenas a execução *in natura*, no intuito de obter a proibição da prática do ato ou o restabelecimento da situação anterior (*status quo ante*); g) o instituto teria todas as características de um interdito'"[87].

A Carta de 1934, no seu artigo 113, inciso 33, prescreveu o mandado de segurança nos seguintes termos: "dar-se-á mandado de segurança para defesa de direito certo e incontestável, ameaçado ou violado por ato manifestamente inconstitucional ou ilegal de qualquer autoridade. O processo será o mesmo do *habeas corpus*, devendo ser sempre ouvida a pessoa de

---

87. J. M. OTHON SIDOU, obra citada, pp. 178-9.

direito público interessada. O mandado não prejudica as ações petitórias competentes".

Desse dispositivo, J. M. OTHON SIDOU extrai os seguintes aspectos: "a) o enunciado fez-se acrescer inutilmente da expressão ato 'inconstitucional'; todo ato ilegal é, em si, inconstitucional; b) o caráter sumário decorria do processo do *habeas corpus*; c) via dessa expressão remissão, havia sempre mandado de segurança liminar, mas a tônica deslocou-se para o conhecimento do fundo da relação ao eliminar do projeto a referência a uma posterior resolução definitiva, em face do que a sentença em mandado de segurança tem eficácia de coisa julgada; d) admitindo-se o exato emprego da locução 'ações petitórias', o mandado não intervinha na área dos direitos corpóreos ou reais; e) foi mantida a serventia do remédio não só para o ato ilegal caracterizado como também para a ameaça de concretizar-se"[88].

3.4. A Lei nº 191/36

A Lei nº 191 de 16 de janeiro de 1936 surgiu para regular o mandado de segurança.

Esse diploma "trazia vantagens indiscutíveis, além da auto-executoriedade do texto: garantia o caráter sumaríssimo peculiar ao *habeas corpus* e tinha por implícita a neutralização do ato gravoso em caráter liminar, posto como a interpelação da pessoa de direito público interessada não significava a anulação desse pressuposto do *habeas corpus*. A cautela prevalecia considerando-se o processo no todo, em vista do que não podia concluir-se sem a notificação da autoridade interessada, porém esta notificação não invalidava a discrição do juízo para resguardar o objetivo da sentença em caráter prévio"[89].

Lembra CASTRO NUNES[90] que essa lei não regulava o processo, "mas, na verdade, o mandado de segurança como ação ou meio de pedir, limitando-lhe a cabida na enumeração dos casos em que o excluía (art. 4º) condicionando-lhe a utilização a prazo prefixado que, expirado, fazia perimir o remédio (art. 3º), ou, estendendo-o à tutela, não mais de direitos subjetivos do próprio impetrante, mas de interesses, para que outrem o pedisse ou em favor de outrem fosse ele concedido (§§ 1º e 2º do art. 6º)".

3.5. O mandado de segurança no Código de Processo Civil de 1939

A Carta Política de 1937 silenciou-se sobre o mandado de segurança, o qual continuou a ser aplicado, tendo em vista a Lei nº 191/36 e o Código de Processo Civil de 1939, que dele cuidou nos artigos 319 a 331.

---

88. Obra citada, p. 179.
89. *Ibidem*, p. 181.
90. Obra citada, p. 9.

O Decreto-Lei nº 6, de 16 de novembro de 1937, vedava a utilização do mandado de segurança contra atos praticados pelo Presidente da República, Ministros de Estado, Governadores e Interventores e, mais tarde, contra o Prefeito do Distrito Federal, por força do Decreto-Lei nº 96, de 22 de dezembro de 1937.

O Código de Processo Civil de 1939 "manteve os princípios existentes na época, restringindo, porém, ainda mais o seu campo de ação, tornando-o incabível quando se tratasse de impostos e taxas, salvo se a lei, visando assegurar a cobrança, estabelecesse providências restritivas de atividade profissional do contribuinte"[91].

3.6. O mandado de segurança na Constituição de 1946

A Constituição de 1946, no seu artigo 141, parágrafo 24, novamente elevou o mandado de segurança à garantia constitucional, suprimindo a exigência de que a ilegalidade fosse manifesta.

Após a promulgação da Constituição de 1946, foi editada a Lei nº 1.533, de 31 de dezembro de 1951, que constitui o diploma fundamental de regência do instituto até os dias atuais, ao lado da Lei nº 4.348, de 26 de junho de 1964, que trouxe modificações quanto ao prazo para apresentação de informações pela autoridade coatora, fixação de prazo para duração de medida liminar, casos de caducidade desta, proibição de concessão de medidas liminares em certos assuntos relativos a servidores públicos, proibição de execução de sentenças não transitadas em julgado nos mesmos assuntos, novas hipóteses de suspensão de execução de liminares ou de sentenças, etc., e a Lei nº 5.021, de 9 de junho de 1966, que dispõe sobre o pagamento de vencimentos e vantagens pecuniárias asseguradas em sentenças concessivas de mandado de segurança a servidor público civil.

3.7. O mandado de segurança e a Constituição de 1967 e Emenda Constitucional de 1969

A Carta Política de 1967 não modificou a substância do enunciado do mandado de segurança contido na Constituição de 1946: "Para proteger direito líquido e certo não amparado por *habeas corpus*, conceder-se-á mandado de segurança, seja qual for a autoridade responsável pela ilegalidade ou abuso de poder". "Limitando-se a operar um transplante de palavras, no propósito, revelado por seu revisor gramatical, de dar ordem direta e mais inteligível a todos os dispositivos, como se não fosse a língua nacional a última flor do Lácio e numa preocupação a que podem ser indiferentes todos os netos de Cícero, outro elemento modificativo foi introduzido: o direito protegido pela garantia se acresceu de um adjetivo 'direito individual', sem qualquer demérito restritivo, muito embora serem os adje-

---

91. CARLOS ALBERTO MENEZES DIREITO, obra citada, p. 13.

tivos, sabidamente, palavras modificadoras. É que, na seara jurídico-constitucional, direito individual nada restringe, nem na abrangência de todos os direitos consagrados na Carta nem na personalização dos sujeitos jurisdicionados; não significa uma pessoa só, mas todas as pessoas e é a locução sinônima de direitos fundamentais, direitos coletivos e direitos humanos"[92].

A Emenda Constitucional nº 1, de 1969, restaurou o enunciado na Constituição Federal de 1946.

3.8. *O mandado de segurança e sua disciplina atual*

O mandado de segurança é disciplinado pela Lei nº 1.533, de 31 de dezembro de 1951, que praticamente regula toda a matéria com as seguintes alterações legislativas: Lei nº 2.770, de 4 de maio de 1956, proibindo a concessão de medida liminar que implicasse a entrega de mercadoria, bem ou coisa, vinda do exterior, e subordinando a execução da sentença não transitada em julgado à prestação de caução; Lei nº 4.166, de 4 de dezembro de 1962, aumentando os prazos para a prestação das informações e exibição de documentos pela autoridade coatora e outros; Lei nº 4.348, de 26 de junho de 1964, fixando o prazo de dez dias para a prestação das informações, estabelecendo em noventa dias a eficácia da medida liminar, prorrogável por mais trinta dias, disciplinando os casos de caducidade da medida liminar, vedando a concessão desta em se tratando de reclassificação ou equiparação de servidores públicos, ou à concessão de aumentos ou extensão de vantagens, autorizando a execução apenas após o trânsito em julgado da sentença, e dando efeito suspensivo ao recurso interposto de decisão que importe outorga ou adição de vencimentos ou ainda reclassificação funcional; Lei nº 4.357, de 16 de julho de 1964, proibindo a concessão de medida liminar em mandado de segurança requerido contra a Fazenda Nacional sobre modificação do imposto de renda, emissões de letras do Tesouro e instituição de correção monetária nos débitos fiscais para com a União, revogada, neste ponto, pela Lei nº 4.862, de 29 de novembro de 1965, que fixou prazo para vigência de liminares concedidas em mandados de segurança contra a Fazenda Nacional; Lei nº 5.021, de 9 de junho de 1966, dispondo sobre o pagamento de vencimento e vantagens pecuniárias asseguradas em sentença concessiva de mandado de segurança a servidor público civil; a Lei nº 8.076/90, que estabelece dispositivos de suspensão da concessão de liminares, não se esquecendo das diversas disposições internas dos Tribunais sobre a matéria, destacando-se o artigo 211, do Regimento Interno do Superior Tribunal de Justiça que diz: "O mandado de segurança, de competência originária do Tribunal, terá seu processo iniciado por petição em duplicata, que preencherá os requisitos

---

92. J. M. OTHON SIDOU, obra citada, p. 183.

legais e conterá a indicação precisa da autoridade a quem se atribua o ato impugnado...", e a Lei nº 9.494, de 10 de setembro de 1997, que disciplina a aplicação da tutela antecipada contra a Fazenda Pública.

O mandado de segurança é, sem dúvida, uma criação tipicamente brasileira, num "memorável esforço de adaptação realizado pela jurisprudência, sob a égide do Supremo Tribunal, em torno do *habeas corpus*, para não deixar sem remédio certas situações jurídicas que não encontravam no quadro das nossas ações a proteção adequada"[93].

---

93. CASTRO NUNES, obra citada, p. 1.

CAPÍTULO IV

O Mandado de Segurança como Ação

> SUMÁRIO: 1. Natureza jurídica da ação de mandado de segurança; 2. Objeto e características da ação de mandado de segurança; 3. As condições da ação no mandado de segurança: 3.1. Generalidades; 3.2. Interesse de agir; 3.3. Possibilidade jurídica do pedido; 3.4. Legitimidade: 3.4.1. Espécies de legitimidade; 3.4.2. Legitimidade ativa no mandado de segurança individual: ordinária e extraordinária; 3.4.3. Legitimidade passiva no mandado de segurança; 3.4.4. Litisconsórcio.

1. Natureza jurídica da ação de mandado de segurança

Atualmente, a doutrina é unânime em atribuir a natureza jurídica de ação ao mandado de segurança.

O que não se pacificou, no entanto, foi em qual espécie de ação se enquadra o mandado de segurança.

Adotando tese de KUTTNER, continuada por JAMES GOLDSCHMIDT, sobre a ação mandamental, considerada como aquela que se destina à obtenção de mandado dirigido a outro órgão do Estado por meio de uma sentença judicial é, entre nós, PONTES DE MIRANDA o seu grande defensor. Também SÉRGIO DE ANDRÉA FERREIRA segue o mesmo posicionamento. "O mandado de segurança é, essencialmente, uma ação de prestação, pois o que o autor pede ao juiz é que este *mande*, que este *ordene*, que a *autoridade coatora dê, faça, suporte ou tolere*"[94].

---

94. "A natureza mandamental-condenatória do mandado de segurança", in RDP 22:65.

Uma outra corrente considera como predominante o caráter executivo do mandado de segurança. LUÍS EULÁLIO DE BUENO VIDIGAL ensina que "o mandado de segurança é um remédio que cabe ao particular para anular as medidas de execução, possessórias ou acautelatórias, que a administração pode, sem intervenção judicial, efetivar"[95].

OTHON SIDOU[96], em livro profundo sobre o mandado de segurança, embora considere-o uma ação de rito sumaríssimo, tendo por objeto litígio, que resolve do modo mais peremptório, atribui-lhe, contudo, o caráter de *interdito* (grifo nosso).

Cumpre, finalmente, destacar a teoria segundo a qual o mandado de segurança é uma ação de conhecimento.

O Prof. ALFREDO BUZAID ensina que "o mandado de segurança é uma *ação de conhecimento*, que começa com uma petição inicial (Lei nº 1.533, art. 6º) e termina por uma sentença, que põe termo ao processo, julgando ou não o mérito (Lei nº 1.533, arts. 8º e 12). O que determina e qualifica a natureza da ação de segurança é o pedido formulado pelo impetrante, que pode ser: a) meramente declaratório; b) constitutivo; ou c) condenatório. Exemplo da primeira espécie é o pedido de declaração de inexistência de relação jurídica tributária criada por lei inconstitucional; exemplo da segunda espécie é a desconstituição de nomeação de servidor público por inobservância da ordem de classificação no concurso; exemplo da terceira espécie é a ação do servidor da administração direta ou autárquica, tendo por objeto o pagamento de vencimentos e vantagens pecuniárias"[97].

O mandado de segurança é, sem dúvida, uma *ação mandamental*, porque nele se consubstancia uma ordem (quer positiva, quer negativa), a fim de que a autoridade coatora pratique, não pratique ou tolere a prática do ato, em relação ao qual resultou a ofensa ao direito líquido e certo do impetrante.

2. Objeto e características da ação de mandado de segurança

O objetivo do mandado de segurança é a "correção de ato da autoridade pública, ato comissivo ou omissivo, marcado pela ilegalidade ou pelo abuso de poder"[98].

---

95. *Do mandado de segurança*, pp. 199 e ss.
96. Obra citada, pp. 198-9.
97. *Do mandado de segurança*, pp. 75-6.
98. CARLOS MÁRIO DA SILVA VELLOSO, *Conceito de direito líquido e certo*, p. 74. HELY LOPES MEIRELLES, *Mandado de segurança*, p. 31. VICENTE GRECO FILHO, *Tutela constitucional*, p. 158.

O ato coator "é um ato ou omissão de autoridade, ou seja, um ato praticado ou omitido por pessoa investida de uma parcela de poder público e eivado de ilegalidade ou abuso de poder"[99].

Com relação ao ato omissivo pronunciou-se o Superior Tribunal de Justiça, no MS 1.212, rel. Min. Peçanha Martins, DJU 24.2.92, p. 1847:

> Configura-se o ato omissivo pela recusa da autoridade em praticá-lo. A falta de resposta a requerimento que lhe foi dirigido, seja concedendo ou negando o pedido em prazo razoável, caracteriza a omissão de autoridade apontada como coatora.

Quando se fala em ato coator pensa-se automaticamente em ato administrativo, todavia o mandado de segurança protege contra quaisquer comportamentos, inclusive atos praticados por integrantes dos Poderes Legislativo e Judiciário.

Pergunta-se: que comportamentos seriam esses?

CELSO ANTÔNIO BANDEIRA DE MELLO[100], a respeito do assunto, esclarece que "genericamente se afirma: fatos, atos, comportamentos materiais, comportamentos jurídicos, comportamentos comissivos e comportamentos omissivos. Se não é necessário um ato, podemos em tese admitir, desde que reunidos os outros pressupostos da admissibilidade do mandado de segurança, que se impetre uma segurança contra ato jurídico ainda imperfeito; portanto, contra conduta que não chega ainda a ser ato jurídico. Relembro, apenas de passagem, a noção de perfeição do ato administrativo. Diz-se que um ato administrativo é perfeito quando cumpriu o seu ciclo de formação, independentemente do tema de sua validade; válido ou inválido deverá, ao menos, para ser perfeito, haver concluído o ciclo formativo. Mas se o mandado de segurança, segundo os termos constitucionais, será concedido nos casos de ilegalidade ou abuso de poder, desde que em um comportamento administrativo, ainda inconcluso como ato, exista ilegalidade ou abuso de poder, em tese, contra ele é cabível o mandado de segurança, obviamente uma vez reunidos os demais pressupostos...".

O autor cita um exemplo elucidativo, qual seja, "a hipótese de que um delegado de polícia, e para vingar mais o exemplo, notoriamente arbitrário, anuncie publicamente, na televisão, que, no dia seguinte, determinará que se raspe a cabeça de todas as prostitutas que sejam encontradas na cidade. Não há ato jurídico nenhum. Ainda não praticou o ato e sequer expediu a ordem para algum subalterno seu proceder desse modo. Simplesmente anun-

---

99. MARIA SYLVIA ZANELLA DI PIETRO, "Mandado de segurança, ato coator e autoridade coatora", in *Mandado de segurança*, p. 148.
100. "O ato coator", obra citada, pp. 11, 14-15.

ciou, disse que iria praticar esse ato. Se é crível, em face de sua dicção, que agirá do modo anunciado, embora ainda não haja um ato jurídico, penso que o mandado de segurança deve ser admitido, caso impetrado, contra esse mero comportamento material. Não há sequer um ato jurídico ainda imperfeito e, inobstante, se por força desse comportamento material, puder se deduzir que dada conduta será praticada e que, com isso, alguém terá o seu direito violado, é suficiente, penso eu, para admissibilidade da segurança. E o mesmo eu diria se o Presidente da República anunciar em televisão, em cadeia nacional, que irá baixar as medidas de emergência, inocorrendo, na verdade, manifestamente, situação que as justifique. Suponha-se, para dar maior força evocativa ao exemplo, que o Presidente alegue que, em dada cidade, estão ocorrendo manifestações tumultuosas nos últimos dias, quando todos sabem que não estão ocorrendo manifestações tumultuosas de nenhuma espécie. Se isso é invocado como supedâneo para prática de um ato ainda anunciado, um ato que inexiste, portanto, não vejo razão para qualquer ritualismo formalístico exigir que já esteja praticado aquele ato, quando, então, muito mais difícil será a defesa do direito e, provavelmente, em alguns casos, talvez nem haja mais a possibilidade de deter alguma conduta gravosa que se tema e que se considere incompatível com a ordenação jurídica".

O ato coator refere-se, portanto, a qualquer comportamento caracterizado por ilegalidade ou abuso de poder.

É admissível o mandado de segurança contra a lei, "se esta produzir efeitos, independentemente de um ato administrativo intermediário. De regra, são as normas proibitivas, como, por exemplo, aquelas que proíbem o exercício de certa profissão. Claro é que, nestas hipóteses, estará o particular se insurgindo contra ato que ofende o seu *direito* de exercer a profissão, e não contra a lei em tese (direito objetivo)"[101].

THERESA ARRUDA ALVIM WAMBIER, com maestria, em seu trabalho denominado "Medida cautelar, mandado de segurança e ato judicial", elenca as hipóteses de impetração de mandado de segurança contra ato judicial, qual seja, "a) contra decisão interlocutória; b) contra decisão judicial que não concedeu efeito suspensivo ao agravo, nos casos do art. 558; c) para dar efeito suspensivo ao agravo nos casos em que não o tem (todos os demais casos, com exceção dos elencados no art. 558); d) contra decisão judicial de que cabe apelação sem efeito suspensivo; e) contra decisão trânsita em julgado; e f) contra omissão judicial — sendo ilegal ou abusiva e gerando ofensa a direito líquido e certo".

É importante salientar que, diante da reforma processual, a qual conferiu a possibilidade do efeito suspensivo ao recurso de agravo, o mandado de segurança contra ato judicial perdeu um pouco o seu uso.

---

101. THERESA ARRUDA ALVIM WAMBIER, obra citada, p. 15.

Aquele que necessite de outras provas, além da documental, poderá recorrer ao procedimento ordinário.

A Súmula 304 do Supremo Tribunal Federal estatui que "a decisão denegatória de mandado de segurança, não fazendo coisa julgada contra o impetrante, não impede o uso da ação própria". Isso significa que "fica aberta a via ordinária àquele que teve denegado o mandado de segurança por ausência de direito líquido e certo; isto porque a sentença que afirma a ausência de direito líquido e certo não declara que o direito subjetivo material não existe"[102].

Na esteira do entendimento de HELY LOPES MEIRELLES[103], o mandado de segurança é "ação civil de rito sumário especial, destinada a afastar ofensa a direito subjetivo individual ou coletivo, privado ou público, através de ordem corretiva ou impeditiva da ilegalidade, ordem esta a ser cumprida especificamente pela autoridade coatora, em atendimento da notificação judicial". SEABRA FAGUNDES conceitua o mandado de segurança como "uma ação de rito sumaríssimo destinada a suscitar o controle jurisdicional sobre o ato de qualquer autoridade, que por sua ilegalidade ou abuso de poder viole ou ameace direito individual líquido e certo"[104].

Realmente, o impetrante do mandado de segurança busca uma intervenção rápida do Estado-juiz, de modo que a ameaça não se efetive ou o ato impugnado seja sustado. "O mandado de segurança é um instrumento graças ao qual se pretende dar ao cidadão, ao indivíduo, meios eficazes, meios expeditos de defesa, proporcionando uma via de rapidez e de eficiência na proteção do direito"[105].

A cognição do juiz no mandado de segurança é exauriente, na medida em que se exige o direito líquido e certo, o qual é aferido por prova documental.

A sumariedade é essencial ao mandado de segurança, embora ela não esteja expressamente prevista na Constituição, porque o direito líquido e certo agravado por ilegalidade ou abuso de poder requer uma intervenção rápida do Poder Judiciário para que a ameaça não se efetive ou o ato impugnado seja sustado.

O mandado de segurança não pode conter "*pedido de condenação a reparar danos emergentes do ato ilegal ou de abuso de poder.* Tampouco serve para haver créditos, pois ele não é substitutivo da ação adequada de cobrança. Isto já o disse o Supremo Tribunal Federal na Súmula nº 269". A Súmula 271 do Supremo Tribunal Federal diz: "Concessão de mandado de segu-

---

102. LUIZ GUILHERME MARINONI, *A antecipação da tutela na reforma do Processo Civil*, pp. 27-8.
103. *Mandado de segurança*, p. 23.
104. Obra citada, pp. 261-2.
105. CELSO ANTÔNIO BANDEIRA de MELLO, "O ato coator", obra citada, pp. 7-37.

rança não produz efeitos patrimoniais em relação ao período pretérito, os quais devem ser reclamados administrativamente ou por via judicial própria"[106]. Todavia, é possível utilizar o mandado de segurança como ação meramente condenatória no que se refere à ação do servidor da administração direta ou autárquica, que tem por objeto o pagamento de vencimentos e vantagens pecuniárias. A Lei nº 5.021, de 9/6/66, introduziu modificações no mandado de segurança, atribuindo-lhe natureza parcialmente condenatória, abrangendo os vencimentos e vantagens pecuniárias dos servidores civis, que se vencem a partir do ajuizamento da ação, bem como os atrasados.

3. As condições da ação no mandado de segurança

3.1. Generalidades

As condições da ação são requisitos para o efetivo exercício do direito de ação.

De acordo com o inciso VI do art. 267 do Código de Processo Civil, suas espécies são: interesse de agir, legitimidade para a causa e possibilidade jurídica do pedido. "Existe interesse processual quando a parte tem necessidade de ir a juízo para alcançar a tutela pretendida e, ainda, quando essa tutela jurisdicional pode trazer-lhe alguma utilidade do ponto de vista prático"[107]. Para LIEBMAN, "o interesse de agir é a relação de utilidade entre a afirmada lesão de um direito e o provimento de tutela jurisdicional pedido"[108]. "A legitimidade no processo ressuma como uma qualidade jurídica que unge aquele que consta na esfera subjetiva na situação jurídica retratada na inicial, com a peculiaridade de emergir essa qualidade da própria afirmação da situação espelhada na inicial, independentemente de real existência desta"[109]. "Por possibilidade jurídica do pedido, enquanto condição da ação, entende-se que ninguém pode intentar uma ação sem que peça providência que esteja, em tese prevista, ou que a ela óbice não haja, no ordenamento jurídico material"[110].

O elenco das condições da ação não se trata de *numerus clausus*, podendo variar segundo a prestação jurisdicional pretendida. "Recentemente, José Ignácio Botelho de Mesquita, em valiosa monografia, arrolou entre as condições de admissibilidade da ação, além da legitimidade das partes e

---

106. ALFREDO BUZAID, *Do mandado de segurança*, p. 202.
107. NELSON NERY JÚNIOR, "Condições da ação", *in Repro* 64:37.
108. *Manual de Direito Processual Civil*, p. 156.
109. DONALDO ARMELIN, *Legitimidade para agir no Direito Processual Civil Brasileiro*, p. 2.
110. ARRUDA ALVIM NETTO, *Manual de Direito Processual Civil*, p. 342.

do interesse para agir, a existência, na lei processual, da espécie de atividade jurisdicional pretendida pelo autor, a notificação para a constituição do promitente comprador em mora, na ação de rescisão de compromisso de compra e venda, a existência de contrato de locação comercial com prazo não inferior a cinco anos, na ação renovatória, a existência de título vencido e não pago, nas ações de execução, a existência de sentença condenatória executável nas mesmas ações"[111].

Preenchidas as condições da ação, significa que se tem direito a apreciação do mérito desde que presentes os pressupostos processuais de existência e validade do processo. "As condições da ação possibilitam ou não o julgamento do mérito. Presentes todas elas pode o juiz ingressar na análise do pedido. Não sem antes verificar se comparecem os pressupostos processuais. Ausente uma delas ou mais de uma, ocorre o fenômeno de 'carência de ação', ficando o juiz impedido de examinar o mérito"[112].

3.2. Interesse de agir

O interesse de agir, como condição da ação, deve ser examinado exclusivamente sob o ângulo processual, sendo diverso do interesse substancial ou material. "Existe interesse processual quando a parte tem necessidade de ir a juízo para alcançar a tutela pretendida e, ainda, quando essa tutela jurisdicional pode trazer-lhe alguma utilidade, do ponto de vista prático. Movendo a ação errada ou utilizando-se do procedimento incorreto, o provimento jurisdicional não lhe será útil, razão pela qual a inadequação procedimental acarreta inexistência do interesse processual. Se a parte possui, a seu favor, cheque com eficácia executiva, deverá promover sua cobrança pela ação de execução. Ao revés, se ajuizar ação de cobrança pelo rito comum, de conhecimento, portanto, não terá preenchido a condição da ação interesse processual, devendo o magistrado extinguir o processo sem julgamento do mérito. Isto porque com a ação de conhecimento poderia obter sentença condenatória (título executivo judicial — art. 584, I, CPC), que lhe será inútil pois já possui título executivo extrajudicial (art. 585, I, CPC)"[113]. Para ARRUDA ALVIM, "trata-se um interesse dirigido à supressão do obstáculo, de molde a que o direito possa novamente ser objeto de gozo e utilização normal".

LIEBMAN esclarece que o interesse processual "distingue-se do interesse substancial, para cuja proteção se intenta a ação, da mesma maneira como se distinguem os dois direitos correspondentes: o substancial que se afirma pertencer ao autor e o processual que se exerce para a tutela do primeiro"[114].

---

111. DONALDO ARMELIN, *Legitimidade para agir no Direito Processual Civil Brasileiro*, p. 38.
112. NELSON NERY JÚNIOR, "Condições da acão", *in Repro* 64:37.
113. *Ibidem*.
114. LIEBMAN, *Manual de Direito Processual Civil*, p. 154.

"O interesse substancial é aquele diretamente protegido pelo Direito material; é um interesse de índole primária, pois projetado que é pelo sujeito incide diretamente sobre o bem, o qual é, no caso, o objeto mesmo desse interesse. Assim, por exemplo, o interesse do proprietário, pela coisa de que tem o domínio, é utilizar-se de todas as faculdades inerentes à propriedade; o do credor, tem em vista o seu crédito, é de recebê-lo. Se o primeiro (o *dominus*) puder fruir a coisa, alugá-la, dá-la em usufruto etc., não há que cogitar de processo; se o credor receber o seu crédito, identicamente, não há que se pensar em processo. Quando, porém, entre o que se julga titular do direito — mais rigorosamente da pretensão — e o 'direito' mesmo, surge um obstáculo, impeditivo do gozo do direito ou da satisfação do mesmo, imiscuindo-se aí um obstáculo (*inter esse* = estar entre), emerge dessa circunstância um outro interesse, diverso daquele primário. Trata-se de um interesse dirigido à supressão do obstáculo, de modo que possa novamente o titular ter o gozo de utilização normal do direito. *A este interesse secundário dá-se o nome de interesse processual*"[115].

Enquanto predominou a teoria civilista da ação, o interesse de agir identificava-se com o direito material. A partir do momento em que se demonstrou a autonomia da ação, surgiu a distinção entre o interesse contido no direito subjetivo e o interesse de agir em juízo. "Consiste na 'necessidade' de usar dos meios jurisdicionais para obter a atuação da vontade da lei, pois sem esse recurso haveria dano para o autor"[116].

O interesse de agir "é condicionante do direito de ação, não se confundindo com o direito material alegado no processo, em relação ao qual é secundário, instrumental, posterior, nem com o próprio direito de ação, ao qual antecede. O interesse para agir, portanto, pode ser diagnosticado pela constatação da existência de vantagem jurídica, lícita, pois (patrimonial ou não patrimonial, como ocorre, nesta última hipótese, com o reconhecimento dos chamados direitos da personalidade, em si inestimáveis) emergente, potencialmente, da atuação da jurisdição provocada pela atuação do titular desse interesse"[117].

Alguns autores conceituam o interesse de agir como a necessidade do uso dos meios jurisdicionais para a tutela de um direito[118].

De outra parte, outros doutrinadores qualificam o interesse de agir como a utilidade, que se pode retirar da atividade jurisdicional[119].

---

115. ARRUDA ALVIM NETTO, *Tratado de Direito Processual Civil*, pp. 383-4.
116. CELSO AGRÍCOLA BARBI, *Comentários ao Código de Processo Civil*, pp. 72-3.
117. DONALDO ARMELIN, *Legitimidade para agir no Direito Processual Civil Brasileiro*, p. 58.
118. CALAMANDREI, *Instituciones de Derecho Procesal Civil*, p. 196. CELSO AGRÍCOLA BARBI, *Comentários ao Código de Processo Civil*, p. 23.
119. LOPES DA COSTA, *Direito Processual Civil Brasileiro*, p. 96.

Para DONALDO ARMELIN[120], "a utilidade de atuação do Judiciário, para obtenção de certeza jurídica objetiva, no caso concreto, caracteriza a presença do interesse de agir... Essa utilidade há de ser jurídica, de forma a propiciar potencialmente vantagem para o patrimônio jurídico do autor. Potencialmente, *in casu*, significando utilidade decorrente da possível procedência da ação. Não há que se falar, na espécie, em interesse econômico ou moral, como fazia o art. 2º do pretérito CPC de 1939. Todo interesse indispensável à propositura de uma ação é jurídico, o que exclui o interesse meramente moral, a menos que, por imprecisão terminológica, se dê a este a conotação de interesse jurídico não patrimonial. Todavia, nem mesmo no plano material seria tal concepção viável, porquanto todos os interesses tutelados por lei são direitos subjetivos... Essa utilidade, porém, é de ser aferida objetivamente, não só sob a ótica do autor da ação e titular do interesse de agir, como também sob a angulação da atividade jurisdicional jungida ao princípio de economia processual, cuja atuação pressupõe a maximização dos resultados processuais com a minimização de esforços e de dispêndio de tempo e dinheiro...".

CÂNDIDO RANGEL DINAMARCO resume bem o conceito de interesse de agir, que "se traduz na coincidência entre o interesse do Estado e do particular pela atuação da vontade da lei e se apresenta analiticamente como a soma dos requisitos acenados acima: necessidade concreta do processo e adequação do provimento e procedimento desejados"[121].

No mandado de segurança há restrições ao seu cabimento, fundadas no interesse de agir, contidas no artigo 5º da Lei nº 1.533/51: "Não se dará mandado de segurança quando se tratar: I — de ato de que caiba recurso administrativo com efeito suspensivo, independente de caução; II — de despacho ou decisão judicial, quando haja recurso previsto nas leis processuais ou possa ser modificado por via de correição; III — de ato disciplinar, salvo quando praticado por autoridade incompetente ou com inobservância de formalidade essencial".

Para CELSO AGRÍCOLA BARBI[122], essas hipóteses do artigo 5º da Lei nº 1.533/51 realmente constituem restrições à impetração de mandado de segurança, por motivo de interesse de agir. O autor explica que "a interposição do mandado de segurança não é proibida na pendência de recurso administrativo nem implica em renúncia deste. Se negado o mandado por questões meramente processuais, prevalecerá a decisão do recurso administrativo, salvo o direito do litigante às demais ações judiciais. Se concedido o mandado, por decisão transitada em julgado, ficará então prejudicado o recurso administrativo, dada a superioridade da decisão judicial sobre a

---

120. *Legitimidade para agir no Direito Processual Civil Brasileiro*, p. 59.
121. *Execução civil*, p. 141.
122. *Do mandado de segurança*, pp. 78-81.

administrativa, como é da índole do nosso sistema constitucional. No sistema do Código de Processo Civil, quando os despachos e as decisões do juiz são impugnáveis, o interessado deve utilizar-se dos recursos na forma e nos prazos ali previstos. Esse o meio 'normal' de corrigir os erros cometidos pelo magistrado. Excepcionalmente, porém, quando nem por recursos nem por via de correição possa o ato ser modificado, o citado inciso permite a utilização do mandado de segurança. Temos, então, mais um caso em que o 'interesse de agir', caracterizado pela 'necessidade' de amparo judicial, será a medida da ação. Entende a lei que não existe esse interesse quando o ato pode ser atacado por recurso ou correição. Assunto de grande importância, e cujo exame tem lugar adequado na parte relativa ao interesse de agir, é o do mandado de segurança contra 'ameaça' ao direito. A Constituição de 1988, no art. 5º, item XXXV, criou a figura do juízo preventivo geral em nosso direito".

Somente os atos atacados por recurso, sem efeito suspensivo, tornam-se passíveis de impetração de mandado de segurança. Caso contrário, falta ao impetrante uma condição da ação, qual seja, o interesse de agir.

Alguns autores entendem que a restrição do inciso I do artigo 5º da Lei nº 1.533/51 é inconstitucional. Diz o art.: "Não se dará mandado de segurança quando se tratar: de ato de que caiba recurso administrativo com efeito suspensivo, independente de caução". "Ao titular do direito, ameaçado ou lesado, deve ser sempre aberta a utilização de todos os meios de defesa, aptos à produção do afastamento, definitivo e total, da constrição ou da ameaça. Nessa perspectiva, o simples congelamento da executoriedade, produzido pelo recurso administrativo com efeito suspensivo, pode revelar-se altamente insatisfatório. O franqueamento das vias judiciárias, tão apenas após a exaustão das administrativas, é potencialmente ensejador, pelo próprio decurso temporal que envolve, até da exaustão, ou redução, da expressão efetiva do direito ameaçado ou lesado. Ora, como antes já ponderamos, o que a Constituição quer assegurar, com o mandado de segurança, é a integridade do direito em si, não se conformando com o sucedâneo pecuniário das perdas e danos"[123].

Em razão desse dispositivo legal, alguns doutrinadores sustentam que, sendo cabível recurso administrativo com efeito suspensivo, é necessária a exaustão das vias administrativas para impetração do mandado de segurança. "Quando a lei veda se impetre mandado de segurança contra 'ato de que caiba recurso administrativo com efeito suspensivo, independente de caução' (art. 5º, I), não está obrigando o particular a exaurir a via administrativa para, após, utilizar-se da via judiciária. Está, apenas, condicionando a impetração à operatividade ou exeqüibilidade do ato a ser impugnado perante o Judiciário. Se o *recurso suspensivo* for utilizado, ter-se-á

---

123. SÉRGIO FERRAZ, obra citada, p. 71.

que aguardar seu julgamento para atacar-se o ato final; se transcorre o prazo para o recurso ou se a parte renuncia à sua interposição, o ato se torna operante e exeqüível pela Administração, ensejando desde logo a impetração. O que não se admite é a concomitância do recurso administrativo (com efeito suspensivo) com o mandado de segurança, porque se os efeitos do ato já estão sobrestados pelo recurso hierárquico, nenhuma lesão produzirá enquanto não se tornar exeqüível e operante. Só então poderá o prejudicado pedir o amparo judicial contra a lesão ou a ameaça a seu direito. O que se exige sempre — em qualquer caso — é a *exeqüibilidade* ou a *operatividade* do ato a ser atacado pela segurança; a *exeqüibilidade* surge no momento em que cessam as oportunidades para os recursos suspensivos; a *operatividade* começa no momento em que o ato pode ser executado pela Administração ou pelo seu beneficiário"[124].

Para outros, é cabível a impetração do mandado de segurança e o uso da via administrativa simultânea ou sucessivamente. "Temos por perfeitamente cabível a utilização simultânea ou sucessiva de ambas as vias. Até porque se bem que a decisão judicial afete a administrativa, a recíproca não é verdadeira. E, por isso mesmo, não vemos em que o ingresso em juízo, com mandado de segurança deva ser tido como desistência do recurso administrativo"[125].

A jurisprudência evoluiu no sentido de admitir o mandado de segurança, mesmo que seja cabível o recurso administrativo com efeito suspensivo. A Súmula 429 do Supremo Tribunal Federal resolveu parcialmente a questão, encontrando-se consubstanciada nos seguintes termos: "A existência de recurso administrativo com efeito suspensivo não impede o uso do mandado de segurança contra omissão da autoridade".

Pergunta-se: é indispensável a prévia exaustão da via administrativa para a emergência de interesse de agir para impetração do mandado de segurança? Será constitucional lei que o imponha? Existem exceções constitucionais nesse sentido? A doutrina brasileira não se preocupou com a natureza jurídica dessa limitação encontrada na Lei do Mandado de Segurança. Para nós, trata-se de restrição por motivo de interesse de agir, pois "determinou a lei que, enquanto a divergência puder ser resolvida administrativamente, não há 'necessidade' de pleitear judicialmente a solução da controvérsia. Ressalva o texto legal as hipóteses em que o recurso administrativo não tenha efeito suspensivo, ou em que seja exigida caução, casos em que se entende existir desde logo o interesse de agir"[126].

---

124. HELY LOPES MEIRELLES, *Mandado de segurança*, pp. 34-5. THEMÍSTOCLES BRANDÃO CAVALCANTI, *Do mandado de segurança*, pp. 106-8.
125. SÉRGIO FERRAZ, obra citada, pp. 70-1.
126. CELSO AGRÍCOLA BARBI, *Do mandado de segurança*, p. 73.

Assim, é indispensável a prévia exaustão da via administrativa para impetração do mandado de segurança, quando haja recurso administrativo com efeito suspensivo e independentemente de caução.

Discute-se se essa limitação do direito de ação ofende os termos amplos em que a Constituição Federal criou o mandado de segurança ou o inciso XXXV do artigo 5º da Carta Magna. Diz o art.: "A lei não excluirá da apreciação do Poder Judiciário lesão ou ameaça a direito".

SÉRGIO FERRAZ[127] entende inconstitucional qualquer limitação à impetração de mandado de segurança.

De outra parte, CELSO AGRÍCOLA BARBI considera constitucional a referida limitação legal. Salienta o eminente autor que "não há nenhuma ofensa à Constituição, porque a finalidade de seus artigos é garantir os direitos individuais, e estes não são, nem de leve, atingidos pela Lei nº 1.533. Esta não subtrai à apreciação do Poder Judiciário a possível lesão de direito. Apenas estabelece a exigência de prévia exaustão da via administrativa; e só o faz quando esta via não impõe restrições ao exercício do direito discutido, nem cria ônus que agravem a posição do interessado. A circunstância de a Constituição ter criado o mandado de segurança em termos amplos não é decisiva, pois a instituição de um remédio judicial em texto constitucional só pode ser mesmo feita em termos genéricos. A regulamentação é que irá determinar as formas de exercício da ação; e desde que não retire do interessado a possibilidade do uso do mandado nem crie exigências que impossibilitem seu exercício, não se pode falar em inconstitucionalidade. A solução das controvérsias pelo Judiciário não deve ser a regra, e sim a exceção"[128].

Embora o inciso III do artigo 5º da Lei nº 1.533/51 disponha que não se dará mandado de segurança quando se tratar de ato disciplinar, a doutrina e a jurisprudência têm posicionamento diverso. Admitindo mandado de segurança contra ato disciplinar: "Cabe mandado de segurança para o exame dos aspectos extrínsecos do ato administrativo, bem como da sua legalidade intrínseca, quando se deve apurar se a penalidade aplicada a servidor é legítima, conhecendo-se os motivos da punição"(TFR, AMS 96.294, rel. Min. Costa Leite, DJU 19.12.84, p. 21964). No mesmo sentido: STF, RDA 130:186; RTJ 108:1317; TJES, RT 394:396.

CARLOS MÁRIO DA SILVA VELLOSO[129] preleciona que "o mandado de segurança deve ser admitido, de forma ampla, contra ato disciplinar, sob pena de maus-tratos na Constituição, que não fez ressalva nenhuma ao particular". O artigo 5º, inciso III, da Lei n. 1.533/51 deve ser interpretado em harmonia com a Constituição, art. 5º, XXXV e LXIX, de tal modo que, quando se refere à inobservância de formalidade essencial, se

---

127. Obra citada, pp. 70-1.
128. *Do mandado de segurança*, pp. 74-5.
129. *Temas de direito público*, pp. 154-5.

deve entender que o citado dispositivo legal está se reportando aos elementos essenciais do ato administrativo — competência, forma, objeto, motivo e finalidade — sem exceção, mesmo porque todo ato administrativo deve ser examinado em função de seus elementos. Se qualquer deles contiver vício, o ato é nulo. E o ato disciplinar é espécie de ato administrativo. Neste sentido, temos as posições, entre outros, de HELY LOPES MEIRELLES[130], J. M. OTHON SIDOU[131], SÉRGIO FERRAZ[132] e ALFREDO BUZAID[133].

Afirmar-se que não cabe mandado de segurança contra lei em tese, acompanhando a Súmula 266 do Supremo Tribunal Federal, é tarefa simples. É assim seu texto: "Não cabe mandado de segurança contra lei em tese".

Ocorre que é viável o mandado de segurança contra a lei, "se esta produzir efeitos, independentemente de um ato administrativo intermediário. De regra, são as normas proibitivas, como, por exemplo, aqueles que proíbem o exercício de certa profissão. Claro é que, nestas hipóteses, se estará o particular insurgindo contra ato que ofende o *seu direito* de exercer a profissão, e não contra a lei em tese (direito objetivo)"[134]. Este é o entendimento, entre outros, de CELSO ANTÔNIO BANDEIRA DE MELLO, CELSO BASTOS[135], HELY LOPES MEIRELLES, ALFREDO BUZAID[136], J. M. OTHON SIDOU[137], ARNOLDO WALD, SÉRGIO FERRAZ[138] e MARIA SYLVIA ZANELLA DI PIETRO[139].

"Sabe-se que existe até súmula estabelecendo descaber o mandado de segurança contra lei em tese. A dicção desta súmula me parece um pouco exagerada. Em primeiro lugar, porque há leis de efeitos concretos, há leis que, do ponto de vista substancial e não do ponto de vista de sua categorização formal, são verdadeiros atos administrativos. Uma lei que faz a divisão de um município, por exemplo, de si mesmo corresponde a um ato concreto, e esta divisão do município poderá eventualmente ter sido feita com ofensa a direito líquido e certo do município do qual se desmembrou uma parte para a constituição do novo. Uma lei que declara de utilidade pública, para fins de desapropriação, um dado bem é uma lei

---

130. *Mandado de segurança*, p. 38.
131. Obra citada, pp. 218-9.
132. Obra citada, p. 74.
133. *Do mandado de segurança*, pp. 120-3.
134. THERESA ARRUDA ALVIM WAMBIER, *Medida cautelar, mandado de segurança e ato judicial*, p. 15.
135. *Do mandado de segurança*, pp. 41-5.
136. Obra citada, pp. 127-30.
137. Obra citada, pp. 220-1.
138. Obra citada, pp. 74-8.
139. Obra citada, pp. 160-1.

que substancialmente corresponde a um ato administrativo. Logo, ainda que lei, contra ela poderia ser impetrado o mandado de segurança. Mas não só. Há uma grande quantidade de leis que produzem, só com a sua promulgação e entrada em vigor, um agravo específico ao direito do administrado. São as leis proibitivas. Uma lei proibitiva, à medida que vede inconstitucionalmente, que alguém pratique um dado ato, já lhe criou uma barreira e um dique, de tal sorte que o próximo comportamento estatal em relação ao indivíduo, que está a se considerar lesado por essa lei proibitiva inconstitucional, será uma conduta material. Já será o agravo ao direito. Diria eu que todas as vezes que de uma lei resulte desnecessidade da prática de um ato jurídico ulterior, mas possa a autoridade pública, por força da lei, passar imediatamente ao comportamento material, que é o lesivo especificamente que já lesa o comportamento do administrado, nesses casos em que a lei por força de sua dicção, por força de seu conteúdo, gera uma situação em que o ato sucessivo já seria a violação, já seria a prática do comportamento material violador do direito, em todos esses casos, poder-se-á impetrar mandado de segurança contra a própria lei, a menos que se queira admitir que é preferível, por amor a alguma simetria, não se sabe de onde extraída, aliás, que o direito primeiro seja violado e que depois alguém possa impetrar a segurança. Assim, também entendemos que caberá a impetração de segurança todas as vezes que decorra imediatamente da lei para o administrado uma possibilidade imediata de realizar a pretensão que seria juridicamente tutelável. Portanto, para nós, este é o critério iluminador do cabimento ou não da segurança, exatamente para garantir sempre a realização das duas premissas básicas a que aludimos e que, segundo nos parece, devem nortear a interpretação do mandado de segurança"[140].

"Vê-se, portanto, que o objeto normal do mandado de segurança é o *ato administrativo específico*, mas por exceção presta-se a atacar as *leis e decretos de efeitos concretos,* as *deliberações legislativas* e as *decisões judiciais para as quais não haja recurso capaz de impedir a lesão ao direito subjetivo do impetrante.* Por *leis e decretos de efeitos concretos* entendem-se aqueles que trazem em si mesmos o resultado específico pretendido, tais como as leis que aprovam planos de urbanização, as que fixam limites territoriais, as que criam municípios ou desmembram distritos, as que concedem isenções fiscais; as que proíbem atividades ou condutas individuais; os decretos que desapropriam bens, os que fixam tarifas, os que fazem nomeações e outros dessa espécie. Tais *leis* ou *decretos* nada têm de normativos; são *atos de efeitos concretos,* revestindo a forma imprópria de lei ou decreto por exigências administrativas. Não contêm mandamentos genéricos, nem apresentam qualquer regra abstrata de

---

140. CELSO ANTÔNIO BANDEIRA DE MELLO, "O ato coator", *in* obra citada, pp. 17-8.

conduta; atuam concreta e imediatamente como qualquer ato administrativo de efeitos individuais e específicos, razão pela qual se expõem ao ataque pelo mandado de segurança. Em geral, as leis, decretos e demais atos proibitivos são sempre de *efeitos concretos*, pois atuam direta e imediatamente sobre seus destinatários. Por *deliberações legislativas* atacáveis por mandado de segurança entendem-se as decisões do Plenário ou da Mesa ofensivas de direito individual ou coletivo de terceiros, dos membros da Corporação, das Comissões, ou da própria Mesa, no uso de suas atribuições e prerrogativas institucionais. As Câmaras Legislativas não estão dispensadas da observância da Constituição, da lei em geral e do Regimento Interno em especial. A tramitação e a forma dos atos do Legislativo são sempre vinculadas às normas legais que os regem; a discricionariedade ou soberania dos corpos legislativos só se apresenta na escolha do conteúdo da lei, nas opções da votação e nas questões *interna corporis* de sua organização representativa. Nesses *atos, resoluções ou decretos legislativos* caberá a segurança quando ofensivos de direito individual público ou privado do impetrante, como caberá também contra a aprovação de lei, pela Câmara, ou sanção, pelo Executivo, com infringência do processo legislativo pertinente, tendo legitimidade para a impetração tanto o lesado pela aplicação da norma ilegalmente elaborada quanto o parlamentar prejudicado no seu direito público subjetivo de votá-la regularmente"[141].

"Admite-se mandado de segurança contra os atos administrativos dos órgãos legislativos (atos da Mesa das Assembléias Legislativas estaduais, da Câmara e do Senado) e contra as leis auto-executáveis (*self-enforcing*), assim como contra as leis em sentido formal que não o sejam em sentido material encobrindo na realidade um ato administrativo, por não se apresentarem com a abstração e generalidade que caracterizam as normas legais"[142].

No que se refere à questão da aplicação do mandado de segurança aos atos jurisdicionais, podemos delinear três fases: uma que vai da promulgação da Constituição de 1934 até o advento da Lei nº 1.533/51; outra, abrangendo o período que se inicia com a vigência da Lei nº 1.533/51 até o julgamento do RE 76909, do Rio Grande do Sul e, finalmente, do referido julgamento (1973) até os dias atuais. "A primeira fase caracteriza-se pela ausência de texto legislativo que autorizasse expressamente ou expressamente vetasse a impetração de segurança contra ato jurisdicional. Silenciava a respeito a Constituição de 1934, mencionando apenas a exigência da ilegalidade ou abuso de poder, proveniente de ato de qualquer autoridade.

---

141. HELY LOPES MEIRELLES, *Mandado de segurança*, pp. 32-3.
142. ARNOLDO WALD, obra citada, p. 140.

Igualmente, a Lei nº 191/36, que regulamentou o dispositivo constitucional e o Código de Processo Civil, entrando em vigor no ano de 1939"[143].

"A segunda fase tem por marca significativa, inversamente, a existência de previsão expressa do legislador a respeito da admissibilidade do *writ* contra ato jurisdicional. Os tribunais, de modo quase definitivo, abandonaram a tese da inadmissibilidade. Nessa fase se situa a edição da Súmula nº 267 do STF, cujo enunciado dizia não caber mandado de segurança contra ato judicial passível de recurso ou correição, prestigiando-se a literalidade do dispositivo da Lei nº 1.533, filiando-se, portanto, num retrocesso, aos radicais da nova fase"[144].

"A terceira fase caracteriza-se pelo abandono, de parte do STF, da posição restritiva, alargando-se a admissibilidade do *writ*, já agora entendido como admissível desde que desprovido de recurso de efeito suspensivo e incapaz a correição de obstar a ilegalidade, reclamando-se mais a existência de dano efetiva e objetivamente irreparável, decorrente da ilegalidade patente e manifesta do ato impugnado"[145].

Existem, assim, fundamentalmente, três correntes, no que respeita ao cabimento do mandado de segurança contra atos propriamente jurisdicionais.

Preleciona THERESA ARRUDA ALVIM WAMBIER[146] que "há, ainda hoje, poucos autores que não admitem Mandado de Segurança contra ato judicial. Esses autores só admitem o *writ* contra ato de natureza administrativa praticado pelo juiz. Os atos não-judiciais praticados pelo juiz são considerados atos administrativos, e o Mandado de Segurança, com relação a eles, tem o regime jurídico idêntico ao dos atos administrativos praticados pelo Poder Executivo. Além desses, há os que são pela aplicação literal do art. 5º, II, da Lei 1.533/51. Existem, finalmente, os que o admitem, se o recurso que cabe do ato é desprovido de efeito suspensivo".

É importante realçar que há isoladas opiniões, ainda mais liberais, admitindo o mandado de segurança contra ato judicial, mesmo existindo recurso ou correição cabível, conforme acentua MILTON FLAKS[147].

Ainda, cumpre lembrar que é possível a impetração de mandado de segurança contra decisão transitada em julgado, apesar do conteúdo da Súmula nº 268 do Supremo Tribunal Federal. "Essa súmula deve ser entendida em seus devidos termos: o trânsito em julgado da decisão impede a reapreciação do mérito da decisão, que se tornou definitiva, ressalvada a possibilidade única de cabimento de ação rescisória. No entanto, será cabí-

---

143. J. J. CALMON DE PASSOS, "O mandado de segurança contra atos jurisdicionais", in *Mandado de segurança*, coord.: Aroldo Plínio Gonçalves, p. 94.
144. *Ibidem*, pp. 94-5.
145. *Ibidem*, pp. 95-6.
146. *Medida cautelar, mandado de segurança e ato judicial*, pp. 63-4.
147. *Mandado de segurança: pressupostos de impetração*, p. 178.

vel o mandado para impugnar a própria ocorrência da coisa julgada; por outras palavras, se o juiz deixar de aceitar um recurso, sob o fundamento de que ocorreu coisa julgada e esta, na realidade, ainda não ocorreu, o mandado de segurança terá por objetivo pleitear o conhecimento do recurso, já que o direito à jurisdição ainda não se extinguiu"[148]. Diz a súmula: "Não cabe mandado de segurança contra decisão judicial com trânsito em julgado".

Como preleciona J. J. CALMON DE PASSOS, a "teoria do mandado de segurança contra atos jurisdicionais tem que assentar, como a do mandado de segurança, em geral, em três noções básicas: a de *ilegalidade ou abuso de poder* na atividade jurisdicional do magistrado; a de 'direito', relacionado com o processo e o conjunto de atos que o constituem, resultado do exercício das faculdades que integram as situações de vantagem dos sujeitos nele envolvidos; e, por último, a de *liquidez e certeza* desse direito"[149].

Os atos discricionários não "refogem ao controle jurisdicional, porque, quanto à *competência*, à *finalidade*, à *forma* e aos próprios *limites* do discricionarismo, constituem matéria de *legalidade*, tão sujeito ao confronto da justiça como qualquer outro elemento do *ato vinculado*". "Atos discricionários são os que a Administração pode praticar com liberdade de escolha de seu conteúdo, de seu destinatário, de sua conveniência ou sua oportunidade e do modo de sua realização"[150].

"O Judiciário não poderá dizer da conveniência, oportunidade e justiça da aplicação de uma penalidade administrativa, mas poderá e deverá examinar o seu cabimento e a regularidade formal de sua imposição"[151].

Dessa forma, podemos afirmar que os atos discricionários são passíveis de impetração de mandado de segurança para coibir a ilegalidade ou abuso de poder de qualquer autoridade (art. 1º da Lei nº 1.533/51).

3.3. Possibilidade jurídica do pedido

Embora na doutrina brasileira se considere a possibilidade jurídica do pedido como condição da ação, de acordo com a lei, os autores não são unânimes na fixação de um conceito. Via de regra, fala-se em possibilidade jurídica do pedido, porém, também, deve ser verificada a possibilidade jurídica da causa de pedir.

Segundo ARRUDA ALVIM[152], "a possibilidade jurídica do pedido é instituto processual e significa que ninguém pode intentar uma ação sem que peça providência que esteja, em tese prevista, ou que a ela óbice não haja, no ordenamento jurídico material".

---

148. MARIA SYLVIA ZANELLA DI PIETRO, obra citada, p. 164.
149. Obra citada, p. 99.
150. HELY LOPES MEIRELLES, *Direito Administrativo Brasileiro*, p. 143.
151. *Ibidem*, pp. 684-6.
152. *Manual de Direito Processual Civil*, p. 342.

Particularmente, entendemos que a possibilidade jurídica do pedido não deve ser considerada, isoladamente, como condição da ação, estando albergada no interesse de agir.

3.4. Legitimidade

O conceito de legitimidade interessa tanto para o campo do direito material, quanto para o direito processual.

A legitimidade "é uma qualidade do sujeito aferida em função de ato jurídico, realizado ou a ser praticado[153] ou, em outras palavras, da relação entre o sujeito e a relação jurídica". "A legitimidade é um liame que se estabelece entre um sujeito, um objeto e outro sujeito. De fato, a relação jurídica abrange, pelo menos, dois sujeitos e um objeto. Logo, se se diz que a legitimidade é um liame que envolve um sujeito e uma relação jurídica, nesta relação haverá sempre o outro sujeito"[154].

A legitimidade e a capacidade são figuras afins, mas não se confundem, em face de determinadas circunstâncias. "Enquanto na capacidade se verificam as qualidades pessoais do agente, *v.g.*, idade, higidez física (surdos, mudos) ou mental, a presença (ausência), na legitimidade, o que há de ser levado em conta é o *status* jurídico em que se encontra o agente no momento da prática de um determinado ato: se é proprietário, se é credor, se é sócio, se é o prejudicado com o ato ilícito, se é a autoridade competente. Tudo em função da inserção do agente em determinada relação jurídica e de sua permanência nessa relação, que o legitima para a prática do ato ou para suportar os efeitos da prática desse mesmo ato"[155].

Desse modo, a legitimidade processual manifesta-se sempre em relação a outra pessoa, enquanto a capacidade para agir ou capacidade processual é uma qualidade da pessoa. "O problema da conceituação de legitimidade deriva também de sua característica de resultar indispensavelmente de uma correlação entre o sujeito do ato e o seu objeto. Realmente não há legitimação *in genere* para todos os atos da vida cível, comercial ou quejandos. É ela aferida da conjugação específica da situação do sujeito e da qualidade do objeto do ato jurídico em face do ordenamento jurídico"[156].

"A capacidade processual é a aptidão abstrata para agir no processo, reconhecida pela ordem jurídica, é atributo ou qualificação *imanente* a alguém, e, pois, é uma idéia *não transitiva*"[157].

---

153. DONALDO ARMELIN, *Legitimidade para agir no Direito Processual Civil brasileiro*, p. 11.
154. THERESA ARRUDA ALVIM WAMBIER, *Nulidades da sentença*, pp. 19-20.
155. DONALDO ARMELIN, *Legitimidade para agir no Direito Processual Civil brasileiro*, p. 19.
156. *Ibid.*, p. 12.
157. JOSÉ MANOEL DE ARRUDA ALVIM NETTO, *Tratado de Direito Processual Civil*, vol. 1, p. 330.

Na esteira do entendimento da Profª THEREZA ARRUDA ALVIM, podemos afirmar que "a capacidade para estar em juízo é genérica, enquanto a legitimação processual é específica para aquele determinado processo". "Ordinariamente, terá legitimação processual aquele que preenche o pressuposto da capacidade para estar em juízo, podendo agir processualmente em defesa (sentido lato) de afirmação de direito seu. Normalmente, então, quem tem capacidade para estar em juízo genérica, a tem específica: é o legitimado ordinário. O legitimado processual ordinário é aquele que não tem sua atuação processual obstada para agir ou defender o que entende ser direito seu, sua afirmação de direito. Claro está, que se está relacionando esse pressuposto processual à pretensão ou à defesa, à afirmação de direito e pedido ou resistência a estes. Assim, a legitimação processual ordinária deve ser aferida tomando-se em consideração o mérito. Contudo, diz respeito, exclusivamente, à atuação no processo, ao agir processual, sendo, por essa razão, considerada pressuposto processual de validade da relação jurídica processual"[158].

É importante distinguir-se a legitimação processual e a legitimação para a causa, sendo que aquela integra o quadro dos pressupostos processuais de validade da relação jurídica e esta diz respeito à condição da ação. "A legitimidade processual ativa é o *agir adequado* em relação a uma situação e em face do outro partícipe da mesma situação, no mesmo caso concreto, isto é, há de se atuar em face do legitimado passivo; é assim idéia necessariamente transitiva, e cujos sujeitos *só podem ser* os que a uma dada situação objetiva estejam ligados. A legitimidade de alguém é, pois, identificável tendo em vista *esse alguém e o outro*, e, também, à luz de uma situação que, em comum, lhes diz respeito"[159].

"A legitimação processual, a despeito de ser aferida em relação à lide, ao mérito, diz respeito exclusivamente ao agir, ao atuar no processo como parte, autora ou ré. Por sua vez, a legitimação para a causa nada mais é do que o relacionamento com a lide, desta dizer respeito àquelas partes, que, por isso, podem uma acionar e outra ser ré (A legitimação *ad causam* é tanto ativa quanto passiva conforme o art. 3º do Código de Processo Civil)"[160]. Ressalta DONALDO ARMELIN: "por sua vez, distinguem-se tais fenômenos processuais por dizer respeito a *legitimatio ad processum* à estrutura do processo precipuamente, enquanto a *legitimatio ad causam* atine ao exercício do direito de ação, direito esse que pode perfeitamente concernir ao sujeito carente de capacidade de exercício. Assim, o menor plenamente legitimado

---

158. THEREZA ARRUDA ALVIM, *O direito processual de estar em juízo*, pp. 80-1.
159. JOSÉ MANOEL DE ARRUDA ALVIM NETTO, *Tratado de Direito Processual Civil*, p. 330.
160. THEREZA ARRUDA ALVIM, *O direito processual de estar em juízo*, p. 81.

para o ajuizamento de determinada ação, em face da titularidade de uma situação legitimante, não terá condições de exercer tal direito por carência de capacidade para a prática de tal ato"[161].

Do exposto, conclui-se serem diferentes os conceitos de capacidade para estar em juízo, legitimação processual ou para o processo e legitimação para a causa. "A distinção entre capacidade processual e legitimação formal (legitimação processual) torna-se relevante nos casos em que a parte carece de capacidade processual: o exercício dos seus direitos processuais é então confiado pela lei a terceiros, os quais, justamente em virtude de tal investidura, adquirem a legitimação formal e estão no processo, realizando todos os atos processuais *em nome por conta da parte que representam*"[162].

3.4.1. Espécies de legitimidade

As espécies de legitimidade são: ordinária e extraordinária.

"Na legitimidade ordinária coincidem a figura das partes com os pólos da relação jurídica, material ou processual, real ou apenas afirmada, retratada no pedido inicial. Em conseqüência, os efeitos da decisão judicial operam-se diretamente no patrimônio das partes, sem qualquer distinção entre efeitos processuais e materiais. A parte legitimada, direta ou ordinariamente, no processo suporta todos os efeitos da decisão judicial, sem exceções, de vez que postula em nome próprio direito próprio"[163].

"A legitimação para o processo será extraordinária se não houver coincidência entre aquele que tem ou a respeito de quem se faz afirmação de direito e o que age no processo, como parte, por ter legitimação processual (capacidade para estar em juízo específica para aquele processo)"[164].

No dizer de NELSON NERY JÚNIOR, "quando existe uma coincidência entre a legitimação do direito material que se quer discutir em juízo e a titularidade do direito de ação, diz-se que se trata de legitimação ordinária para a causa, que é a regra geral: aquele que se afirma titular do direito material tem legitimidade para discuti-lo em juízo. Há casos excepcionais, entretanto, em que o sistema jurídico autoriza alguém a pleitear, em nome próprio, direito alheio. Quando isto ocorre, há legitimação extraordinária, que, no sistema brasileiro, não pode decorrer da vontade das partes. A substituição processual (CPC, art. 6ª) é espécie da legitimação extraordinária"[165].

No entender de LIEBMAN, "a legitimação para agir é [...] a pertinência subjetiva da ação, isto é, a identidade entre quem a propõe e aquele

---

161. *Legitimidade para agir no Direito Processual Civil brasileiro*, p. 111.
162. ENRICO TULIO LIEBMAN, *Manual de Direito Processual Civil*, p. 92.
163. DONALDO ARMELIN, *Legitimação para agir no Direito Processual Civil brasileiro*, p. 117.
164. THEREZA ARRUDA ALVIM, *O direito processual de estar em juízo*, p. 83.
165. NELSON NERY JÚNIOR e ROSA MARIA ANDRADE NERY, *Código de Processo Civil e legislação processual civil em vigor comentados*, p. 475.

que, relativamente à lesão de um direito próprio (que afirma existente), poderá pretender para si o provimento de tutela jurisdicional pedido com referência àquele que foi chamado em juízo. Tudo quanto se disse até aqui prevalece em casos normais e refere-se à legitimação ordinária. Todavia, em casos expressamente indicados na lei, pode ser reconhecida ao terceiro uma legitimação extraordinária, que lhe confere o direito de prosseguir em juízo 'um direito alheio'"[166].

Normalmente, a legitimidade processual é ordinária, ou seja, a legitimidade processual e a legitimidade para a causa são atribuídas a uma mesma pessoa. Em resumo, ser legitimado ordinário significa poder agir em juízo, em nome próprio, para a defesa de interesses próprios. Às vezes, a legitimação processual ordinária pode competir a mais de uma pessoa: "Isso ocorre toda vez que se depara com lide que diz respeito a mais de uma pessoa no mesmo pólo da relação jurídica processual (unitariedade). Surge, nessa hipótese, a legitimação processual ordinária concorrente. Este será o caso do art. 634, do Código Civil, pelo qual poderá, cada condômino, ser parte em relação jurídica processual para a defesa de posse comum, em tendo, cada um, capacidade para ser parte (integrada, se for o caso)"[167].

A exceção a esta regra encontra-se no artigo 6º do Código de Processo Civil, *in verbis,* "ninguém poderá pleitear, em nome próprio, direito alheio, salvo quando autorizado por lei". "A legitimação extraordinária é instituto jurídico de uso excepcional, portanto, limitado às hipóteses previstas em lei. Isso em razão de, no pólo ativo, alguém poder ir a juízo, em seu próprio nome, exercendo o direito de ação de outrem e agindo no processo por ele, postulando uma afirmação de direito, alcançando a decisão da lide e a autoridade da coisa julgada material que sobre ela recai, atingindo exatamente aquele que, normalmente, não está presente no processo. No pólo passivo, o legitimado extraordinário só não exerce o direito de ação do 'legitimante' mas por ele defende-se da pretensão do autor, por ele atua no processo, onde será proferida decisão de mérito, sobre a qual pesará a coisa julgada material alcançando aquele por quem atuou"[168].

A legitimidade extraordinária tem sido denominada no processo como substituição processual. "Realmente, se considerada a substituição processual como uma efetiva substituição do legitimado ordinário pelo extraordinário, esta só poderá ocorrer nos casos em que tal legitimidade extraordinária seja autônoma e exclusiva, nos termos da classificação retro ou, ainda, excepcionalmente, naquelas hipóteses de legitimidade concorrente, em que o legitimado extraordinário, por omissão do legitimado ordinário, ajuizou ação na qual este não ingressou como litisconsorte. Porque, ontologi-

---

166. *Manual de Direito Processual Civil,* p. 159-60.
167. THEREZA ARRUDA ALVIM, *O direito processual de estar em juízo,* p. 82.
168. *Ibid.,* pp. 91-2.

camente, é impossível a coexistência de substituição, compreendida no sentido supra, e litisconsórcio com o substituído. Assim, a denominação *substituição processual* deve ficar reservada àquelas hipóteses de legitimidade extraordinária tão-somente, desaparecendo, destarte, o problema terminológico"[169].

Para verificar se a legitimidade processual é ordinária ou extraordinária, portanto, é necessário observar se a lide diz respeito ou não àquelas partes e se há previsão no sistema jurídico para a última hipótese.

3.4.2. Legitimidade ativa no mandado de segurança individual: ordinária e extraordinária

O artigo 1º da Lei nº 1.533, de 1951, determina a concessão de mandado de segurança "sempre que, ilegalmente ou com abuso de poder, alguém sofrer violação ou houver justo receio de sofrê-la por parte de autoridade". Ac. STF, Pleno, 29-6-1984, MS nº 20420, rel. Min. Djaci Falcão, RTJ 110:1026; Ac. STF, Pleno, 8-8-1986, RE nº 107.679, rel. Min. Aldir Passarinho, RTJ 120:816.

Quando a lei se referiu a *alguém*, atribuiu a legitimidade ativa para a impetração do mandado de segurança a quem tivesse direito líquido e certo lesado ou ameaçado de lesão. Tanto pode ser pessoa física como jurídica, órgão público ou universalidade patrimonial privada. Quando for pessoa física ou jurídica, pode ser nacional ou estrangeira, domiciliada em nosso país ou fora dele[170].

O fato de o mandado de segurança constituir garantia constitucional, inserida no capítulo dos direitos e garantias fundamentais da Carta Magna, não exclui sua utilização por pessoas jurídicas, nem por órgãos públicos despersonalizados, nem por universalidades patrimoniais, isto porque não se restringiu o seu uso à pessoa humana (TJRS, RDA 15:46; TJSP, RT 304:392; TASP, RT 274:748).

A legitimação, neste caso, é do tipo ordinária, porque a titularidade da situação jurídica específica, que liga um sujeito a outro para fazer em juízo uma afirmação de direito, é atribuída apenas ao seu titular.

A legitimidade ordinária no mandado de segurança não pode ser aferida apenas *in statu assertionis*, ou seja, com a simples afirmação do impetrante a respeito da existência de um direito violado para, no plano processual, justificar a sua legitimidade. A qualidade de parte legítima, no mandado de segurança, deve ser comprovada no momento da sua impetração, porque o conceito de direito líquido e certo é tipicamente proces-

---

169. DONALDO ARMELIN, *Legitimidade para agir no Direito Processual Civil brasileiro*, pp. 132-3.
170. HELY LOPES MEIRELLES, *Mandado de segurança, ação popular, ação civil pública, mandado de injunção, "habeas data"*, p. 43.

sual[171] e constitui um direito vinculado a fatos e situações comprovados de plano, e não *a posteriori*, sendo, assim, a prova pré-constituída.

O artigo 3º da Lei nº 1.533, de 1951, prescreve que "o titular de direito líquido e certo decorrente de direito, em condições idênticas de terceiro, poderá impetrar mandado de segurança a favor do direito originário se o seu titular não o fizer, em prazo razoável, apesar de para isso notificado judicialmente".

Este dispositivo prevê hipótese de legitimidade extraordinária, qual seja, "alguém, em nome próprio por outrem ou em nome próprio por si e por outrem, aciona a jurisdição e atua no processo ou só atua nesta relação jurídica processual". "A legitimação extraordinária está relacionada com o processo, por isso ela é legitimação extraordinária processual. O legitimado extraordinário é, sem dúvida, parte no processo, contudo só age porque existe aquele por quem age"[172].

A doutrina tem discutido o fundamento de impetração de mandado de segurança por substituto processual. "Preferimos aceitar a tese de que se trata no caso de proteção, que a lei pretendeu assegurar, por via indireta, ao direito condicionado por direito alheio. Houve, assim, uma equiparação legislativa do direito condicionado ao direito suscetível de proteção do mandado de segurança, abrindo-se, ao seu titular, a possibilidade de garantir a defesa do direito condicionante, quando lesado por terceiro"[173].

J. CRETELLA JÚNIOR[174] apresenta um exemplo bem elucidativo: "numa determinada repartição pública, a lei manda que as promoções se façam, *todas,* por antiguidade. Ocorrendo uma vaga, o mais antigo, a quem cabe a promoção, deixa que outro seja promovido, sem defender o seu direito líquido e certo à vaga. Este, o preterido, na terminologia da lei é o 'terceiro', titular de direito originário, que, por desídia, não vai a juízo argüir a ilegalidade. Quem tem maior antiguidade, depois dele, neste caso, ficará prejudicado e como ambos se encontram em condições idênticas, deve-lhe ser permitido defender o *direito do mais antigo*, caso este não o faça, embora para isso notificado. Na realidade, o que ele está defendendo será o próprio direito, embora o esteja fazendo mediante defesa do direito do colega mais antigo, do 'terceiro' negligente".

Na hipótese do artigo 3º da Lei nº 1.533/51, a decisão do mandado de segurança fará coisa julgada material tanto para o impetrante, quanto para o terceiro titular de direito de onde emerge o do impetrante. Na

---

171. Neste sentido, temos os entendimentos de CELSO BASTOS, *Do mandado de segurança*, pp. 9-16, e de MILTON FLAKS, obra citada, pp. 110-124.
172. THEREZA ARRUDA ALVIM, *O direito processual de estar em juízo*, p. 97.
173. ARNOLDO WALD, obra citada, pp. 177-8.
174. Obra citada, p. 163.

legitimação extraordinária, o papel de parte engloba o legitimado processual extraordinário e aquele ou aqueles por quem age, desde que para existir ação e processo ambos são essenciais[175].

A doutrina entende que as pessoas jurídicas de direito público possuem legitimidade para impetrar mandado de segurança[176].

Apenas J. M. OTHON SIDOU sustenta posição contrária. "Sempre nos pareceu equívoco o dar-se às pessoas de direito público capacidade processual ativa para o exercício do mandado de segurança, o que em suma resulta no Estado garantir-se contra si próprio"[177].

Tanto o Supremo Tribunal Federal como os diversos Tribunais de Justiça dos Estados têm admitido amplamente a impetração de mandado de segurança por pessoas jurídicas de direito público. O Supremo Tribunal Federal admitiu expressamente a legitimidade da Prefeitura Municipal de Belém para impetrar mandado de segurança (Arquivo Judiciário 111:259). O Tribunal de Justiça do Estado da Paraíba entendeu que a Prefeitura Municipal de Campina Grande era parte legítima para a impugnação, mediante mandado de segurança, de resolução da Câmara Municipal, que mandara pagar a vereadores subsídios referentes a período em que a vereança era gratuita (RF 148:318). O Tribunal de Justiça de São Paulo já decidiu que a corrente jurisprudencial mais recente vem entendendo que cabe ao Poder Público reclamar a segurança contra ato praticado por qualquer outra autoridade, pois o *alguém*, a que se refere o art. 1º da Lei nº 1.533, não limita o uso do remédio ao indivíduo, à pessoa física, abrangendo qualquer entidade de direito privado ou de direito público (RF 182:203).

Os entes despersonalizados de direito público, como Câmaras Municipais e Mesas de Assembléias Legislativas, também têm legitimidade para impetrar mandado de segurança. O Tribunal de Justiça do Estado de Sergipe julgou ser adequado o mandado de segurança impetrado pela Câmara de Vereadores de determinado Município, para impugnar ato da Assembléia Legislativa do Estado (RF 147:351).

Em suma, tem legitimidade ativa para impetrar mandado de segurança todo e qualquer titular de direito líquido e certo, ameaçado ou violado por ilegalidade ou abuso de poder.

O estrangeiro não residente no país pode utilizar-se do mandado de segurança, segundo doutrina e jurisprudência dominantes. "O estrangeiro, embora não residente no Brasil, goza do direito de impetrar mandado de

---

175. THEREZA ARRUDA ALVIM, *O direito processual de estar em juízo*, pp. 103-11.
176. J. CRETELLA JÚNIOR, obra citada, p. 87. CELSO AGRÍCOLA BARBI, *Do mandado de segurança*, p. 144. HELY LOPES MEIRELLES, *Mandado de segurança, ação popular, ação civil pública, mandado de injunção, "habeas data"*, p. 44. ARNOLDO WALD, obra citada, p. 174. THEMÍSTOCLES CAVALCANTI, obra citada, p. 208. MIGUEL SEABRA FAGUNDES, obra citada, p. 337. JOSÉ DE MOURA ROCHA, obra citada, pp. 179-80.
177. Obra citada, p. 204.

segurança" (Revista de Direito Administrativo 55:192). No mesmo sentido: RF 168:183.

A Lei nº 1.533, de 1951, não estabeleceu qualquer restrição ao uso do mandado de segurança por pessoas residentes no exterior. "Assim sendo, a lei ordinária poderia restringir a utilização do mandado de segurança, só permitindo a sua impetração por brasileiros e estrangeiros residentes no país, mas não o fez, não cabendo ao intérprete distinguir onde a lei não distinguiu, de acordo com os melhores princípios da hermenêutica. Devemos acrescentar que foram felizes as leis ordinárias referentes ao mandado de segurança em não estabelecer qualquer discriminação contra os estrangeiros residentes no exterior, pois a nossa sistemática jurídica tem sempre admitido a igualdade de direitos entre nacionais e estrangeiros no que toca ao exercício e gozo dos direitos civis e das garantias processuais"[178].

O estrangeiro não residente no país deverá prestar a caução a que alude o artigo 835 do Código de Processo Civil. Diz o art.: "O autor, nacional ou estrangeiro, que residir fora do Brasil ou dele se ausentar na pendência da demanda, prestará, nas ações que intentar, caução suficiente às custas e honorários de advogado da parte contrária, se não tiver no Brasil bens imóveis que lhe assegurem o pagamento". Essa caução é um ônus que recai sobre o autor da ação, o qual, não a prestando, poderá sofrer as conseqüências da extinção do processo sem julgamento do mérito por ser uma verdadeira condição para o exercício da demanda. "É de extinguir-se o processo sem julgamento do mérito, quando o autor se ausenta do Brasil e não presta caução, pelas custas e honorários de advogado" (TJSP, 3ª Câmara Cível, Ap. 285.596, São Paulo, rel. Fonseca Tavares, v.u., 30.8.79, RJTJSP 62:132).

3.4.3. Legitimidade passiva no mandado de segurança

A pessoa física pode ser legitimada para ocupar o pólo passivo da relação processual contra aquele que exerce função delegada do poder público.

Não hesitam, pois, a doutrina e jurisprudência em aceitar o fato, por exemplo, de que o diretor de uma faculdade constitua-se em autoridade e, como tal, coator no mandado de segurança. "Cabe mandado de segurança contra estabelecimento particular de ensino superior" (STF, RDA 72:206). No mesmo sentido: TJSP, RDA 110:256; TFR, RDA 62:169.

Há divergências doutrinárias quanto àquele que se legitima para ocupar o pólo passivo no mandado de segurança.

A primeira corrente entende que parte passiva é a autoridade coatora. É o que sustentam, entre outros, LOPES DA COSTA[179], ARI FLORÊN-

---

178. ARNOLDO WALD, obra citada, pp. 169-70. CELSO AGRÍCOLA BARBI, *Do mandado de segurança*, p. 146.
179. *Manual elementar de Direito Processual Civil*, pp. 319-20.

CIO GUIMARÃES[180], HAMILTON DE MORAES E BARROS[181] e HELY LOPES MEIRELLES[182].

Preleciona CELSO AGRÍCOLA BARBI que "o ato que a autoridade pratica, no exercício de suas funções, vincula a pessoa jurídica de direito público a cujos quadros ela pertence; é ato do ente público e não do funcionário. Assim, o ato do secretário do Estado que demite um funcionário produz efeitos nas relações jurídicas entre o funcionário e o Estado, e não entre aquele e o secretário. Da mesma forma, o ato de um diretor de sociedade privada vincula a sociedade e não o diretor, uma vez que foi praticado naquela qualidade, e não na de particular"[183].

Uma outra corrente entende que partes passivas, em litisconsórcio necessário, são a autoridade coatora e a pessoa jurídica de direito público. Esse posicionamento é sustentado, entre outros, por SEBASTIÃO DE SOUSA[184] e J. M. OTHON SIDOU[185].

Há, ainda, posições mistas sobre a legitimidade no pólo passivo do mandado de segurança.

LUIZ EULÁLIO DE BUENO VIDIGAL[186] afirma que "a autoridade coatora, que seria, no caso, litisconsorte do Estado, melhor se denominaria como substituto processual do Estado, porque desenvolve, em seu próprio nome, a atividade necessária para a defesa de interesse alheio. Se, nesses casos, não for citado o Estado, será ineficaz a decisão que conceder o mandado".

PONTES DE MIRANDA[187] afirma que o mandado de segurança é impetrado contra o órgão e não contra a pessoa jurídica de direito público e afirma que esta é a demandada, embora o ato seja do órgão ou do executor.

Finalmente, temos a posição de que a parte passiva é a pessoa jurídica de direito público. Desse ponto de vista comungam, entre outros, SEABRA FAGUNDES[188], CELSO AGRÍCOLA BARBI[189], CELSO BASTOS[190], SÉRGIO FERRAZ[191], LÚCIA VALLE FIGUEIREDO[192] e CARLOS AUGUSTO DE ASSIS[193].

---

180. *O Ministério Público no mandado de segurança*, pp. 167-8.
181. *As liminares no mandado de segurança*, p. 69.
182. *Mandado de segurança, ação popular civil pública, mandado de injunção, "habeas data"*, p. 44.
183. *Do mandado de segurança*, p. 152.
184. *Dos processos especiais*, pp. 48-9.
185. Obra citada, pp. 208-9.
186. Obra citada, pp. 102-3.
187. *Comentários ao Código de Processo Civil*, v. 5, pp. 156-7.
188. Obra citada, p. 338.
189. *Do mandado de segurança*, pp. 154-5.
190. *Do mandado de segurança*, p. 38.
191. Obra citada, p. 42.
192. *Mandado de segurança*, p. 50.
193. *Sujeito passivo no mandado de segurança*, p. 48.

Adoto a posição de que a parte que se legitima para ocupar o pólo passivo no mandado de segurança é a pessoa jurídica de direito público, a cujos quadros pertence a autoridade apontada como coatora. "O ato do funcionário é ato da entidade pública a que ele se subordina. Seus efeitos se operam em relação à pessoa jurídica de direito público. E, por lei, só esta tem 'capacidade de ser parte' do nosso direito processual civil. A circunstância de a lei, em vez de falar na citação daquela pessoa, haver se referido a 'pedido de informações à autoridade coatora' significa apenas mudança de técnica, em favor da brevidade do processo: o coator é citado em juízo como 'representante' daquela pessoa e não como parte. Situação diversa, porém, existe quando se tratar de pessoas de direito privado, com funções delegadas de poder público, pois, então, parte passiva serão aquelas e não o Poder Público"[194].

A autoridade coatora, na verdade, é representante processual da pessoa jurídica de direito público. Como tal, a autoridade coatora prestará as informações, que constitui sua responsabilidade pessoal e intransferível. "As pessoas jurídicas e entes afins que também podem ter direitos e assumir obrigações, todavia, somente podem praticar atos jurídicos por meio de seus representantes, dirigentes ou administradores. Não há, quanto a estas, que se falar em integração de capacidade, pois a única maneira viável de a pessoa jurídica se poder manifestar é através de representante, figura que se aproxima daquela que integra a capacidade (em grau máximo) do absolutamente incapaz"[195].

"As informações se constituem em ato da responsabilidade pessoal e intransferível do coator perante a Justiça, muito embora possam ser redigidas por profissional habilitado, advogado ou procurador, mas sempre com a chamada do coator" (TFR, AI 44.777, rel. Min. Gueiros Leite, DJU 12.4.84, p. 5490).

Preleciona SÉRGIO FERRAZ que "autoridade coatora é a pessoa que *ordena* a prática ou a abstenção impugnáveis. *Ordenar*, aí, significa determinar específica e impositivamente, sem possibilidade de contraste, o desempenho comissivo ou omissivo. Entendida a questão nessas estreitas pautas, afasta-se a possibilidade de ser apontado como coator: I — aquele que *recomenda* a abstenção ou atuação; II — aquele que estabelece normas abstratas para a execução do ato (ou para a omissão descabida)"[196]. Nesse passo, a autoridade coatora é aquela que ordena a prática ou a omissão do ato. "Quando o ato é praticado por uma autoridade, por ordem direta de outra mais elevada hierarquicamente, [...] coator é quem determinou a

---

194. CELSO AGRÍCOLA BARBI, *Do mandado de segurança*, pp. 154-5.
195. THEREZA ARRUDA ALVIM, *O direito processual de estar em juízo*, pp. 13-4.
196. Obra citada, p. 48.

prática do ato, pois quem o efetiva é mero executor de decisão particular de seu superior"[197].

Os atos simples, segundo LÚCIA VALLE FIGUEIREDO, podem ser "*simples singulares* e *simples colegiais*. No *primeiro caso*, a vontade expressada no ato provém do concurso de várias vontades unificadas de um mesmo órgão no exercício de uma mesma função jurídica e cujo resultado final consubstancia-se na *declaração do órgão colegial*. É o caso das *decisões de comissões, conselhos,* etc."[198].

Nos mandados de segurança impetrados contra atos de colegiados, deve ser notificado como autoridade coatora o próprio colegiado e não seu presidente, que apenas o representa. "O endereçamento do pedido de informações, ou até sua prestação, através do presidente do órgão não tem o condão de transformá-lo em autoridade coatora singular. Até porque na formação da vontade do grupo, poderá ele ter sido vencido, o que não o despe do dever de sustentar o ato, se trazido à apreciação judicial. Em suma, o presidente apenas representa o colegiado, mas não personifica sua decisão"[199].

Em se tratando de mandados de segurança impetrados contra atos complexos e compostos devem ser notificados o executor e a autoridade superior, como autoridades coatoras. "Ato complexo é o que se forma pela conjugação de vontades de *mais de um órgão administrativo*. O essencial, nesta categoria de atos, é o concurso de vontades de órgãos diferentes para a *formação* de um ato único. Exemplo: a investidura de um funcionário é um ato complexo consubstanciado na nomeação feita pelo Chefe do Executivo e complementada pela posse e exercício dados pelo chefe da repartição em que vai servir o nomeado"[200]. "Ato composto é o que resulta da vontade única de um órgão, mas depende da verificação por parte de outro para se tornar exeqüível. Exemplo: uma *autorização* que dependa do *visto* de uma autoridade superior. Em tal caso a *autorização* é o ato principal e o *visto* é o complementar que lhe dá exeqüibilidade"[201].

Finalmente, nos mandados de segurança inseridos em procedimento administrativo deve ser notificado, como autoridade coatora, o órgão que executa o procedimento[202].

---

197. CELSO AGRÍCOLA BARBI, *Do mandado de segurança*, p. 101.
198. *A autoridade coatora e o sujeito passivo no mandado de segurança*, p. 40.
199. SÉRGIO FERRAZ, obra citada, p. 50. LÚCIA VALLE FIGUEIREDO, *A autoridade coatora e o sujeito passivo no mandado de segurança*, p. 41.
200. HELY LOPES MEIRELLES, *Direito administrativo brasileiro*, p. 147.
201. *Ibid.*, p. 147. SÉRGIO FERRAZ, obra citada, pp. 49-50. CELSO AGRÍCOLA BARBI, *Do mandado de segurança*, p. 102. ARNOLDO WALD, obra citada, p. 160.
202. SÉRGIO FERRAZ, obra citada, p. 51.

3.4.4. Litisconsórcio

O terceiro encontra-se legitimado a integrar o pólo passivo da relação processual "toda vez que o mandado de segurança implicar em modificação da posição jurídica de outras pessoas, que foram diretamente beneficiadas pelo ato impugnado, ou, mais precisamente, quando a sentença modificar o direito subjetivo, criado pelo ato impugnado em favor de outras pessoas, haverá litisconsórcio necessário e a sentença não poderá ser dada sem que esses terceiros sejam citados como partes passivas na ação. Se o impetrante não houver pedido a citação, deverá o juiz determiná-la, na forma do art. 47, parágrafo único, do Código de Processo Civil"[203]. "Quando eu tenho litisconsortes necessários? Quando a decisão proferida no mandado de segurança puder afetar um direito desse terceiro. Eu tenho sempre a questão do litisconsórcio necessário quando eu tenho uma licitação. Se eu tenho uma licitação aberta e alguém é incluído ou excluído, enfim, se tenho um mandado de segurança referido a uma concorrência na qual já haja um número determinado de licitantes, de participantes, todos os participantes têm interesse na presença ou na ausência de um deles. Então, numa licitação, eu tenho os litisconsortes perfeitamente determinados"[204].

Em se tratando de litisconsórcio facultativo unitário ativo, a impetração da segurança por apenas um dos eventuais litisconsortes adimple o requisito da legitimidade. Preleciona THEREZA ARRUDA ALVIM que a "unitariedade resulta da indisponibilidade da natureza da lide que se reconhece através da relação jurídica subjacente ao direito da ação (causa de pedir), a qual, na maioria das vezes, é de direito material, mas não obrigatoriamente. Assim, uma ação rescisória só pode ser movida contra todos aqueles que, como partes, participaram do processo, onde foi proferida a decisão rescindenda. O pedido é a rescisão e o rejulgamento da lide, porque apresentou-se uma das situações descritas no art. 485, de lei processual civil"[205].

Convém ressaltar, apenas, que o "litisconsórcio unitário só poderá deixar de ser necessário se houver disposição legal expressa que confira, àqueles que deveriam ir a Juízo conjuntamente (litisconsortes), legitimação processual extraordinária concorrente"[206].

O litisconsorte passivo necessário deve integrar, obrigatoriamente, a lide, espontaneamente ou por provocação do Juiz, sendo que a sua ausência acarreta a nulidade [leia-se ineficácia ou inexistência] do processo, matéria consolidada na jurisprudência dos tribunais. "Nulo é o processo de man-

---

203. CARLOS ALBERTO MENEZES DIREITO, obra citada, p. 97.
204. ADILSON ABREU DALLARI, "A autoridade coatora", in *Curso de mandado de segurança*, p. 51.
205. *O direito processual de estar em juízo*, pp. 156-7.
206. *Ibid.*, p. 160.

dado de segurança, quando a parte *ex adversa* da que impetra o *writ*, como litisconsorte necessária, não é chamada a juízo para se defender"(RO-MS 27.183, DJU 12.8.82, p. 11840). Também, "No mandado de segurança, considera-se litisconsorte passivo necessário aquele a quem a concessão da segurança afeta. Reconhecida tal condição, a falta de intimação da data do julgamento, por não constar seu nome da publicação da pauta, constitui nulidade absoluta, nos termos do parágrafo 1º do art. 236 do CPC" (TST, RO-MS 828/87, rel. Min. Guimarães Falcão, DJU 29.6.90, p. 6313).

CELSO AGRÍCOLA BARBI cita um exemplo elucidativo de litisconsórcio necessário: é o caso do mandado de segurança "requerido contra nomeação ou promoção de funcionário, ou concessão de serviço público a outrem, a demanda implica anular a nomeação ou promoção, ou cancelar a concessão, vale dizer, extinguir a relação jurídica existente entre o Poder Público e o funcionário, ou o concessionário". "Assim, por exemplo, decidiu a Primeira Turma do Superior Tribunal de Justiça, relator o Ministro Garcia Vieira: 'em mandado de segurança, que visa anular licitação, o arrematante é litisconsorte necessário. A falta de citação violou dispositivos da Lei 1.533/51, art. 19' (RSTJ 36/296)".

Cuida a espécie de litisconsórcio necessário unitário, porque existe uma única lide. No regime da unitariedade, o reconhecimento jurídico do pedido é válido, mas não é eficaz tanto para quem o praticou, quanto em relação aos demais, e, também, tendo em vista o adversário comum, em razão da indisponibilidade da lide.

O terceiro litisconsorte necessário, que não foi parte no mandado de segurança, não poderá impetrar outro *writ*, em havendo violação à sua esfera jurídica, porque o primeiro processo é inexistente. A respeito da necessariedade, THEREZA ARRUDA ALVIM explica que "se a lei, seja processual, seja de direito material, determina a necessariedade da formação de um litisconsórcio, no pólo passivo do processo, faltante a citação de um deles, a relação processual não estará completa, integrada, eis que a parte é plúrima... Assim, pode-se afirmar que, em estando faltante a citação de um dos litisconsortes necessários, a sentença proferida pelo juiz será *inutiliter data*, ou seja, será ineficaz. Assim, não poderá produzir efeitos jurídicos. Sobre ela nunca poderá recair a autoridade da coisa julgada material"[207].

Para que a decisão, em que não houve a citação de um litisconsorte necessário, seja retirada do mundo jurídico não há necessidade da ação rescisória. É suficiente uma petição simples ou mesmo ação declaratória de nulidade da decisão anterior, independentemente do prazo decadencial a que está sujeita a ação rescisória.

---

207. *O direito processual de estar em juízo*, p. 175.

Capítulo V

O Procedimento no Mandado de Segurança

SUMÁRIO: 1. Generalidades; 2. Petição inicial; 3. Prazo de impetração; 4. Informações da autoridade coatora e contestação; 5. Assistência e outras formas de intervenção (de terceiros) no mandado de segurança; 6. Prova; 7. Intervenção do Ministério Público; 8. Sentença.

1. Generalidades

O procedimento da ação de mandado de segurança objetiva alcançar a efetividade. Como salienta LUIZ GUILHERME MARINONI, "uma das questões que emerge quando tratamos da efetividade do processo, e que é o ponto fundamental a inspirar a razão de ser deste trabalho, é a da equação do problema rapidez-segurança"[208]. Para DONALDO ARMELIN, "se o processo não é o mal social, mas o remédio para esse mal — que é o conflito de interesses — será ele tanto mais eficaz quanto mais rápido for seu resultado"[209]. Lembram MAURO CAPPELLETTI e BRYANT GARTH que "em muitos países, as partes que buscam uma solução judicial precisam esperar dois ou três anos, ou mais, por uma decisão exeqüível. Os efeitos dessa delonga, especialmente se considerados os índices de inflação, podem ser devastadores. Ela aumenta os custos para as partes e pressiona os economicamente fracos a abandonar suas causas, ou a aceitar acordos por valores muito inferiores àqueles a que teriam direito"[210].

A cognição do juiz no mandado de segurança é exauriente[211], na medida em que se exige o direito líquido e certo, o qual é aferido por prova documental.

---

208. *Tutela cautelar e tutela antecipatória*, p. 15.
209. "A tutela jurisdicional cautelar", *in Revista da Procuradoria Geral do Estado de São Paulo*, 23:115.
210. Obra citada, p. 20.
211. LUIZ GUILHERME MARINONI, *Tutela cautelar e tutela antecipatória*, p. 28.

2. Petição inicial

A petição inicial no mandado de segurança deverá observar os mesmos requisitos constantes no art. 282 do Código de Processo Civil.

Em se verificando o indeferimento liminar da inicial no mandado de segurança aplica-se o disposto no art. 296 do Código de Processo Civil, sem necessidade da notificação da autoridade coatora.

O novo regime introduzido pela Lei nº 8.952/94 "permite que o juiz se retrate, reformando sua sentença, mas apenas quando houver *indeferimento liminar* da petição inicial. Pretende-se seja revista a sentença do juiz, antes de formada completamente a relação jurídica processual (autor-réu-juiz). Conseqüentemente, a norma não incide sobre a apelação interposta contra posterior indeferimento da inicial, quer dizer, depois de já formada a relação jurídica processual, com a citação do réu"[212].

Depois da apresentação das informações, caso o juiz extinga o processo sem julgamento do mérito por um dos motivos que ensejaria o indeferimento da inicial, haverá, na realidade, extinção do processo. Nesse caso, a apelação seguirá seu procedimento normal, com contra-razões do impetrado e remessa dos autos ao Tribunal competente, não podendo o juiz se retratar da decisão.

O procedimento do mandado de segurança é marcado pelo mecanismo dos prazos, ou melhor, pelos lapsos outorgados às partes para a realização dos atos processuais. "Prazo é o espaço de tempo em que o ato processual da parte pode ser validamente praticado"[213].

As questões relativas a contagem e curso dos prazos tratadas no direito processual civil adaptam-se ao mandado de segurança, uma vez que o Código de Processo Civil pode ter aplicação subsidiária a essa garantia constitucional.

3. Prazo de impetração

Existe divergência doutrinária quanto à constitucionalidade da fixação do prazo de 120 (cento e vinte) dias para o exercício do direito de impetrar mandado de segurança.

Os autores que consideram o prazo para impetração do mandado de segurança inconstitucional fundam-se no fato de que ele, como garantia constitucional, não pode ser obstado por lei infraconstitucional, como ocorre com o disposto no art. 18 da Lei nº 1.533/51. "Quando a Constituição não contém uma determinação temporal direta para o exercício do direito nela inserido, ou cumprimento de obrigação nela imposta, a fixação de

---

212. NELSON NERY JÚNIOR, *Atualidades sobre o Processo Civil*, p. 100.
213. HUMBERTO THEODORO JÚNIOR, *Curso de Direito Processual Civil*, v. II, p. 237.

prazo, em norma infraconstitucional, só pode ser balizadora da realização do comando, 'senza incidere sul 'Sollen' normativo-costituzionale'. É cientificamente inadmissível a criação de tais prazos *praeter constitutionem*, o que significaria uma espécie de integração do texto constitucional inteiramente incompatível com o caráter rígido de nossa Constituição"[214].

"O mandado de segurança, sendo ação constitucional, tem seus requisitos e limites estabelecidos apenas no texto constitucional (CF, art. 5º, LXIX e LXX). Ao legislador ordinário é reservado somente o poder regulamentar, fixando contornos procedimentais para seu exercício. Não pode criar requisitos e limites não previstos na CF. A norma sob comentário, porque restringe o exercício de direito fundamental previsto na CF, é inconstitucional. O impetrante pode impetrar MS mesmo depois de passado o prazo mencionado na LMS 18"[215].

Entretanto, adotamos o posicionamento de que o prazo para impetração do mandado de segurança é constitucional, na mesma linha de raciocínio de EDUARDO ARRUDA ALVIM[216], posição essa assumida pela jurisprudência. Em longo acórdão julgou-se constitucional este artigo 18 da Lei de Mandado de Segurança, porque o prazo decadencial de 120 dias opera, em face de sua eficácia preclusiva, a extinção do direito de impetrar o *writ* constitucional. Não gera, contudo, a extinção do próprio direito subjetivo eventualmente amparável pelo remédio do mandado de segurança ou por qualquer outro meio ordinário de tutela jurisdicional. A consumação da decadência do direito de impetrar mandado de segurança não confere juridicidade ao ato estatal impugnado, não tem o condão de convalidá-lo e nem a virtude de torná-lo imune ao controle jurisdicional (STF, RMS 21.362, rel. Min. Celso de Mello, j. 14.4.92, DJU 26.6.92, p. 10104 e Bol. AASP 1769/450). No mesmo sentido: RTJ 145:186; 141:478.

O prazo para impetração do mandado de segurança conta-se a partir do dia em que "o interessado tiver conhecimento oficial do ato a ser impugnado"[217].

Se o ato impugnado for omissivo, em princípio, "o termo inicial não tem como ser computado, inexistindo a decadência, porque não flui o prazo". "Há, no caso, omissão contínua. Todavia, em certas circunstâncias, é possível configurar a omissão, como decidiu o Colendo Supremo Tribunal Federal, com o voto condutor do Ministro Ilmar Galvão, quando da impe-

---

214. SÉRGIO FERRAZ, obra citada, pp. 99-100. CARLOS MÁRIO DA SILVA VELLOSO, "Conceito de Direito Líquido e Certo", in *Curso de mandado de segurança*, pp. 85-8.
215. NELSON NERY JÚNIOR, *Código de Processo Civil comentado e legislação processual civil extravagante em vigor*, p. 1816.
216. *Mandado de segurança no Direito Tributário*, pp.116-19.
217. HELY LOPES MEIRELLES, *Mandado de segurança, ação popular, ação civil pública, mandado de injunção, "habeas data"*, p. 40.

tração de ordem de segurança contra ato omissivo da Mesa Diretora do Senado Federal, na esteira de precedentes da Corte. Assim, marcando a lei prazo para a prática do ato, após o decurso desse prazo começa a omissão a violar o direito do impetrante, com o que a contar do fim daquele prazo começou a ilegalidade por omissão, devendo-se daí iniciar a contagem do prazo de cento e vinte dias para ingresso em Juízo"[218]. Segundo a orientação da Suprema Corte, se a lei ou regulamento não fixam prazo, não há como cogitar de preclusão (RE 79.831-MG, 2ª Turma, ac. un. de 7.3.75, Jur. Bras. 9/79). De outra parte, se a lei marca prazo para a prática do ato, após o seu decurso, começa a fluir o prazo de cento e vinte dias para impetração do mandado de segurança. "Ato omissivo. Se marca a lei prazo para a prática do ato, após o decurso desse prazo começa a omissão a violar o direito do impetrante. Logo, a contar do fim daquele prazo, começou a ilegalidade por omissão, devendo-se daí contar o prazo de 120 dias para o ingresso em Juízo" (ERE 18.387-MG, pleno, ac. un. de 10.12.69, RTJ 53:637).

Embora a lei não tenha conceituado a natureza do prazo para impetração do mandado de segurança, a maioria da doutrina entende que o prazo é decadencial[219], em face da natureza especial do mandado de segurança.

4. Informações da autoridade coatora e contestação

A doutrina divide-se quanto à natureza jurídica das informações da autoridade coatora.

A maioria dos autores entende que a natureza jurídica das informações é de contestação e, por via de conseqüência, a sua ausência importa em revelia. "As *informações* constituem a defesa da Administração. Devem ser prestadas pela própria autoridade argüida de coatora, no prazo improrrogável de *dez dias* (art. 7º, I, da Lei 1.533/51, com a alteração introduzida pela Lei 4.348/64). Podem ser subscritas por advogado, mas juntamente com a autoridade responsável pelo ato *sub judice*, porque a responsabilidade administrativa é pessoal e intransferível perante a Justiça. A Administração só se faz presente em mandado de segurança até a prestação das informações pela autoridade contra quem é impetrada a ordem. Daí por diante, o processo pode — e deve — ser acompanhado por procurador

---

218. CARLOS ALBERTO MENEZES DIREITO, obra citada, pp. 74-5.
219. FRANCISCO ANTÔNIO DE OLIVEIRA, *Mandado de segurança e controle jurisdicional*, p. 144. CARLOS ALBERTO MENEZES DIREITO, obra citada, p. 76. CELSO AGRÍCOLA BARBI, *Do mandado de segurança*, p. 118. J. M. OTHON SIDOU, obra citada, p. 501. HELY LOPES MEIRELLES, *Mandado de segurança, ação popular, ação civil pública, mandado de injunção, "habeas data"*, p. 40.

habilitado nos autos, mas as ordens de execução da segurança serão sempre dirigidas à próp ia *autoridade coatora* e por ela cumpridas direta e imediatamente, sob pena de incidir no crime de desobediência (CP, art. 330). Somente as intimações sobre a tramitação do processo e recursos é que serão feitas na pessoa do procurador habilitado nos autos. Nas informações, o impetrado deverá esclarecer minuciosamente os fatos e o direito em que se baseou o ato impugnado. Poderá oferecer prova documental e pericial já produzida. Se a prova depender de outra repartição, fora de sua jurisdição, deverá indicá-la e solicitar requisição pelo juiz. O que não se permite é o pedido de prova futura, a ser produzida em juízo. A falta das informações pode importar confissão ficta dos fatos argüidos na inicial, se isto autorizar a prova oferecida pelo impetrante. As informações merecem credibilidade, até prova em contrário, dada a *presunção de legitimidade* dos atos da Administração e da palavra de suas autoridades"[220]. Embora CELSO AGRÍCOLA BARBI entenda que as informações prestadas pela autoridade coatora têm natureza de contestação, salienta que a não apresentação da defesa no prazo legal não deve ser considerada como confissão ficta.

Contudo, entendemos que a autoridade coatora é mera informante, cabendo a contestação à pessoa jurídica de direito público[221].

Considerando que as informações não representam contestação, a autoridade coatora deverá se limitar a informar sobre o ato impugnado, não podendo praticar atos de disponibilidade, como a confissão ou o reconhecimento jurídico do pedido.

No mandado de segurança, a falta de apresentação de defesa por parte da pessoa jurídica de direito público não enseja a revelia, nem seus correspondentes efeitos, porque cabe ao impetrante fazer prova da liquidez e certeza do direito mediante prova documental pré-constituída.

O art. 19 da Lei nº 1.533/51 estabelece que "aplicam-se ao processo do mandado de segurança os artigos do Código de Processo Civil que regulam o litisconsórcio".

O art. 191 do Código de Processo Civil prescreve que "quando os litisconsortes tiverem diferentes procuradores, ser-lhes-ão contados em dobro os prazos para contestar, para recorrer e, de modo geral, para falar nos autos".

---

220. HELY LOPES MEIRELLES, *Mandado de segurança, ação popular, ação civil pública, mandado de injunção, "habeas data"*, pp. 66-7. FRANCISCO ANTÔNIO DE OLIVEIRA, obra citada, p. 124. ALFREDO BUZAID, *Do mandado de segurança*, p. 232. JOSÉ DE MOURA ROCHA, obra citada, pp. 193-4. J. M. OTHON SIDOU, obra citada, pp. 236-7. J. CRETELLA JÚNIOR, obra citada, p. 219. CELSO AGRÍCOLA BARBI, *Do mandado de segurança*, pp. 198-201.
221. CASTRO NUNES, obra citada, pp. 260-5. SÉRGIO FERRAZ, obra citada, p. 70. THEMÍSTOCLES BRANDÃO CAVALCANTI, obra citada, p. 184.

Diante de uma interpretação literal desses dispositivos legais, pode-se afirmar que ao litisconsorte no pólo passivo do mandado de segurança assegura-se o privilégio do art. 191 do Código de Processo Civil.

A única exceção processual admissível no mandado de segurança é aquela referente à incompetência relativa do juízo, seja ela deduzida nas informações, seja na defesa da pessoa jurídica de direito público, em razão do rito especial e célere do *mandamus*[222]. CELSO AGRÍCOLA BARBI admite a incompetência do juízo como preliminar nas informações da autoridade coatora[223].

O que é inadmissível, no mandado de segurança, pela sua própria natureza, é a reconvenção[224].

5. Assistência e outras formas de intervenção (de terceiros) no mandado de segurança

A doutrina divide-se a respeito da admissibilidade da assistência no mandado de segurança.

A corrente restritiva apóia-se no artigo 19 da Lei nº 1.533/51, alegando que ali só há menção à figura do litisconsórcio. "Por efeito da Lei nº 6.071, de 1974, que deu nova redação ao art. 19 da Lei nº 1.533, de 1951, 'aplicam-se ao mandado de segurança os artigos do Código de Processo Civil que regulam o litisconsórcio', ou seja, exclusivamente, os arts. 46 a 49. Não há menção à *assistência* (contida nos arts. 50 a 55), donde ser sensato entender que esta figura de participação adesiva não serve à ação de garantia, e assim menos por efeito de simplória interpretação gramatical do que pelo fato de que a assistência é incompatível com a sumariedade que domina o processo do mandado de segurança, tanto quanto admite o incidente da alegação de falta de interesse do postulante. O princípio de que 'a assistência tem lugar em qualquer dos tipos de procedimento e em todos os graus de jurisdição' (CPC, art. 50, parágrafo único) se desfaz ante lei específica e posterior que manda admitir apenas o litisconsórcio nos processos de mandado de segurança, além do que o citado princípio não se pode dizer invulnerável, eis que a assistência não é admitida no processo de execução, como orienta a mais recente jurisprudência"[225].

Entretanto, entendemos que a assistência simples é cabível no mandado de segurança quando o terceiro demonstrar seu interesse jurídico, ou seja, mostrar que a decisão poderá influir na sua esfera jurídica[226].

---

222. SÉRGIO FERRAZ, obra citada, p. 75.
223. *Do mandado de segurança*, pp. 195-200.
224. SÉRGIO FERRAZ, obra citada, p. 75.
225. J. M. OTHON SIDOU, obra citada, p. 210.
226. THEMÍSTOCLES BRANDÃO CAVALCANTI, obra citada, pp. 194-201. HELY LOPES MEIRELLES, *Mandado de segurança, ação popular, ação civil pública,*

Também é cabível no mandado de segurança a assistência litisconsorcial em relação àquele que tem relação jurídica com a parte contrária ao assistido, que será, inexoravelmente, influenciada pela coisa julgada, resultante daquele processo. "A assistência litisconsorcial cabe em mandado de segurança e é oportuna em qualquer tempo e grau de jurisdição, antes de tornar irrecorrível a sentença, mas o assistente perde o interesse se o ato impugnado deixou de existir" (RF 295:291).

Ainda, é admissível o recurso de terceiro prejudicado, o qual deverá demonstrar o seu interesse jurídico na forma do assistente[227].

Não parece viável qualquer outra forma de intervenção de terceiro no mandado de segurança, além da assistência (simples e litisconsorcial) e do recurso de terceiro prejudicado.

Não se há falar em oposição no mandado de segurança, porque aquele que pode ser opoente tem pretensão própria, pretendendo, no todo ou em parte, o bem ou o direito sobre o qual controvertem autor e réu (art. 56 do CPC).

Outrossim, o instituto da nomeação à autoria constitui, na verdade, simples correção da legitimação passiva.

A denunciação da lide destina-se a introduzir em uma relação jurídica processual outra lide, aquela que se forma entre denunciante e denunciado.

O chamamento ao processo destina-se à formação do litisconsórcio passivo a critério e por vontade do réu.

Esses institutos supra-referidos são próprios do processo de conhecimento, não sendo cabíveis em sede de mandado de segurança, que se constitui numa tutela diferenciada.

6. Prova

A prova no mandado de segurança deve ser pré-constituída e sempre documental[228].

A doutrina não discute, no mandado de segurança, a admissibilidade apenas da prova documental. "Se os fatos devem ser incontroversos, então a prova há de ser pré-constituída, vale dizer, a prova há de ser documental, não podendo os documentos comprobatórios dos fatos padecer de dúvi-

---

mandado de injunção, "*habeas data*", p. 52. J. CRETELLA JÚNIOR, obra citada, p. 343. SÉRGIO FERRAZ, obra citada, pp. 77-8. ALFREDO BUZAID, *Do mandado de segurança*, pp. 192-3.
227. ALFREDO BUZAID, *Do mandado de segurança*, pp. 193-5.
228. JOSÉ MANOEL DE ARRUDA ALVIM NETTO, "Mandado de segurança", *in Coleção Estudos e Pareceres Mandado de Segurança e Direito Público*, p. 349. Também adotam esta posição: CARLOS MÁRIO DA SILVA VELLOSO, "Conceito de direito líquido e certo", *in Curso de Mandado de Segurança*, pp. 77-8, e SÉRGIO FERRAZ, obra citada, pp. 29-32.

da, mesmo porque não se admite, no mandado de segurança, o incidente de falsidade"[229].

O mandado de segurança pode ser admitido em certas situações, como na hipótese do artigo 6º, parágrafo único, da Lei nº 1.533/51, mesmo quando "o impetrante não pode acostar à inicial, de plano, documentos que comprovem os fatos alegados, sobre os quais se assenta seu direito subjetivo. Isso se dá nas situações em que o estabelecimento dos fatos é apurável mediante requisição, pelo juiz, a pedido da parte ou não, de documentos e peças existentes em repartições administrativas"[230].

A doutrina entende que a prova deve ser produzida com a inicial, vedando-se a juntada de novos documentos, no curso do processo[231].

A jurisprudência entende que "a essência do processo do mandado de segurança está em ser ele um 'processo de documentos' (*Urkundenprozess*), exigindo prova pré-constituída. Quem não prova de modo insofismável com documentos o que deduz na inicial não tem a condição especial da ação de mandado de segurança. Logo, o julgador não tem como chegar ao mérito do pedido e deve extinguir o processo por carência de ação" (RMS 4.358-8, DJU 19.12.94, p. 35332).

Por prova documental no mandado de segurança deve-se entender como hábil a prova literal. Não é possível a prova documental *lato sensu*, como tal a gravada em fita cassete, videoteipe, enfim, qualquer sistema visual ou auditivo, ou produto da combinação de ambos, que faça prova em favor do titular do direito líquido e certo.

A autoridade coatora pode produzir prova documental com as informações, porque com elas discute e rebate os fatos em que se funda o impetrante, procurando demonstrar a legitimidade do ato impugnado[232].

Se a autoridade coatora produzir prova documental com as informações não atua no mandado de segurança a regra do artigo 397 do Código de Processo Civil, porque implicaria oitiva do impetrante e do Ministério Público, o que tumultuaria o processo e retiraria o seu caráter de celeridade[233].

Não há oportunidade para o impetrante, no mandado de segurança, manifestar-se sobre as questões preliminares ou fatos extintivos, modificativos ou impeditivos argüidos nas informações, porque daí o procedi-

---

229. CARLOS MÁRIO DA SILVA VELLOSO, "Conceito de direito líquido e certo", *in Curso de mandado de segurança*, p. 77.
230. SÉRGIO FERRAZ, obra citada, pp. 23-4.
231. JOSÉ DE MOURA ROCHA, obra citada, p. 118. ARNOLDO WALD, obra citada, p. 124.
232. ALFREDO BUZAID, *Do mandado de segurança*, p. 31. FRANCISCO ANTÔNIO DE OLIVEIRA, obra citada, p. 124. CELSO AGRÍCOLA BARBI, *Do mandado de segurança*, p. 209.
233. CELSO AGRÍCOLA BARBI, *Do mandado de segurança*, p. 208. FRANCISCO ANTÔNIO DE OLIVEIRA, obra citada, p. 128.

mento do mandado de segurança converter-se-ia em ordinário, afastando-se de sua exegese como garantia constitucional.

Essa vedação não contraria a garantia constitucional concernente ao direito de defesa, porque a estrutura especial do mandado de segurança não admite a réplica, própria do processo de conhecimento.

Não são admissíveis no mandado de segurança o incidente de falsidade, a declaratória incidental e o atentado. "O processo de mandado de segurança não admite argüições incidentes, como a de falsidade, embargos de terceiro, atentado, existência ou inexistência de relação jurídica etc. E assim é porque o rito especial do *mandamus* se baseia fundamentalmente na prova documental exibida pelo impetrante e na informação da autoridade impetrada: aquela com presunção de validade formal; esta com presunção de verdade administrativa. Se uma ou outra contrariar a realidade, já não haverá direito líquido e certo a ser decidido no feito, sendo dispensável o procedimento incidental, pois que, a final, será proclamada a inviabilidade do *mandamus*, transferindo-se o litígio para as vias ordinárias, para melhor cognição da causa. Inadmissível é a discussão incidente, no bojo da impetração. Se, p. ex., a falsidade é evidente, desnecessário é o incidente, porque será reconhecida mesmo sem essa formalidade; se não é evidente, só poderá ser aclarada fora do mandado de segurança"[234].

A prova, pela natureza do mandado de segurança, não pode oferecer qualquer tipo de dúvida, porque do contrário inexistiria o direito líquido e certo[235].

7. Intervenção do Ministério Público

A intervenção do Ministério Público no mandado de segurança (individual) dá-se na qualidade de *custos legis* (*rectius,* fiscal da lei).

Com as informações, segundo o art. 10 da Lei nº 1.533/51, abre-se oportunidade ao Ministério Público para se manifestar, no prazo de cinco dias.

A doutrina discute se a simples intimação do órgão do Ministério Público supre a exigência legal[236] ou se é necessário o seu efetivo pronunciamento.

---

234. HELY LOPES MEIRELLES, *Mandado de segurança, ação popular, ação civil pública, mandado de injunção, "habeas data"*, pp. 81-2.
235. JOSÉ DE MOURA ROCHA, obra citada, pp. 118-9. V. também CARLOS MÁRIO DA SILVA VELLOSO, "Conceito de direito líquido e certo", *in Curso de mandado de segurança*, p. 77, e CELSO AGRÍCOLA BARBI, *Do mandado de segurança*, p. 208.
236. A respeito da posição do Ministério Público, ver EDUARDO ARRUDA ALVIM, obra citada, pp. 51-8.

A jurisprudência relativa à intervenção do Ministério Público no mandado de segurança é dividida, no sentido de ser indispensável ou não o oferecimento do seu parecer, após a intimação.

"Processual civil. Mandado de segurança. Ministério Público. Pronunciamento. Art. 10 da Lei 1.533/51. Necessária e indispensável, sob pena de nulidade da sentença, a manifestação do Ministério Público em processo de mandado de segurança. Recurso provido". REsp. nº 9.207, 2ª Turma, rel. Min. Américo Luz, v.u., j. em 15.5.1991 e publicado no DJ de 25.11.1991, p. 17049.

"Embargos de divergência — Mandado de segurança — Ministério Público — Pronunciamento — Lei nº 1.533/51, art. 10. É imprescindível o pronunciamento do Ministério Público em mandado de segurança, a teor do art. 10 da Lei nº 1.533/51, acarreando nulidade do processo a ausência de manifestação". REsp. nº 26.710, 1ª Turma, rel. Min. Peçanha Martins, m.v., j. em 7.12.1993 e publicado no DJ de 21.2.1994, p. 2084.

"Com a intimação ou a vista dos autos, intervenção há. Se é efetiva, boa ou má, ou se o Ministério Público se escusa de opinar, por entender que não há interesse público ou fiscalização da lei a ser exercida em determinado caso, é questão que não interfere com o desenvolvimento válido e regular do processo... Não exige que a intervenção do Ministério Público seja real, eficaz ou proveitosa. A eventual omissão, engano ou displicência do representante do Ministério Público não são causa de nulidade...". RJTJESP 78:166.

O entendimento que parece ser o mais correto é o de que a manifestação efetiva do Ministério Público, na qualidade de fiscal da lei, não é obrigatória, sendo apenas necessário que se lhe dê oportunidade para tanto.

8. Sentença

CELSO AGRÍCOLA BARBI[237] entende que "a sentença no mandado de segurança poderá ser, conforme o caso, declaratória, condenatória ou constitutiva".

---
237. *Do mandado de segurança*, p. 221.

Contudo, mais acertado é o entendimento de que a natureza jurídica da ação de mandado de segurança é mandamental.

Preleciona SÉRGIO FERRAZ que "o caráter mandamental dessa sentença traduz-se em que ela contém uma determinação inescusável, à autoridade pública, para a prática do ditame judicialmente posto. É a cominação, em si, que há de ser cumprida, não se admitindo qualquer via subsidiária reparatória ou satisfativa"[238].

A Súmula 512 do Supremo Tribunal Federal prescreve que "não cabe condenação em honorários de advogado na ação de mandado de segurança". Essa Súmula retrata a jurisprudência dominante.

A par dessa Súmula, alguns autores tecem críticas a respeito. Sustenta CELSO AGRÍCOLA BARBI[239] que "essa não é a melhor solução possível ao assunto e desatende ao princípio da sucumbência, que é geralmente adotado no direito das nações cultas".

Para CELSO BASTOS[240], "o mandado de segurança se submete ao princípio da sucumbência. A razão é que embora a Lei nº 1.533 alije o Código de Processo Civil, nas matérias por ela reguladas, nela nada consta acerca de honorários advocatícios, pelo que se tem que necessariamente aplicar à espécie as leis genéricas do processo civil. Assim já devia ser antes mesmo do atual Código de Processo Civil. Não cremos que ele tenha inovado o tema. A referência freqüente feita pela jurisprudência ao surgimento do novo Código afigura-se-nos mais como um pretexto para ensejar a correção de um entendimento cujo desacerto já se fazia patente do que o reflexo de uma autêntica alteração do direito subjetivo. Sobre ser juridicamente a tese correta, a condenação em honorários é também a solução mais conveniente. Por um lado, reprime a utilização abusiva da medida. De outra parte, restaura um princípio básico de justiça, segundo o qual ninguém deve arcar com os ônus decorrentes da ilegalidade alheia. O vencedor da segurança já se viu forçado a recorrer ao Judiciário para fazer valer um direito seu, líquido e certo. Os incômodos dessa iniciativa já são em si mesmo injustificados e irreparados. Como fazê-lo arcar ainda com as despesas com o seu patrono? Ainda que não fosse com base na sucumbência, tais ônus seriam indenizáveis em decorrência da responsabilidade civil do Estado. Eis porque entendemos que mesmo nas hipóteses em que a sentença proferida na segurança não condenar em honorários, poderem estes ser reclamados em ação própria, fundada na responsabilidade civil do Estado".

---

238. Obra citada, pp. 175-6. Neste sentido, temos o posicionamento de PONTES DE MIRANDA, obra citada, pp. 180-1.
239. *Do mandado de segurança*, p. 216.
240. *Do mandado de segurança*, pp. 20-1. No mesmo sentido, ver SÉRGIO FERRAZ, obra citada, pp. 178-80, e HELY LOPES MEIRELLES, *Mandado de segurança, ação popular, ação civil pública, mandado de injunção, "habeas data"*, p. 69.

Esse parece ser o melhor posicionamento, em que pese o teor da Súmula referida, porque o artigo 20 do Código de Processo Civil firmou o princípio da sucumbência.

Além disso, essa Súmula vem sendo contrariada por recentes acórdãos do TJRJ, do TJRS (TJRJ, RDPG 31:159; 34:139, e Ap. Cível 31.201, j. 19.6.84; TJRS, RJTJRS 102:462) e do próprio STJ. Rompendo com uma tradição, que reiteradamente negava honorários de advogado nos mandados de segurança, a 1ª Turma do STJ, em vários julgados, entre os quais se destacaram os referentes aos REsp. 6.860-RS e 17.124-0-RS, consagrou, por maioria, a tese de que são cabíveis os honorários no caso. Foi relator o Min. César Rocha, que, em excelente voto, invocou a posição de HELY LOPES MEIRELLES, YUSSEF S. CAHALI e CELSO BASTOS, para afastar a incidência da Súmula 512 do STF, que entendia não caber condenação em honorários de advogado em mandado de segurança.

Capítulo VI

Antecipação de Tutela no Mandado de Segurança

SUMÁRIO: 1. Natureza jurídica da liminar no mandado de segurança; 2. A liminar propriamente dita: 2.1. Relevância do fundamento; 2.2. Concessão da liminar; 2.3. Modificação, revogação, caducidade e cassação da liminar; 2.4. Suspensão da liminar.

1. Natureza jurídica da liminar no mandado de segurança

O art. 7º, inciso II, da Lei nº 1.533/51 apresenta como um dos requisitos para a concessão da liminar que do ato impugnado possa resultar a ineficácia da medida. J. CRETELLA JÚNIOR coloca uma posição diferente sobre a medida liminar ao dizer que "se o mandado de segurança é o remédio heróico que se contrapõe à auto-executoriedade, para cortar-lhe os efeitos, a *medida liminar* é o 'pronto-socorro' que prepara o terreno para a segunda intervenção, enérgica (como é evidente), porém, mais cuidadosa do que a primeira. A auto-executoriedade jorra do ato espontaneamente, com intensidade ímpar; a liminar susta-lhe a ação, antes que se manifeste. O ato ilegal é veneno de ação rápida que não pode ser tratado com paliativo. Seu antídoto imediato é o remédio heróico que paralisa a ação deletéria da medida ilegal"[241].

O impetrante deve demonstrar que o tempo dispendido entre a propositura da ação e a prolação da sentença poderá tornar a medida ineficaz quando da sua concessão. Verifica-se, aí, o *periculum in mora*, caracterizador da liminar com natureza cautelar.

---

241. Obra citada, p. 225.

Para CELSO AGRÍCOLA BARBI[242] "toda medida provisória que tenha por fim evitar danos possíveis com a demora natural do processo tem a substância de medida cautelar".

O ilustre jurista ARRUDA ALVIM NETTO[243] sustenta que "nas medidas cautelares encontramo-nos diante de providências processuais, de índole instrumental, normalmente, disciplinadas fora do processo principal, ao passo que, no mandado de segurança, tal não ocorre. Efetivamente, a *medida liminar* encontra-se embutida na lei ordinária, que disciplina medularmente o mandado de segurança. Na realidade, se o escopo precípuo do mandado de segurança é o de constituir um anteparo eficiente contra a eficácia do ato administrativo, segue-se que necessariamente a medida liminar não poderia deixar de vir prevista como peça essencial ao funcionamento deste tipo de ação. Se — admitindo-se para argumentar — não se encontrasse prevista, sistematicamente, i. e., dentro da própria lei, a medida liminar, por certo poderiam os interessados se utilizar do processo de conhecimento, e, necessária e paralelamente, utilizarem-se da medida cautelar que tivesse cabimento. No entanto, se assim fosse, inexistiria um meio específico e eficiente, tal como o é o mandado de segurança, que se coloca dentro do sistema jurídico como autêntico antídoto à eficácia dos atos administrativos, desde que, por certo, seja concedida a medida cautelar, ora considerada".

Com inteira razão, o mestre ARRUDA ALVIM NETTO afirma que a liminar é uma "medida cautelar embutida", pois sua concessão se dá dentro da ação do mandado de segurança.

Nesse diapasão, não há dúvida de que a natureza da liminar em mandado de segurança é cautelar[244].

2. A liminar propriamente dita

A liminar é inerente ao mandado de segurança.

Embora a liminar esteja regrada pela lei ordinária (Lei nº 1.533/51, art. 7º, inciso II), ela possui assento constitucional[245] no inciso XXXV do artigo 5º da Carta Magna, o qual dispõe que a lei não excluirá da apreciação do Poder Judiciário lesão ou *ameaça* a direito.

---

242. *Do mandado de segurança*, p. 174.
243. "Revogação da medida liminar em mandado de segurança", *in Coleção Estudos e pareceres mandado de segurança e Direito Público*, p. 363.
244. Esta é a posição predominante na doutrina. Confira-se a respeito, entre outros, HELY LOPES MEIRELLES, *Mandado de segurança, ação popular, ação civil pública, mandado de injunção, "habeas data"*, p. 58. LÚCIA VALLE FIGUEIREDO, "A liminar no mandado de segurança", *in Curso de mandado de segurança*, p. 101. BETINA RIZZATTO LARA, *Liminares no processo civil*, p. 126. CELSO RIBEIRO BASTOS, *Do mandado de segurança*, p. 23. THERESA ARRUDA ALVIM WAMBIER, *Medida cautelar, mandado de segurança e ato judicial*, p. 25.
245. CELSO RIBEIRO BASTOS, *Do mandado de segurança*, p. 23.

Outrossim, a liminar a ser proferida em mandado de segurança visa à proteção *in natura* do bem, nunca pelo seu sucedâneo patrimonial, cuja proteção efetiva, concreta e definitiva é o objeto da impetração. "O mandado de segurança é, como já vimos, o remédio específico para assegurar nas relações de direito público a prestação *in natura*. Como veremos adiante, não repara a violação a direito"[246]. A antecipação da tutela é "uma providência cautelar destinada a preservar a possibilidade de satisfação, pela sentença, do direito do impetrante. Em outras palavras, visa a impedir que o retardamento da decisão final venha a torná-la inócua, em razão da irreparabilidade do dano sofrido. Em decorrência sobretudo da auto-executoriedade do ato administrativo, alterações podem ter lugar no mundo real, fenomênico, de molde a tornar inócua a decisão jurisdicional a final proferida"[247]. Com razão, LÚCIA VALLE FIGUEIREDO, quando afirma que "a liminar não é uma satisfação antecipada do pedido, mas, sim a meu ver, a garantia do direito *in natura*"[248].

A cognição desenvolvida pelo juiz ao apreciar o pedido de liminar é a sumária[249], considerando-se que, a rigor, toda prova produzida pelo impetrante acompanha a inicial.

A liminar terá "o condão de paralisar a auto-executoriedade do ato administrativo ou a sua executoriedade"[250].

Assim, para viabilizar a eficácia da sentença a ser proferida, após o seu regular processamento, a liminar concedida tem a feição satisfativa. Vide a respeito a discussão da doutrina sobre o tema. BETINA RIZZATTO LARA distingue os conceitos de *antecipatoriedade* ("chiedere la concessione d'un provvedimento che anticipi in tutto o in parte gli effetti della sentenza di merito, pressupone dunque necessariamente che la parte chieda al giudice di pronunciare un provvimento con contenuto in tutto o in parte identico a quello della decisione a cui esso è strumentalmente coordinato"— FERRUCIO TOMASEO citado por BETINA RIZZATTO LARA[251]), *cautelaridade* ("a liminar, ao antecipar os efeitos fáticos da decisão final, pode assumir esta cautelaridade, ou seja, pode ter o fim de, pressupondo a ocorrência de um dano, garantir a utilidade da prestação jurisdicional"[252]) e *satisfatividade* ("a satisfatividade ocorrerá quando a liminar, ao antecipar os efeitos fáticos que possam decorrer da prolação da sentença, fizer surgir uma identidade entre a providência que se pretender ao final da ação e

---

246. CASTRO NUNES, obra citada, p. 40.
247. CELSO RIBEIRO BASTOS, *Do mandado de segurança*, p. 23.
248. "A liminar no mandado de segurança", *in Curso de mandado de segurança*, p. 101.
249. Confira-se o conceito de cognição sumária na lição de LUIZ GUILHERME MARINONI, *Tutela cautelar e tutela antecipatória*, pp. 23-5.
250. ARRUDA ALVIM NETTO, "Mandado de segurança", *in Coleção Estudos e pareceres mandado de segurança e Direito Público*, p. 353.
251. Obra citada, p. 63.
252. *Ibid.*, p. 64.

aquela que se obtém liminarmente. Há, então, nesse caso, uma antecipação satisfativa"[253] — a ser deferida, como acentua OVÍDIO BAPTISTA DA SILVA, citado por aquela mesma autora, se se evidencia à luz do material probatório constante dos autos, a legitimidade da posição do demandante), sendo certo, ainda de acordo com BETINA RIZZATTO LARA, que é possível que uma liminar assuma, simultaneamente, a natureza cautelar e satisfativa, consoante a ênfase (fim primordial) da atuação da medida que seja dada ao caso concreto[254]. CELSO AGRÍCOLA BARBI ensina que "ordenando a suspensão, terá o juiz antecipado, em caráter 'provisório', a providência que caberá à sentença final e isso para 'evitar o dano' que decorreria da natural demora na instrução do processo"[255]. Contra esse entendimento, temos a posição de HELY LOPES MEIRELLES, o qual afirma que "a medida liminar não é concedida como antecipação dos efeitos da sentença final, é procedimento acautelador do possível direito do impetrante, justificado pela iminência de dano irreversível de ordem patrimonial, funcional ou moral se mantido o ato coator até a apreciação definitiva da causa. Por isso mesmo não importa prejulgamento, não afirma direitos nem nega poderes à Administração. Preserva, apenas, o impetrante de lesão irreparável, sustando provisoriamente os efeitos do ato impugnado"[256]. ALFREDO BUZAID perfilha do mesmo entendimento: "Não é a liminar uma antecipação provisória dos efeitos definitivos da sentença que acolhe a segurança. O juiz que concede a liminar não é obrigado a mantê-la no momento de proferir a sentença final, em que reconhece ou nega o direito invocado pelo impetrante"[257].

Além disso, nos casos em que antecipar todos os efeitos fáticos da sentença, coincidindo desse modo com o pretendido pelo autor ao final da ação, a liminar não deixa de ser provisória. "O juiz, ao ordenar, através da concessão da liminar, a suspensão da eficácia do ato comissivo, antecipa em caráter provisório a medida de segurança. Que medida é esta? É, por assim dizer, a 'suspensão definitiva' do ato, ou seja, a retirada do ato ilegal do universo jurídico. A suspensão provisória, portanto, antecipa a 'suspensão definitiva', que provavelmente será obtida pelo impetrante"[258]. Como bem lembra THERESA ARRUDA ALVIM WAMBIER[259], "ainda que *materialmente* a providência concedida através da liminar possa coincidir com a pretendida pelo autor, *principaliter,* esta coincidência se restringe ao aspecto

---

253. *Liminares no processo civil*, p. 67.
254. *Ibid.*, p. 70.
255. *Do mandado de segurança*, p. 174.
256. *Mandado de segurança, ação popular, ação civil pública, mandado de injunção, "habeas data"*, p. 58.
257. *Do mandado de segurança*, p. 217.
258. BETINA RIZZATTO LARA, obra citada, p. 128.
259. *Medida cautelar, mandado de segurança e ato judicial*, p. 38.

concreto, pois a liminar será, *sempre*, provisória, podendo ser, *em qualquer caso*, revogada pela sentença".

LÚCIA VALLE FIGUEIREDO[260] ensina que "nos atos omissivos existe, exatamente, quase que uma antecipação da ordem final. Nos atos omissivos, o que pretende o impetrante? O impetrante pretende exatamente que a Administração, que não está cumprindo o seu dever, aquilo que considera o seu dever, cumpre. Damos o exemplo de uma certidão. Se o juiz concede a liminar e a certidão é dada, diriam muitos que se escravizou o conteúdo do mandado de segurança. Ocorre que, para mim, essa prestação é, no caso, provisória. A final, o juiz, concedendo a ordem, torna-la-á definitiva. Vou esgotar o conteúdo do próprio mandado de segurança ao conceder esta liminar. Mas não vejo como o juiz possa agir de outra maneira se não concedendo a liminar, não obstante possa 'exaurir', digo entre aspas, o objeto do mandado de segurança".

Nesse passo, é cabível pedido de liminar contra conduta omissiva da autoridade coatora.

2.1. *Relevância do fundamento*

A relevância do fundamento aludida no item II do art. 7º da Lei nº 1.533/51 não se confunde com o *fumus boni iuris*. Salienta BETINA RIZZATTO LARA que "relevante, por sua vez, é tudo aquilo que tem importância, que se destaca. No caso do mandado de segurança, é relevante o fundamento que indica a existência de uma provável procedência da ação, ou, nos termos de Clóvis Beznos, de uma *viabilidade aparente* de que os fatos descritos levam à conclusão pedida"[261]. ARRUDA ALVIM NETTO refere-se à "juridicidade ostensiva" do pedido como significativa de relevante fundamento jurídico[262].

Muitos autores equiparam o relevante fundamento ao *fumus boni iuris*[263]. No entanto, conforme ressalta THERESA ARRUDA ALVIM WAMBIER, não há correspondência entre eles porque na cautelar o juiz contenta-se com a aparência do direito, enquanto no mandado de segurança, para que se admita tão-só sua impetração, a parte deve ter direito líquido e certo, comprovado de plano, por meio de prova documental. "Requisito para

---

260. "A liminar no mandado de segurança", *in Curso de mandado de segurança*, p. 102. No mesmo sentido: J. M. OTHON SIDOU, obra citada, p. 233.
261. Obra citada, p. 129.
262. "Revogação da Medida Liminar em mandado de segurança", *in Coleção Estudos e pareceres, mandado de segurança e Direito Público*, p. 363.
263. Confira-se a respeito, entre outros, HELY LOPES MEIRELLES, *Mandado de segurança, ação popular, ação civil pública, mandado de injunção, "habeas data"*, p. 58. ALFREDO BUZAID, *Do mandado de segurança*, p. 213. PAULO ROBERTO DA SILVA PASSOS, "A medida liminar no mandado de segurança e a Constituição de 1988", *in RT* 655:46-53.

que se admita tão e somente a *impetração* do Mandado de Segurança já é a circunstância de o direito da parte impetrante ser comprovável de plano, por meio de prova documental. A relação de incidência, pois, quando a impetração (momento necessariamente anterior àquele em que o juiz cogita se deve ou não conceder a liminar), já é razoavelmente *certa*. Ao que tudo *indica,* a parte tem *direito*"[264].

Preleciona BETINA RIZZATTO LARA[265] que não se pode dizer que "no mandado de segurança, ao decidir sobre a concessão da liminar, o juiz acabe fazendo uma análise de mérito, prejulgando, em conseqüência, a ação. A diferença da liminar no mandado de segurança da liminar em outras ações é que a cognição é diferente, ou seja, ela recai sobre as mesmas provas que serão objeto de análise no curso da ação. Por isso, há uma maior chance daquele que é favorecido com esta medida vencer o *mandamus*". Assim, parcialmente, o exame da "relevância do fundamento do pedido" confunde-se com a análise do mérito do mandado de segurança[266].

2.2. Concessão da liminar

A concessão da liminar é ato vinculado e não discricionário do juiz.

A discricionariedade é aplicável a todas as áreas do Direito Público. A idéia de discricionariedade vem normalmente referida à indeterminação de certos tipos de conceitos jurídicos (= conceitos vagos). Todavia, como salienta BARBOSA MOREIRA "não se deve identificar a discricionariedade com a liberdade de que goza o juiz na fixação de conceitos juridicamente indeterminados como 'perigo iminente', 'boa-fé', 'atos de mera permissão' ou 'tolerância'. A discricionariedade respeita aos efeitos, enquanto a interpretação de conceitos vagos, ao 'fato'"[267].

THERESA ARRUDA ALVIM WAMBIER[268] salienta, com precisão, que "a diferença fundamental que há entre o preenchimento (*in concreto*) de um conceito vago — fenômeno a que muitos designam de discricionariedade judicial — e a discricionariedade propriamente dita, é que quando uma norma encampa o conceito vago, em sua redação, esta norma é *concebida com o escopo de gerar uma só interpretação, ou seja,* a gerar uma situação tal, de molde a que dela se extraia *uma* só interpretação, um só resultado".

---

264. *Medida cautelar, mandado de segurança e ato judicial,* p. 37.
265. Obra citada, p. 130.
266. THERESA ARRUDA ALVIM WAMBIER, *Medida cautelar, mandado de segurança e ato judicial,* p. 38. No mesmo sentido: CELSO RIBEIRO BASTOS, *Do mandado de segurança,* p. 24.
267. "Regras de experiência e conceitos juridicamente indeterminados", *in Temas de Direito Processual,* p. 60. Este entendimento é sustentado por LÚCIA VALLE FIGUEIREDO, *A autoridade coatora e o sujeito passivo no mandado de segurança,* pp. 61-3.
268. *Medida cautelar, mandado de segurança e ato judicial,* p. 132.

Em face de um pedido de liminar, o magistrado verifica se estão ou não presentes os seus pressupostos de deferimento (não indaga se convém ou não outorgá-la). Se presentes os pressupostos, deverá conceder a liminar. Se não estiverem, não pode deferi-la[269].

CELSO ANTÔNIO BANDEIRA DE MELLO[270] esclarece bem esta questão, afirmando que "quando avalia o pedido para outorgar ou denegar uma liminar, o órgão jurisdicional não se pergunta se convém ou não outorgá-la, mas se, de direito, o requerente *faz jus* a ela, isto é, se estão ou não preenchidos os pressupostos de deferimento. Se estiverem, não há senão concedê-la. Se não estiverem, não podem deferi-la. E a conclusão a que chegar nunca será a de que 'podem ou não estar preenchidos', pois sua pronúncia é a *própria voz do Direito,* e a própria expressão da lei 'in casu', a qual estará, presumidamente, afirmando ser aquela a solução devida, com exclusão de qualquer outra e sobretudo da que lhe seja antagônica. Idem quando exara uma sentença. Donde ela se propõe, axiomaticamente, como sendo a decisão única admissível e, de conseguinte, como a decisão 'certa', a 'verdadeira' — jamais como a que fosse simplesmente a mais conveniente. Logo, não há, em prol do juiz, como não haveria o Tribunal, perante um pedido de liminar, qualquer 'liberdade' peculiar, específica, qualificada — ou qualquer nome que se lhe pudesse dar — que diversifique sua posição em relação àquela que tem de assumir (e assume) ao prolator a decisão final da lide. O título jurídico de que está investido para decidir — e é o mais elevado possível — é sempre o de dizer o Direito estabelecido".

O tema da concessão de ofício da liminar no mandado de segurança é polêmico na doutrina.

Arrolam-se dentre os que apóiam a concessão de ofício, entre outros, J. M. OTHON SIDOU[271], BETINA RIZZATTO LARA[272], PAULO ROBERTO DA SILVA PASSOS[273] e SÉRGIO FERRAZ[274]. Na corrente oposta, temos o posicionamento, entre outros, de ALFREDO BUZAID[275] e CELSO AGRÍCOLA BARBI[276].

Entendemos que é inviável a concessão de liminar no mandado de segurança, sem que haja expresso pedido da parte, do impetrante neste sentido. Isso porque não se pode deixar de aplicar para o mandado de

---

269. SÉRGIO FERRAZ, obra citada, p. 144.
270. "Mandado de segurança contra concessão ou denegação de liminar", *in Revista de Direito Público* 62:55-61
271. Obra citada, p. 231.
272. Obra citada, p. 153.
273. "A medida liminar no mandado de segurança e a Constituição de 1988", *in Revista dos Tribunais*, 655:48-49.
274. Obra citada, p. 145.
275. *Do mandado de segurança*, pp. 214-5.
276. *Do mandado de segurança*, pp. 173 e ss.

segurança o princípio basilar de todo o processo civil, qual seja, o princípio dispositivo do art. 2º do Código de Processo Civil.

Já que não existe previsão expressa na Lei nº 1.533/51, possibilitando a concessão de liminar *ex officio* pelo magistrado, não lhe é lícito, ao receber a petição inicial do mandado de segurança, concedê-la, independentemente de pedido, para acautelar ou viabilizar uma determinada prestação *in natura*.

A liminar no mandado de segurança pode ser concedida até a prolação da sentença. A liminar, inclusive, pode ser concedida se presentes os requisitos exigidos pelo art. 7º, inciso II, da Lei nº 1.533/51, no segundo grau de jurisdição. "Assim, se a ameaça ou risco de dano que leva ao pedido liminar persistir e o juízo *ad quem* verificar existir uma fundamentação relevante, que possibilite antever uma probabilidade de que o pedido feito no recurso seja procedente, a liminar poderá ser concedida. Com isso, a situação permanece a mesma daquela existente antes da sentença até que seja julgada a apelação"[277].

Salienta THERESA ARRUDA ALVIM WAMBIER[278] que "a própria parte pode reiterar o pedido no juízo *ad quem*, como já se disse. Isto ocorre mesmo que a liminar seja expressa e explicitamente revogada na sentença de mérito na hipótese de o Mandado de Segurança ser extinto sem julgamento do mérito. A liminar pode ser, em qualquer caso, revigorada pelo juízo *ad quem*, a pedido da parte, e deve durar até que seja julgada a apelação. Não havendo, ainda, relator designado, a liminar pode ser restabelecida ou revigorada pelo Presidente ou Vice-Presidente do Tribunal, em conformidade com o que estiver a respeito disposto nos regimentos internos de cada Tribunal. Depois da distribuição, será do relator a competência. O mesmo se pode dizer quando se tratar de Mandado de Segurança de competência originária do Tribunal, cabendo ao relator reapreciar a decisão proferida pelo Presidente ou pelo Vice-Presidente (art. 14, Lei 1.533/51)".

Considerando que a liminar é inerente ao mandado de segurança e levando em conta que a Lei nº 1.533/51 possui previsão expressa, parece descabida a exigência de depósitos ou qualquer espécie de caução (contracautela) como condição para a concessão de liminares. "Alguns magistrados determinam que seja prestada a caução para a concessão da liminar. Terá cabimento o pedido de caução para a concessão da liminar? Entendo que não. Entendo que a caução realmente não pode ser exigida, se presentes os pressupostos da concessão dessa medida, como já enfatizei. Presente o relevante fundamento, presente o *periculum in mora,* a caução, de forma alguma, pode ser exigida. É verdade que, em alguns casos muito excepcio-

---

277. BETINA RIZZATTO LARA, obra citada, p. 140.
278. *Medida cautelar, mandado de segurança e ato judicial*, p. 57.

nais, pode-se colocar o problema da caução, mas, em regra geral, a caução realmente se me afigura esdrúxula e não acho que pode ser exigida do impetrante. Faço a ressalva: e se o impetrante pretender prestá-la? Se o impetrante pretender prestá-la, permito para que se livre da correção monetária, de todos os consectários, caso a ordem a final seja indeferida. Então, permito em benefício do impetrante. O que acho é *que não pode ser condição da outorga da liminar*. Aliás, outorga é, até, termo impróprio porque outorga dá a impressão de dádiva e para quem coloca, como eu, que é dever do juiz, peço escusas pelo termo outorga, em má hora utilizado"[279].

Eventualmente, em determinadas situações, nas quais, denegada a liminar, perece o direito do autor é possível exigir do impetrante uma garantia (uma caução) que torne viável a execução de possível sentença denegatória. "A caução só há de ser exigida quando o deferimento da liminar produza visível perigo de ineficácia da sentença denegatória. No caso de medida liminar para liberação de mercadorias apreendidas, o juiz pode exigir que o impetrante deposite o valor do crédito tributário em questão. O depósito, neste caso, funciona como verdadeira contracautela. A jurisprudência é divergente a respeito do assunto, mas o Superior Tribunal de Justiça já admitiu a exigência do depósito em situações especiais"[280].

Em razão de alegados "abusos", houve a edição de diversos diplomas legais proibindo a concessão de liminares.

A Lei nº 2.410, de 29.1.55, e, em seguida, a Lei nº 2.770, de 4.5.56, no artigo 1º, estabeleceu que "nas ações e procedimentos judiciais de qualquer natureza, que visem obter a liberação de mercadorias, bens ou coisas de qualquer espécie procedentes do estrangeiro, não se concederá, em caso algum, medida preventiva ou liminar que, direta ou indiretamente, importe na entrega de mercadoria, bem ou coisa".

A Lei nº 4.348, de 26.6.64, no artigo 5º estabelece que "não será concedida a medida liminar de mandados de seguranças impetrados visando à reclassificação ou equiparação de servidores públicos ou à concessão de aumento ou extensão de vantagens". A seguir, surgiu a Lei nº 5.021, de 9.6.66, cujo artigo 1º, § 4º, prescreve que "não se concederá medida liminar para efeito de pagamento de vencimentos e vantagens pecuniárias".

A Lei nº 8.076, de 23.8.90, proibiu liminar em matéria relativa ao Plano Cruzado de março de 1990.

Ainda, a Lei nº 8.437, de 30.6.92, proíbe a concessão de liminar em ações cautelares ou preventivas intentadas contra o Poder Público, quando essa medida não puder ser concedida em mandado de segurança por vedação legal.

---

279. LÚCIA VALLE FIGUEIREDO, "A liminar no mandado de segurança", in *Curso de mandado de segurança*, p. 106.
280. HUGO DE BRITO MACHADO, *Mandado de segurança em matéria tributária*, p. 145.

Na esteira do entendimento de THERESA ARRUDA ALVIM WAMBIER[281], *"todas as leis restritivas à concessão de liminares são, em nosso sentir, inconstitucionais*. No que tange ao Mandado de Segurança, pensamos que as liminares lhe são *conaturais*. Todos têm direito à prestação de tutela jurisdicional eficaz e, para isto, às vezes, é *imprescindível* a concessão de liminares".

Ainda que a liminar seja efetivamente satisfativa, não se justifica proibir a concessão de liminares. Diante de eventual irreversibilidade fática da situação poder-se-ia, quando muito, exigir a prestação de caução.

O Plenário do Egrégio Tribunal Federal da 3ª Região já negou aplicação ao artigo 1º e respectivo parágrafo único da Lei nº 8.076/90.

> "Há que se discutir — aqui e agora, em face da Constituição de 1988, que atribui ao cidadão o direito subjetivo de se dirigir ao Judiciário acautelar dita lesão — se a proibição à executoriedade das sentenças proferidas em face de eventuais violações de direitos das leis precitadas, coadunar-se-ia, estaria ao abrigo das disposições constitucionais. Para isso, devemos, sem sombra de dúvida, verificar o teor da garantia constitucional que é o mandado de segurança, forte na proteção de direitos ameaçados ou lesados por ato de autoridade. Na verdade, para os inúmeros casos arrolados, a malsinada lei estaria a suprimir a garantia constitucional da outorga do bem de vida — *in natura*. Ora, é da própria *ratio* do mandado de segurança a agilidade e presteza a amparar o cidadão contra atos praticados pela autoridade que possam vir a se mostrar contra o direito. Se assim não fosse, suprimida estaria a garantia do art. 5º, XXXV, possibilitadora de o jurisdicionado acautelar, desde logo, seu direito"[282].

Apesar dessas decisões, na mesma linha anterior, a Lei nº 9.494, de 10 de setembro de 1997, no seu artigo 1º, estabelece que se aplica "à tutela antecipada prevista nos arts. 273 e 461 do Código de Processo Civil o disposto nos arts. 5º e seu parágrafo único e 7º da Lei nº 4.348, de 26 de junho de 1964, no art. 1º e seu § 4º da Lei nº 5.021, de 9 de junho de 1966, e nos arts. 1º, 3º e 4º da Lei nº 8.437, de 30 de junho de 1992".

Para esse novo diploma legal, cumpre também registrar que não se pode proibir a concessão de tutela antecipada ou tutela específica contra a Fazenda Pública.

---

281. *Medida cautelar, mandado de segurança e ato judicial*, p. 33.
282. *RDP* 18:310-11.

Por ora, segundo a Medida Provisória nº 2.180-33, de 28 de junho de 2001, a Lei nº 9.494, de 10 de setembro de 1997, foi acrescida das alíneas "a", "b" e "c", no artigo 1º, passando a vigorar com a seguinte redação, qual seja, nas execuções por quantia certa contra a Fazenda Pública estão dispensadas de depósito prévio para interposição de recurso as pessoas jurídicas de direito público federais, estaduais, distritais e municipais e esse prazo passa a ser de trinta dias. Ainda, "prescreverá em cinco anos o direito de obter indenização por danos causados por agentes de pessoas jurídicas de direito público e de pessoas jurídicas de direito privado prestadoras de serviços públicos".

2.3. Modificação, revogação, caducidade e cassação da liminar

A liminar, no mandado de segurança, encontra-se no grupo das decisões interlocutórias que podem ser alteradas pelo juiz, *sem provocação* da parte, ou seja, sem que a parte *recorra*[283].

Há duas hipóteses de modificação da liminar concedida, ou seja, com a alteração do convencimento do juiz, após a vinda das informações, no sentido de que não estejam presentes os pressupostos de sua manutenção ou com o surgimento de fato novo, em face do qual desapareça o fundamento de validade da liminar que havia quando esta foi concedida. "Ou a parte, na inicial, o impetrante, não falou bem a verdade e, muitas vezes, o juiz tem de conceder a medida e tem, para que não pereça o possível direito — essa é uma das hipóteses, então, com a vinda das informações, verifica o juiz que não tem por que continuar aquela medida liminar constrangendo a Administração quando lhe parece evidente, com a vinda das informações, por exemplo, que aquela situação posta pelo impetrante não é realmente aquela. Portanto, o juiz pode cassar a liminar como também o pode se, no curso da lide, advém qualquer fato novo que, na verdade, verificado, a liminar não teria mais o fundamento de validade que existia no início"[284].

Assim, o juiz deve adequar a concessão da liminar do direito provável do impetrante ao seu convencimento, podendo conceder liminar negada ou modificar liminar concedida, em consonância com o poder oficioso do juiz, não havendo necessidade da ocorrência de contraditório.

A revogação da liminar pode se dar no curso do processo e na sentença final[285].

---

283. THERESA ARRUDA ALVIM WAMBIER, *Medida cautelar, mandado de segurança e ato judicial*, p. 42.
284. LÚCIA VALLE FIGUEIREDO, "A liminar no mandado de segurança", *in Curso de mandado de segurança*, p. 110.
285. ARRUDA ALVIM, "Revogação da medida liminar em mandado de segurança", *in Coleção Estudos e pareceres mandado de segurança e Direito Público*, pp. 364-7. Confira também BETINA RIZZATTO LARA, obra citada, pp. 134-41.

É possível a revogação da liminar, no curso do processo: a) se surgir fato novo, fazendo com que desapareça o fundamento de validade que existia quando foi concedida no início do mandado de segurança ou b) se, após as informações, o juiz verifica que não estão mais presentes os pressupostos que o levaram à concessão da liminar, o que impossibilita a sua manutenção[286].

Para CELSO AGRÍCOLA BARBI[287] "se o juiz se convencer, posteriormente, através das informações da autoridade coatora ou de documentos apresentados por terceiros admitidos no processo de que a suspensão liminar não se justificava, poderá revogá-la antes de decidir definitivamente a demanda. Essa afirmativa encontra apoio nos princípios gerais do direito processual e também no art. 807 do Código de Processo Civil, que dispõe que as medidas preventivas podem ser revogadas ou modificadas. Para esse ato é dispensável a audiência prévia do impetrante, pois o rito sumaríssimo do mandado de segurança não comporta a instauração de processos incidentes, com discussão e apresentação de provas fora do momento fixado por lei".

Discordamos do posicionamento, com o devido respeito, de BETINA RIZZATTO LARA[288], no sentido de que a revogação da liminar em sede de mandado de segurança pode se dar diante da constatação de *erro* cometido pelo magistrado, ou, até mesmo, porque teria sido induzido em erro pelo impetrante. "A revogação de liminar concedida em mandado de segurança, pelo próprio relator, ao examinar agravo regimental, compõe-se nos limites do juízo de retratação, não constituindo violação ao princípio contido no art. 25 da Lei nº 8.038, de 1990" (Reclamação nº 177-5/RS, rel. Min. William Patterson, julgada em 27.5.93, DJU 21.6.93, p. 12.327).

Além dessas hipóteses, a revogação da liminar pode se dar por ocasião da prolação da sentença. Se a sentença conceder a segurança, a liminar é por ela absorvida[289], se a sentença é denegatória da segurança pleiteada, ocorre automaticamente a revogação da liminar. "Sendo o mérito do mandado de segurança no sentido de sua improcedência, desaparecem os pressupostos que permitiram a concessão da liminar e sua manutenção até a sentença. Não há mais fundamento relevante, pois ficou decidido que o impetrante não tinha razão. Nem *periculum in mora* uma vez que a liminar tem a função de evitar a ineficácia da medida, se deferida. Se ela foi indeferida, esgota-se esta função"[290].

---

286. LÚCIA VALLE FIGUEIREDO, "A liminar no mandado de segurança", *in Curso de mandado de segurança*, p. 110.
287. *Do mandado de segurança*, p. 180.
288. Obra citada, p. 134.
289. J. CRETELLA JÚNIOR, obra citada, p. 229. No mesmo sentido: CELSO AGRÍCOLA BARBI, *Do mandado de segurança*, p. 184.
290. BETINA RIZZATTO LARA, obra citada, p. 137. Adotam esse posicionamento: THERESA ARRUDA ALVIM WAMBIER, *Medida cautelar, mandado de*

Inobstante afirmarmos que a liminar fica revogada com a sentença denegatória da segurança, há três correntes doutrinárias acerca da matéria. LÚCIA VALLE FIGUEIREDO afirma, ao tratar da liminar em mandado de segurança, que, em razão de esta ter pressupostos para ser concedida, o termo revogação é impróprio. Melhor seria, segundo ela, falar-se em cassação da liminar quando o juiz verificasse que não mais estavam presentes os pressupostos da medida[291].

A primeira delas defende o ponto de vista segundo o qual a liminar concedida não se revoga com a prolação da sentença subsistindo até o trânsito em julgado da decisão final.

Preleciona ALCIDES DE MENDONÇA LIMA[292] que "se a liminar foi concedida e se, posteriormente, por força da sentença denegatória, foi aquele ato prévio revogado, mas se os efeitos da própria sentença fiscal, 'suspensos' em face do agravo de petição interposto, é evidente que tal suspensão não pode ser parcial, isto é, afetar uma parte da decisão e outra não, para permitir que a decisão seja executada pelo fato de haver sido o mandado denegado. Se o despacho liminar aderiu à sentença os efeitos de recurso contra essa se estendem a tudo quanto nela se acha abrangido".

A segunda corrente entende que a sentença denegatória somente cassa a liminar se o juiz o fizer expressamente, ou seja, se o juiz silenciar, deve-se entender que a liminar está mantida até o trânsito em julgado da decisão em final.

HELY LOPES MEIRELLES[293] sustenta que "sendo a medida liminar uma providência cautelar, de preservação do direito invocado pelo impetrante, é concedida por fundamentos diversos e independentes dos da decisão de mérito. Por isso mesmo, não basta que o juiz se manifeste sobre o mérito, denegando o mandado, para que fique automaticamente invalidada a medida liminar. É preciso que o julgador a revogue explicitamente para que cessem seus efeitos. O só fato de denegar a segurança não importa afirmar a desnecessidade da liminar, porque ela visa a preservar os danos irreversíveis para o impetrante, e esta possibilidade pode subsistir até que a sentença passe em julgado, negando o direito pleiteado. Enquanto pende recurso, a sentença denegatória é reformável e, como tal, nenhum efeito produz em relação à suspensão provisória do ato. O que sustenta ou invalida a liminar, a nosso ver, é o pronunciamento autônomo do juiz sobre sua persistência ou insubsistência".

---

segurança e ato judicial, p. 54; ALFREDO BUZAID, *Do mandado de segurança*, p. 221, e CELSO AGRÍCOLA BARBI, *Do mandado de segurança*, p. 184.
291. "A liminar no mandado de segurança", in *Curso de mandado de segurança*, p. 110.
292. *Apud* BETINA RIZZATTO LARA, obra citada, p. 136.
293. *Mandado de segurança, ação popular, ação civil pública, mandado de injunção, "habeas data"*, p. 61.

A terceira corrente, que é majoritária, inclusive na jurisprudência, entende que, julgada improcedente a ação, automaticamente revogada está a liminar. Veja a respeito: RT 550:98; 561:346; RJTJESP 38:173; 62:130; 64:225; 79:331; 99:167; RJTJRGS 123:391.

O principal argumento sustentador desta tese é que, "sendo decidido o mérito do mandado de segurança no sentido de sua improcedência, desaparecem os pressupostos que permitiram a concessão da liminar e sua manutenção até a sentença. Não há mais fundamento relevante, pois ficou decidido que o impetrante não tinha razão. Nem *periculum in mora* uma vez que a liminar tem a função de evitar a ineficácia da medida, se deferida. Se ela foi indeferida, esgota-se esta função"[294].

O posicionamento no sentido de que a sentença de improcedência da ação de mandado de segurança revoga automaticamente a liminar encontra respaldo na Súmula 405 do Supremo Tribunal Federal, segundo a qual "denegado o mandado de segurança pela sentença ou no julgamento do agravo dela interposto, fica sem efeito a liminar concedida, retroagindo os efeitos da decisão contrária".

ARRUDA ALVIM[295] conclui que a revogação da liminar constitui-se num efeito natural da sentença denegatória do mandado de segurança, salientando que "isto assim é porque, tenha sido a sentença expressa a respeito, ou não, tenha sido de mérito, ou não, tal queda da liminar sempre se dará, dado que não há qualquer discriminação, ou distinção, no conteúdo da Súmula 405, seja a denegação por sentença de mérito, seja, ainda, denegação por sentença que não tenha apreciado o mérito do mandado de segurança, em ambas as hipóteses, cairá a medida liminar. Quanto à denegação do mandado de segurança emergente de sentença de mérito contrária àquele que a impetrou, compreende-se perfeitamente a queda da medida liminar, justamente porque, em sentenciando contrariamente à pretensão deduzida em juízo, *ipso facto*, tal significa que o impetrante não tem razão, por certo não mais há que se falar em fundamento relevante, ao qual se alude no art. 7º, II, (Lei 1.533). E, pelo óbvio, não há que se cogitar do *deferimento da medida* ao qual alude o texto (idem, art. 7º, II), porque a sentença de mérito, contrária à pretensão do impetrante, é justamente representativa do *indeferimento*, a final, da própria pretensão contida no mandado de segurança".

A Lei nº 4.348/64, de 26 de junho de 1964, dispõe sobre os casos de perempção ou caducidade da liminar e sobre o seu prazo de eficácia.

---

294. BETINA RIZZATTO LARA, obra citada, p. 137. No mesmo sentido, perfilham: ALFREDO BUZAID, *Do mandado de segurança*, p. 221; THERESA ARRUDA ALVIM WAMBIER, *Medida cautelar, mandado de segurança e ato judicial*, p. 54, e CARLOS ALBERTO MENEZES DIREITO, obra citada, pp. 115-6.
295. "Revogação da medida liminar em mandado de segurança", *in Coleção Estudos e pareceres mandado de segurança e Direito Público*, p. 365.

O art. 2º da referida lei dispõe que "será decretada a perempção ou a caducidade da medida liminar *ex officio* ou a requerimento do Ministério Público, quando, concedida a medida, o impetrante criar obstáculo ao normal andamento do processo, deixar de promover por mais de três dias os atos e diligências que lhe cumprirem ou abandonar a causa por mais de 20 (vinte) dias". "Quanto à primeira, isto é, quando o impetrante criar obstáculo ao andamento da causa, configura ela dolo processual, em forma grave, a revogação deve dar-se como penalidade pelo mau uso do processo. As outras duas caem no campo da inércia processual, que, mesmo quando se possa entender como tipo de dolo processual, terá caráter mais brando, pois não implica a prática de atos lesivos ao processo, e sim apenas abstenção, omissão. Nesses casos de inércia, já se encontra o assunto tratado em forma geral no Código de Processo Civil, art. 267, inciso III, que prevê existir abandono da causa por mais de 30 dias no fato de o autor não promover atos e diligências que lhe cumprir, o que acarretará extinção do processo"[296].

É importante salientar que a revogação não pode ser confundida com a perempção ou caducidade da liminar. Destaca ARRUDA ALVIM[297] que a perempção não pode ser assimilada à revogação. Nas duas, existe um ato positivo, mas a revogação ocorre por ausência dos pressupostos justificadores da manutenção da liminar enquanto a perempção se dá em função do abandono da causa por parte do impetrante, apesar da subsistência dos pressupostos que haviam justificado a sua concessão.

O artigo 1º, letra "b", do mencionado diploma legal dispõe que "a medida liminar somente terá eficácia pelo prazo de 90 (noventa) dias a contar da data da respectiva concessão, prorrogável por mais 30 (trinta) dias quando provadamente o acúmulo de processos pendentes de julgamento justificar a prorrogação".

Discute-se a constitucionalidade desse dispositivo.

Realmente, o mencionado artigo 1º, letra "b", da Lei nº 4.348/64 é inconstitucional, porque "o impetrante não pode sofrer as conseqüências danosas da existência de acúmulo de serviço, e que, por esta razão, não obtenha, dentro de certo lapso de tempo, e, possivelmente, a sentença favorável e confirmatória do conteúdo da liminar. De outra parte, precisamente porque pode ser revogada a medida liminar — e, a rigor, deverá — quando não tenha, por esta ou aquela razão, justificativa a sua sobrevivência, é que não se justifica a cessação de sua eficácia pelo simples decurso do tempo"[298].

---

296. CELSO AGRÍCOLA BARBI, *Do mandado de segurança*, p. 181.
297. "Revogação da medida liminar em mandado de segurança", *in Coleção Estudos e pareceres mandado de segurança e Direito Público*, pp. 372-4.
298. ARRUDA ALVIM, "Revogação da medida liminar em mandado de segurança", *in Coleção Estudos e pareceres mandado de segurança e Direito Público*, pp. 370-1.

A cessação da eficácia não pode ser confundida com a caducidade ou revogação da medida liminar. Na cessação, a eficácia desaparece naturalmente, com o decurso do tempo, sem a interferência do juiz. Na revogação, retira-se a eficácia através de uma decisão revocatória do juiz, seja ela decisão interlocutória ou sentença.

Tanto a caducidade como a cessação da eficácia podem ser decretadas de ofício pelo juiz ou a requerimento do Ministério Público. Alguns autores, nesse caso, defendem a necessidade de oferecer ao impetrante oportunidade para suprir as omissões nos casos de abandono da causa, aplicando-se o princípio do contraditório[299].

2.4. Suspensão da liminar

A suspensão da medida liminar encontra-se prevista no art. 4º da Lei nº 4.348/64, podendo ser solicitada por pessoa jurídica de direito público ao Presidente do Tribunal ao qual couber o conhecimento do recurso, quando com a execução da liminar houver risco de grave lesão à ordem, à saúde, à segurança e à economia públicas (RT 555:128; RJTJESP 60:283; 68:311; 81:334).

Há duas correntes na doutrina sobre o tema. A primeira vê a inconstitucionalidade desse dispositivo legal, porque se alega "simplesmente interesse público relevante, sem qualquer justificação, e mesmo assim a suspensão é concedida"[300]. A segunda corrente, liderada por ARRUDA ALVIM, entende que há, na espécie, supremacia do interesse público sobre o interesse privado, não havendo qualquer incompatibilidade com o direito constitucional. "Parece curial que a perquirição do desejo expressado pelo legislador ordinário foi, precisamente, o de, sopesado o direito individual (= 'direito subjetivo', porque já reconhecido, ainda que, provisoriamente, dado que não se trata de sentença transitada em julgado) e o *interesse público*, deu prevalência a este, fazendo, então, com que o processo instrumentasse o magistrado (= Juiz-Presidente do Tribunal), para fazer cessar a eficácia protetiva do 'direito subjetivo', que já foi objeto de defesa, no caso concreto"[301].

Confira também: BETINA RIZZATTO LARA, obra citada, p. 148; LÚCIA VALLE FIGUEIREDO, "A liminar no mandado de segurança", *in Curso de mandado de segurança*, p. 108, e SÉRGIO FERRAZ, obra citada, pp. 147-8.

299. BETINA RIZZATTO LARA, obra citada, pp. 146-7. ARRUDA ALVIM, "Revogação da medida liminar em mandado de segurança", *in Coleção Estudos e pareceres mandado de segurança e Direito Público*, pp. 374-5.

300. LÚCIA VALLE FIGUEIREDO, "A liminar no mandado de segurança", *in Curso de mandado de segurança*, p. 111.

301. "Revogação da medida liminar em mandado de segurança", *in Coleção Estudos e pareceres mandado de segurança e Direito Público*, p. 377.

O pedido de suspensão deve ser acompanhado de provas e não simples alegações quanto ao provável risco de lesão do interesse público.

Não se trata de recurso, mas de pedido de competência originária do Presidente do Tribunal, visando apenas suspender a execução provisória dos efeitos da liminar ou da sentença.

O Presidente do Tribunal não pode examinar o mérito do mandado de segurança, nem proferir decisão revogando ou modificando a liminar. "O requerente somente pode fundar seu pedido de suspensão dos efeitos de liminar concedida em MS nas causas enumeradas na Lei nº 4.348/64, art. 4º, sendo vedado ao presidente do tribunal o reexame das razões de decidir do provimento judicial que deferiu essa liminar. O pedido deve ser apenas de suspensão dos efeitos da liminar, que não pode ser revogada ou modificada, sob pena de julgamento *ultra petita*" (1ª TACivSP, Pleno, SS 482203-1-AgRg, voto do Juiz Donaldo Armelin).

Do ato do Presidente do Tribunal que suspende os efeitos da liminar ou da sentença concessiva em mandado de segurança cabe agravo, sem efeito suspensivo, conforme determina o referido artigo 4º da Lei nº 4.348/64, cujo prazo, atualmente, é de cinco dias. Lei nº 8.038/90, arts. 25, § 2ª e 39, Lei nº 8.437/92, art. 4, § 3ª e Lei nº 7.347, art. 12, § 1ª e, em especial, a Lei nº 9.139/95, que generalizou o prazo de cinco dias para o agravo regimental[302].

Contudo, atualmente, os parágrafos 1ª e 2ª do referido artigo 4º da Lei nº 4.348, de 26 de junho de 1964, mediante a Medida Provisória nº 2.180-33 de 28 de junho de 2001 (art. 14), passam a vigorar com as seguintes alterações:

> "Art. 4º ....
>
> § 1ª Indeferido o pedido de suspensão ou provido o agravo a que se refere o *caput*, caberá novo pedido de suspensão ao Presidente do Tribunal competente para conhecer de eventual recurso especial ou extraordinário.
>
> § 2ª Aplicam-se à suspensão de segurança de que trata esta Lei, as disposições dos §§ 5ª a 8ª da Lei nº 8.437, de 30 de junho de 1992".

---

302. Veja a respeito: CASSIO SCARPINELLA BUENO, *Liminar em mandado de segurança*, p. 224.

Capítulo VII

Mandado de Segurança Preventivo

SUMÁRIO: 1. Previsão legal; 2. Justo receio; 3. O mandado de segurança preventivo e a lei em tese; 4. A sentença no mandado de segurança preventivo: 4.1. Natureza jurídica; 4.2. Efeitos; 5. Mandado de segurança coletivo preventivo; 6. Mandado de segurança preventivo contra ato jurisdicional; 7. O Ministério Público e o mandado de segurança individual preventivo.

1. Previsão legal

Embora os conceitos de preventividade e cautelaridade estejam próximos, eles não se confundem. Para CALAMANDREI, "não se deve fazer confusão entre tutela preventiva e tutela cautelar: conceitos distintos, embora vinculados entre si numa relação de gênero e espécie. Em certos casos nosso sistema processual admite que o interesse para invocar a tutela jurisdicional possa surgir, antes que o direito seja efetivamente violado, pelo fato só de que a lesão se pronuncie próxima e provável: nesses casos, a tutela jurisdicional, ao contrário da finalidade de eliminar *a posteriori* o dano produzido pela lesão de um direito, opera *a priori* com o fito de evitar o dano que poderia derivar da lesão de um direito ameaçada, mas ainda não realizada. Fala-se, nesses casos, em contraposição à tutela sucessiva ou *repressiva*, em tutela jurisdicional *preventiva*, na qual o interesse de agir surge não do dano, mas do *perigo de um dano jurídico*; o caso mais notório desta espécie de juízo preventivo tem-se na figura da "condenação para o futuro", admitida também em nosso direito; mas o exemplo não é isolado. Nesses casos de tutela preventiva não estamos, todavia, ainda no campo da tutela cautelar; de fato se se prescinde do momento do interesse (que nasce aqui do perigo e não da lesão do direito), encontramo-nos ainda face a um caso de tutela ordinária, com efeito definitivo". OVÍDIO A. BAPTISTA DA SILVA ressalta outro traço distintivo entre a preventividade e a cautelaridade, além daqueles referidos por CALAMANDREI, qual seja, a ausência do *periculum in mora* nas medidas preventivas[303].

LUIZ GUILHERME MARINONI ensina que "não podemos confundir preventividade, que constitui gênero, com cautelaridade, que é espécie. Prevenir a lesão a um direito não significa, por óbvio, prevenir assegurando a realização de uma prestação. Destarte, é de se concluir, com Ovídio, que 'tudo o que é cautelar tem sentido preventivo, mas nem tudo o que é preventivo será, *ipso facto,* cautelar"[304].

O suporte constitucional do mandado de segurança preventivo encontra-se previsto no art. 5º, XXXV, da Constituição Federal. Diz o art.: "A lei não excluirá da apreciação do Poder Judiciário lesão ou *ameaça a direito*" (grifos nossos). "O artigo 5º, XXXV, da Constituição Federal hoje garante de forma expressa e explícita que não poderá ser subtraída à possibilidade de apreciação por parte do Poder Judiciário qualquer lesão ou ameaça de lesão a direito, preceito este prenhe de conseqüências, dentre as quais está indubitavelmente a necessidade de se admitir o Mandado de Segurança preventivo, até porque a finalidade deste remédio não é a de reparar um dano já consumado, mas a de assegurar o respeito do direito, em si mesmo"[305].

Em nível ordinário, o mandado de segurança preventivo está expresso no art. 1º da Lei nº 1.533/51, quando se refere à expressão "justo receio" de sofrer violação de direito. Diz o art.: "Conceder-se-á mandado de segurança para proteger direito líquido e certo, não amparado por *habeas corpus*, sempre que, ilegalmente ou com abuso de poder, alguém sofrer violação ou *houver justo receio* de sofrê-la por parte de autoridade, seja de que categoria for e sejam quais forem as funções que exerça (grifos nossos)". "Nota-se que este art. 1º da Lei 1.533 prevê especificamente mandado de segurança preventivo ao se reportar a justo receio de sofrer violação do direito"[306].

Esses dispositivos devem ser interpretados harmonicamente, ressaltando-se que a previsão na lei ordinária do mandado de segurança preventivo era desnecessária[307] diante da norma constitucional contida no artigo 5º, inciso XXXV.

A maior aplicação do mandado de segurança preventivo, sem dúvida, é no direito tributário. "Em matéria tributária merece o mandado de segurança preventivo especial atenção, pois a atividade administrativa de lança-

---

303. OVÍDIO A. B. DA SILVA, *A ação cautelar inominada no direito brasileiro*, pp. 15-17.
304. *Tutelar cautelar e tutela antecipatória*, pp. 59-60.
305. THERESA ARRUDA ALVIM WAMBIER, *Medida cautelar, mandado de segurança e ato judicial*, p. 13.
306. CELSO ANTÔNIO BANDEIRA DE MELLO, "O ato coator", *in Curso de mandado de segurança*, p. 10.
307. *Ibid.,* p. 10.

mento é vinculada e obrigatória, sob pena de responsabilidade funcional. Isso significa dizer que, tendo conhecimento da ocorrência de um fato tributável, a autoridade administrativa não pode deixar de fazer o lançamento correspondente. Assim, editada uma lei criando ou aumentando tributo, desde que ocorrida a situação de fato sobre a qual incide, gerando a possibilidade de sua cobrança, desde logo a autoridade está obrigada a exigir o tributo e a impor penalidades aos inadimplentes. Em tais condições, é viável a impetração de mandado de segurança preventivo. Não terá o contribuinte de esperar que se concretize tal cobrança. Nem é necessária a ocorrência de ameaça dessa cobrança. O *justo receio*, a ensejar a impetração, decorre do dever legal da autoridade administrativa de lançar o tributo, impor as penalidades e fazer a cobrança respectiva. A autoridade administrativa não pode deixar de aplicar a lei tributária, ainda que a considere inconstitucional. E não é razoável presumir-se que vai descumprir o seu dever"[308].

2. Justo receio

A expressão "justo receio" representa um conceito vago. Todavia, no âmbito do mandado de segurança preventivo deve-se buscar a sua definição no plano objetivo. "A expressão da Lei nº 1.533 — justo receio — é inadequada como critério para fixação dos casos em que a ameaça ao direito justifique o recurso à via judicial, porque nitidamente *subjetivo*. O que deve importar não é o receio do autor, que varia conforme a sua sensibilidade. A nosso ver, o que deve ser qualificado não é o receio, mas a ameaça, que é elemento *objetivo*. Aquele é apenas o reflexo subjetivo desta, e não o elemento para a sua definição. Como o legislador qualificou o receio, mas não a ameaça, fica o problema de saber quando se considera justo o receio. A nosso ver, sem descumprir a lei, pode-se introduzir um critério objetivo na apreciação da ameaça; teremos então que o 'receio' deve ser considerado 'justo' quando a 'ameaça' de lesão revestir-se de 'determinadas características'. E estas são justamente as constantes da citada Declaração do Congresso Internacional, isto é, a 'ameaça' deve ser 'objetiva e atual'. Entendemos que a 'ameaça' será 'objetiva' quando 'real', traduzida por fatos e atos, e não por meras suposições; e será 'atual' se existir no momento, não bastando que tenha existido em outros tempos e haja desaparecido. A 'ameaça' que tiver essas duas características, segundo o prudente arbítrio do juiz, será então capaz de produzir o 'justo receio', a que se refere a lei. Na falta de algum daqueles requisitos, a ameaça será inábil para causar a modalidade de receio que a legislação exige para justificar o ingresso em juízo"[309].

---

308. HUGO DE BRITO MACHADO, obra citada, p. 271.
309. CELSO AGRÍCOLA BARBI, *Do mandado de segurança*, pp. 81-2.

O "justo receio" deve ser identificado como sinônimo de ameaça. "A *ameaça* é que deve ser qualificada. Não o receio que é somente reflexo dela. A ameaça é que deverá ser justificada de tal modo que dê causa a justo receio"[310]. "Consolidou-se, assim, a doutrina de que, para provocar o controle jurisdicional acautelatório, não basta o *justo receio* do impetrante (elemento subjetivo), porém indispensável uma *ameaça concreta* da autoridade (elemento objetivo)"[311]. "Para a caracterização da ameaça, deve haver um *ato injusto* que a constitua em um *risco possível de prejuízo* decorrente desse ato. O *simples receio* daquele ato constitutivo não legitima a impetração de mandado de segurança, pois estaríamos apenas no campo da subjetividade"[312].

A ameaça que poderá dar causa à invocação do mandado de segurança preventivo deve ser concreta, objetiva e atual. "O elemento objetivo (ameaça) deve ter intensidade bastante para gerar o elemento subjetivo (justo receio), um e outro sintomáticos da ilegalidade ou abuso de poder virtual ou potencial. Não é suficiente o temor ou receio de que a autoridade exorbite de seus poderes. Para que esse receio se torne *justo* é mister que a autoridade tenha manifestado, objetivamente, por meio de atos preparatórios ou de indícios razoáveis, a tendência de praticar atos ou omitir-se a fazê-los, de tal forma que, a consumar-se esse propósito, a lesão de direito se torne efetiva"[313]. "A ameaça há de decorrer de indícios objetivos (daí porque a expressão tradicionalmente utilizada era "justo receio", a nosso ver, termo mais adequado para expressar a idéia pretendida) da existência de lesão iminente, na configuração de indícios que tornem certa ou, bastante provável, a pendência da prática do ato impugnado"[314]. HUMBERTO THEODORO JÚNIOR entende que o "justo receio é o temor justificado, embasado em fatos exteriores, em dados objetivos"[315].

Dessa forma, o "justo receio ou a ameaça tem que defluir de algum ato concreto da autoridade ou de uma omissão. O mero receio, o temor, sem ato constitutivo, não legitima a segurança, porque seria, apenas, subjetivo"[316].

---

310. ALBERTO DEODATO MAIA BARRETO FILHO, "Mandado de segurança preventivo e lei em tese", in *Mandado de segurança*, coord.: Aroldo Plínio Gonçalves, p. 40.
311. MILTON FLAKS, obra citada, p. 104. JOSÉ DE MOURA ROCHA, obra citada, p. 228.
312. J. CRETELLA JÚNIOR, obra citada, p. 95.
313. CAIO TÁCITO, "Mandado de segurança preventivo", in *RDA* 61:222.
314. CELSO RIBEIRO BASTOS, *Do mandado de segurança*, p. 44.
315. "Mandado de segurança preventivo e a lei em tese", in *Mandados de segurança e de injunção*, coord.: Sálvio de Figueiredo Teixeira, p. 292.
316. LUIS JORGE TINOCO FONTOURA, *O mandado de segurança e o novo agravo*, p. 40.

A jurisprudência dos tribunais também vem adotando o entendimento de que o "justo receio" capaz de autorizar o mandado de segurança preventivo é aquele que tem por pressuposto uma ameaça, objetiva e atual, apoiada em fatos e atos, e não em meras suposições. "Mandado de segurança preventivo — Ameaça efetiva — Risco de lesão. Mesmo no mandado de segurança preventivo, não basta o simples risco de lesão a direito líquido e certo, com base apenas no julgamento subjetivo do impetrante. Impõe-se que a ameaça a esse direito se caracterize por atos concretos ou preparatórios de parte da autoridade impetrada, ou ao menos indícios de que a ação ou omissão virá a atingir o patrimônio jurídico da parte. Em direito tributário, se o autor inquina determina exação, prevista em lei, de inconstitucional ou ilegal, mas não demonstra qualquer ameaça a seu direito de não pagá-la, descabe a ação mandamental, que não tem por escopo interpretar a lei em tese. Recurso improvido, por unanimidade" (RDA 190:170).

Em verdade, o justo receio é pressuposto de cabimento do mandado de segurança preventivo. "O mandado de segurança preventivo tem, contudo, como pressuposto necessário a existência de *ameaça* a direito líquido e certo, que importe *justo receio* de que este venha a ser violado pela autoridade"[317].

Assim sendo, inexistindo o justo receio há impossibilidade de impetração do mandado de segurança por faltar uma das condições da ação, qual seja, o interesse de agir. Em se verificando a ausência do justo receio impõe-se, pois, a extinção do processo, sem julgamento do mérito.

O justo receio deve ser também comprovado documentalmente[318].

Como o mandado de segurança preventivo não pode se ater ao aspecto subjetivo do impetrante, *ipso facto*, o seu pressuposto é, necessariamente, um ato ilegal ou abusivo da autoridade. HUMBERTO THEODORO JÚNIOR preleciona que "se é o ato da autoridade que deve ser atacado, como violador ou ameaçador do direito do impetrante, claro é que jamais se admitirá uma ação de segurança sem elementos probatórios em torno da concreta ameaça ilícita perpetrada pelo agente do Poder Público"[319]. Realmente, o mandado de segurança — como salienta MILTON FLAKS — "subordina-se à existência de manifestação volitiva do Estado (*lato sensu*), através de órgão ou agente com funções estatais, originárias ou delegadas"[320].

ARNOLDO WALD[321] enumera os pressupostos para a concessão do mandado de segurança, ou seja, "a) existência de norma objetiva que

---

317. CAIO TÁCITO, obra citada, 61:222.
318. LUIS JORGE TINOCO FONTOURA, obra citada, p. 40.
319. *O mandado de segurança preventivo e a lei em tese*, pp. 293-4.
320. Obra citada, p. 35.
321. Obra citada, p. 135.

assegura certa vantagem a todos aqueles que estejam em determinada situação; b) prova de que o impetrante está na situação definida pela lei; c) prova de que um ato de autoridade está ameaçando ou violando a pretensão jurídica garantida pelo direito objetivo".

Portanto, é indiscutível a necessidade de prova dos fatos alegados pelo impetrante. "Processual civil. Mandado de segurança em matéria tributária. Ausência de prova pré-constituída. É consabido que a ação mandamental exige, necessariamente, prova pré-constituída de todas as circunstâncias fáticas relevantes do processo. Sendo pessoa jurídica a impetrante, deve provar inclusive sua própria existência no mundo jurídico. Se a requerente, em *writ* que versa matéria tributária, junta à peça vestibular apenas o instrumento do mandado e cópia de acórdãos, abstendo-se de comprovar inclusive ser contribuinte do tributo em questão, confirma-se o indeferimento da inicial. Recurso provido, por unanimidade" (rel. Min. Demócrito Reinaldo, 1ª Turma, in DJ 31.8.92, seção I, p. 13635). "Denega-se a segurança preventiva quando inexistente prova do justo receio a ameaçar o impetrante" (AMS 90.04.13802-1, rel. Juiz Osvaldo Alvarez, DJU 10.3.93, Parte II, p. 7271). "O mandado de segurança preventivo exige prova de situação objetiva ensejadora de ameaça de lesão a direito líquido e certo" (AMS 2.411, rel. Juiz Castro Meira, DJU 8.3.91, Parte II, p. 4101).

Pergunta-se: o justo receio deve emergir de prova de certeza ou de mera probabilidade?

Como preleciona CAIO TÁCITO[322], é mister "que a autoridade tenha manifestado, objetivamente, por meio de atos preparatórios ou de indícios razoáveis, a tendência de praticar atos, ou omitir-se a fazê-los, de tal forma que, a consumar-se esse propósito, a lesão de direito se torne efetiva. Assim como na violência consumada, a que o juiz atende reparando o direito, também na ameaça ou expectativa de violência, ter-se-á sempre um dado objetivo, que se concretiza no ato ou omissão da autoridade. Não cabe mandado de segurança contra ato *em hipótese*, ou seja, pela suposição de um determinado procedimento da autoridade, que não se realizou ou iniciou".

Resulta, portanto, que deve haver prova de certeza da ameaça (elemento objetivo). "Não basta, à concessão do mandado de segurança preventivo, a simples alegação de um direito ameaçado. É necessária a demonstração de um ato concreto que possa colocar em risco esse direito" (RMS 1.759-0, rel. Min. Hélio Mosimann, DJU 22.11.93, p. 24924).

Já decidiu o Superior Tribunal de Justiça que "a grave ameaça tem que vir comprovada quando da impetração" (RSTJ 46:525).

---

322. Obra citada, 61:222.

3. O mandado de segurança preventivo e a lei em tese

Costuma-se afirmar, acompanhando a Súmula 266 do Supremo Tribunal Federal, que não cabe mandado de segurança contra lei em tese. Todavia, essa regra não é absoluta. "A dicção desta súmula me parece um pouco exagerada. Em primeiro lugar, porque há leis de efeitos concretos, há leis que, do ponto de vista substancial e não do ponto de vista de sua categorização formal, são verdadeiros atos administrativos. Todas as vezes que de uma lei resulte desnecessidade da prática de um ato jurídico ulterior, mas possa a autoridade pública, por força da lei, passar imediatamente ao comportamento material, que é o lesivo especificamente que já lesa o comportamento do administrado, nesses casos em que a lei por força de sua dicção, por força de seu conteúdo, gera uma situação em que o ato sucessivo já seria a violação, já seria a prática do comportamento material violador do direito, em todos esses casos poder-se-á impetrar mandado de segurança contra a própria lei, a menos que se queira admitir que é preferível, por amor a alguma simetria, não se sabe de onde extraída, aliás, que o direito primeiro seja violado e que depois alguém possa impetrar a segurança"[323]. "É preciso discriminar entre os atos normativos. Há aqueles que a despeito da forma legal veiculam, na realidade, um autêntico ato administrativo, vale dizer, uma medida produtora de efeitos concretos, individuados, como é o caso da lei que decreta a utilidade pública de um imóvel. Nessas hipóteses, em que a norma instaura uma medida concreta, o cabimento da segurança é admitido porque não se entende que no caso esteja havendo ataque à lei em tese. Esta há de ser entendida como a norma que consubstancia medida genérica e abstrata, isto é, aquela que não prevê, no momento de ser editada, os seus reais destinatários. Os atingidos pela norma serão aqueles que vierem a ser inseridos na situação hipoteticamente por ela descrita"[324].

Salienta THERESA ARRUDA ALVIM WAMBIER[325] que "há leis de efeitos concretos, ou seja, leis que o são apenas do ponto de vista formal, mas que, substancial e materialmente, são atos administrativos. Exemplo típico deste fenômeno é o ato legislativo que declara ser determinado bem de utilidade pública para fins de desapropriação".

O mandado de segurança "diante da lei auto-aplicável não será, outrossim, uma ação judicial contra a lei em tese, mas contra os seus efeitos que se fazem sentir imediatos. Na verdade, o impetrante não pedirá que se

---

323. CELSO ANTÔNIO BANDEIRA DE MELLO, "O ato coator", in *Curso de mandado de segurança*, pp. 17-8.
324. CELSO RIBEIRO BASTOS, *Do mandado de segurança*, pp. 41-2.
325. *Medida cautelar, mandado de segurança e ato judicial*, p. 14.

anule a lei, mas apenas que se impeça sua aplicação pela autoridade administrativa, naquilo que viria lesar o seu direito individual"[326]. "No caso, por exemplo, das leis auto-executáveis, a sentença judicial não poderá ter nunca o alcance de anular, aniquilar a lei, como não o poderia ter com relação a qualquer lei. Seu efeito seria apenas de subtrair o autor da demanda aos efeitos da lei inconstitucional. A lei continuaria válida em relação a outros direitos do demandante que não tivessem sido deduzidos na ação. E, igualmente, continuaria válida relativamente a outras pessoas que não fossem partes na demanda"[327].

Dessa forma, é viável a impetração de mandado de segurança contra a lei em tese "se esta produzir efeitos, independentemente de um ato administrativo intermediário. De regra, são as normas proibitivas, como, por exemplo, aquelas que proíbem o exercício de certa profissão. Claro é que, nestas hipóteses, se estará o particular insurgindo contra ato que ofende o *seu direito* de exercer a profissão, e não contra a lei em tese (direito objetivo)"[328].

Partindo-se da regra geral segundo a qual coator é sempre quem pratica o ato impugnado como lesivo, o mandado de segurança preventivo contra as leis auto-executáveis pode exigir a formação de litisconsórcio necessário no pólo passivo da relação processual, ou seja, entre o Poder Legislativo e a autoridade que tenha participado de sua elaboração (Presidente da República, governador ou prefeito)[329].

4. A sentença no mandado de segurança preventivo

4.1. Natureza jurídica

A sentença concessiva de mandado de segurança preventivo também tem natureza mandamental.

SÉRGIO DE ANDRÉA FERREIRA[330], citando PONTES DE MIRANDA, aduz que "a pretensão ao mandado de segurança é preponderantemente mandamental. Não se precisa de ação de execução da sentença proferida na ação de mandado de segurança. Nem há nela mesma execução que pudesse sugerir fosse ação executiva 'lato sensu'. O juízo expede o 'mandatum de faciendo' ou 'de non faciendo'. É esse mandado que repre-

---

326. HUMBERTO THEODORO JÚNIOR, "O mandado de segurança preventivo e a lei em tese", p. 296.
327. CELSO AGRÍCOLA BARBI, *Do mandado de segurança*, pp. 129-30.
328. THERESA ARRUDA ALVIM WAMBIER, *Medida cautelar, mandado de segurança e ato judicial*, p. 15.
329. CELSO AGRÍCOLA BARBI, *Do mandado de segurança*, p. 130.
330. Obra citada, 22:57-8.

senta a eficácia principal da sentença. A parte não pediu somente que se declarasse ou condenasse, nem pediu que se constituísse ou executasse o devedor; a parte pediu o mandamento contra o que ameaçou ou violou autoridade estatal, como o juiz, ou alguém com função delegada". Acrescenta, ainda, que "as mandamentais, além de determinarem a sanção, ordenam sua efetivação, sob a ameaça de imposição de penas. Mesmo quando veiculam sanções invalidativas, não se limitam a *declarar e a constituir ou a desconstituir*: ordenam, também, *fazer, não fazer, dar ou suportar,* porque, tal como as *condenatórias,* são ações de *prestação* que, diferentemente, porém, daquelas, já trazem em suas próprias sentenças a *ordem de efetivação da sanção,* não ensejando a propositura de ulterior *ação executória*" (grifos no original). No mesmo sentido, temos o entendimento de JORGE SALOMÃO[331].

4.2. Efeitos

A eficácia da segurança concedida preventivamente opera efeitos "ex nunc"[33], em relação aos casos futuros e determinados naquela específica lide.

Se o mandado de segurança for impetrado para impedir a prática de ato, que se repetirá ciclicamente, como, por exemplo, o lançamento de tributo, a eficácia da sentença concessiva da segurança abrange o primeiro, bem como as prestações vincendas. "Em casos especiais, pode a concessão de uma segurança estender-se a atos futuros entre as mesmas partes, por decorrentes da mesma situação de fato e de direito, como, p. ex., no auferimento de uma isenção ou redução de imposto a prazo certo ou para determinada quantidade de mercadoria produzida ou importada parceladamente, ou, ainda, quando o ato impugnado venha a ser praticado sucessiva e parcialmente até completar o todo a que o impetrante tenha direito. Nessas hipóteses, a segurança concedida no primeiro mandado é válida e operante para todos os casos iguais, entre as mesmas partes, dispensando sucessivas impetrações, desde que o impetrante requeira e o juiz defira a extensão da ordem pedida na inicial"[333]. Preleciona SÉRGIO FERRAZ que "deve ser admitido o *writ* e concedido, estendendo-se a ordem inclusive a outros atos futuros, entre as mesmas partes, fulcrados na mesma situação de fato e de direito; ou, ainda, as outras etapas sucessivas, parciais e supervenientes, incidentes entre as mesmas partes, fundadas na mesma situação de fato e de direito (o que é especialmente comum em matéria tributária). Entender de forma contrária, além de amesquinhar o berço constitucional da ação, implicaria grave infringência aos fundamen-

---

331. *Execução no mandado de segurança*, pp. 50-2.
332. SÉRGIO DE ANDRÉA FERREIRA, obra citada, 22:66.
333. HELY LOPES MEIRELLES, *Mandado de segurança, ação popular, ação civil pública, mandado de injunção, "habeas data"*, p. 69.

tais princípios da simplificação, celeridade e concentração processuais e à própria previsão constitucional da tutela judicial contra simples *ameaça* de lesão ao direito"[334].

Concedida a segurança, por decisão trânsita em julgado, se ocorrer violação ao direito líquido e certo, há responsabilidade objetiva por perdas e danos da autoridade coatora, bem como sanção criminal (crime de desobediência), porque a Administração não pode escolher entre "praticar o ato e indenizar o dano causado: a Administração tem de cumprir a ordem ou decisão judicial em forma 'específica', e não pela forma 'reparatória'. Isto é princípio geral, relativo às ações processadas por qualquer rito e não apenas às processadas na forma de mandado de segurança. Apesar de já se haver afirmado que o mandado de segurança não comporta execução 'forçada', isto não exclui, todavia, a existência de uma série de medidas tendentes a tornar efetivo o direito reconhecido na sentença. Essas medidas constituem também execução, mas em 'sentido amplo', e visam a conseguir o cumprimento específico da decisão pelo Poder Público"[335].

5. Mandado de segurança coletivo preventivo

Não há vedação constitucional para restringir o cabimento do mandado de segurança coletivo preventivo, mesmo porque não se pode excluir da apreciação do Poder Judiciário lesão ou *ameaça* a direito (art. 5º, inciso XXXV, da Constituição Federal).

Como assinala NELSON NERY JÚNIOR, "o escopo da Constituição Federal, quando criou o mandado de segurança coletivo, não foi o de restringi-lo a que as entidades legitimadas defendessem somente os direitos de seus associados, ou, ainda, os coletivos de uma categoria ou grupo de pessoas. Ao contrário, foi de estabelecer única e simplesmente *regra processual de legitimação ativa para a causa*". "O inciso LXIX, do art. 5º, trata do *direito material* à segurança. E nele há menção do cabimento do mandado de segurança para a reparação de lesão a *direito,* diferentemente do que ocorria na Constituição Federal de 1969, que falava em *direito individual.* Pois bem. Isto quer dizer, em outras palavras, que foi ampliado sobremodo o direito ao *writ,* que tem cabida para a defesa de direitos de natureza individual, coletiva ou difusa. Esta é a regra geral que informa a importante ação constitucional. Por outro lado, o inc. LXX, do mesmo art. 5º, apenas traça regra de *direito processual,* atribuindo legitimação ativa para a causa aos partidos políticos e demais entidades associativas, que poderão vir a juízo, impetrando ação de segurança, para defender interesses e direitos *individuais* de seus associados, *coletivos* da classe que representam, bem como aos *difusos* que

---

334. Obra citada, p. 121.
335. CELSO AGRÍCOLA BARBI, *Do mandado de segurança*, pp. 275-6.

são de natureza pública e interessam a toda comunidade. A terminologia utilizada pelo constituinte para referir-se à regra de direito processual aqui mencionada é correta e ideal para contrapor-se ao termo 'individual', que sempre caracterizou o instituto do mandado de segurança até o advento da vigente Carta Política. Liga-se, *exclusivamente,* à legitimidade ativa do impetrante para a causa"[336].

6. Mandado de segurança preventivo contra ato jurisdicional

Sem dúvida, é cabível o mandado de segurança preventivo contra ato jurisdicional diante da ameaça de lesão (objetiva e atual), ocasionada pelos efeitos da decisão impugnada.

Preleciona ADA PELLEGRINI GRINOVER que "a admissibilidade do mandado de segurança contra ato jurisdicional pressupõe a existência de dano irreparável, ou de difícil reparação, que decorra do ato impugnado. Está aí a caracterização do interesse de agir, visto como *interesse-necessidade* (ou como *interesse-utilidade*). Haverá casos em que o *dano, imediato e atual,* surgirá do próprio provimento jurisdicional impugnado. Mas, na maioria das vezes, o mandado de segurança operará na via preventiva, visando a suspender a eficácia de um provimento jurisdicional, que consubstancia, portanto, *ameaça de dano.* Para a maioria dos casos, o mandado de segurança contra ato jurisdicional inscreve-se entre os remédios processuais de índole preventiva, porquanto visa a atacar os efeitos da decisão impugnada, capazes de causar dano irreparável ou de difícil reparação ao direito da parte. É comum, nesses casos, que a suspensão da eficácia do ato seja determinada de imediato, por via de liminar, agora sim dentro dos esquemas da tutela cautelar". "O interesse-necessidade, na perspectiva do mandado de segurança preventivo contra ato jurisdicional, configura-se pela *ameaça objetiva* e atual que corresponda a sinais inequívocos da iminência do prejuízo jurídico, ocasionado pelos efeitos da decisão impugnada"[337].

7. O Ministério Público e o mandado de segurança individual preventivo

O Ministério Público está legitimado a impetrar mandado de segurança individual preventivo toda vez que a ordem jurídica seja violada, independentemente de quem seja o titular do direito lesado, em se tratando de direitos indisponíveis, diante de suas funções institucionais, previstas

---

336. "Mandado de segurança coletivo", *in Repro* 57:153-6.
337. "Mandado de segurança contra ato jurisdicional penal", *in Mandado de segurança,* coord.: Aroldo Plínio Gonçalves, pp. 17-8.

nos arts. 127, *caput*, e 129, II, ambos da Constituição Federal. Diz o art.: "O Ministério Público é instituição permanente, essencial à função jurisdicional do Estado, incumbindo-lhe a defesa da ordem jurídica, do regime democrático e dos interesses sociais e individuais homogêneos. Art. 129, II, da CF/88: São funções institucionais do Ministério Público: ... II — zelar pelo efetivo respeito dos Poderes Públicos e dos serviços de relevância pública aos direitos assegurados nesta Constituição, promovendo as medidas necessárias a sua garantia".

CAPÍTULO VIII

Mandado de Segurança contra Atos Jurisdicionais

> SUMÁRIO: 1. Conceito de atos jurisdicionais; 2. Escopo e objeto do mandado de segurança contra atos jurisdicionais; 3. Natureza jurídica; 4. O pressuposto constitucional do direito líquido e certo; 5. Prazo; 6. Legitimados ativos (além das partes); 7. Mandado de segurança contra atos jurisdicionais e a atual disciplina do agravo.

1. Conceito de atos jurisdicionais

Ao Poder Judiciário estão afetos os atos jurisdicionais, ou seja, "*atos formais* ou *orgânicos*, manifestações típicas e inconfundíveis daquele poder, atos que, a final, se concretizam na sentença judiciária, momento culminante da atividade jurisdicional do Estado"[338].

O ato jurisdicional é usado como sinônimo de ato judicial. Todavia, o ato jurisdicional é espécie do gênero ato judicial. Classificam-se os atos judiciais *lato sensu* em: a) *administrativos*, b) *jurisdicionais* e c) *de jurisdição voluntária*[339].

Preleciona SÉRGIO FERRAZ[340] que "por meio do ato jurisdicional típico, o Estado, personificado no agente competente, exerce o poder denominado *jurisdição*, consistente na aplicação da lei a uma controvérsia concretamente posta. De regra, em tais controvérsias, o que se postula é a aplicação *in concreto* da lei, revelada em sua vontade, seu conteúdo efetivo, por quem seja competente".

---

338. J. CRETELLA JÚNIOR, obra citada, p. 183.
339. *Ibid.*, p. 184.
340. Obra citada, p. 96.

2. Escopo e objeto do mandado de segurança contra atos jurisdicionais

O mandado de segurança contra ato jurisdicional objetiva permitir que os recursos propiciem resultados eficazes, se e quando providos. Assim sendo, discute-se nele direito processual.

O objeto do mandado de segurança contra ato jurisdicional é qualquer decisão judicial em geral, desde que, além dos requisitos básicos (ato ilegal ou abusivo e violador de direito líquido e certo), gere prejuízo irreparável. No encontro nacional de Tribunais de Alçada, realizado em novembro de 1981, foi adotada a orientação do STF e aprovada a Conclusão nº VII, 14, com a seguinte redação: "presente o requisito da irreparabilidade do dano, aliado à inexistência de recurso com efeito suspensivo, é admissível o mandado de segurança contra ato judicial".

O dano irreparável existe quando "*concreta, fática e palpavelmente* (no plano real) for de difícil reparação o prejuízo ocasionável pela eficácia (no sentido do resultado da efetiva produção de efeitos) da decisão impugnada que só ocorrerá se, por algum motivo, os efeitos da decisão não puderem ser ou não forem suspensos. Esse 'algum motivo' pode ser ausência de previsão legal ou ato judicial indeferindo o pedido". "A palpabilidade, a relevância e a dificuldade na reparação do dano ligam-se, ao que nos parece, pelo menos predominantemente ao aspecto econômico. De fato, parece que, com raras exceções, como nos casos ligados ao direito de família ou ao direito eleitoral, em que o aspecto moral é o mais relevante, o que tem predominado é o lado econômico. Essa faceta é, embora não única, a predominante na caracterização desta espécie de lesão e aparece nitidamente em algumas decisões, como ponto abordado *explicitamente*, o que não ocorre na doutrina. Veja-se o trecho: 'o conceito de irreparabilidade do dano patrimonial não pode ser visto sob um prisma estritamente jurídico abstrato; porém, juridicamente, enfocado à luz dos interesses econômicos em jogo'"[341].

Dentre os atos jurisdicionais, tanto as decisões interlocutórias como os despachos diversos daqueles de mero expediente podem ser objeto de mandado de segurança.

Toda decisão ilegal ou eivada de abuso de poder que venha a ferir direito líquido e certo, ainda que sujeita a correição parcial, não impede a impetração do mandado de segurança. Para ARNOLDO WALD é cabível o mandado de segurança contra todos os atos judiciais, desde que não haja recurso legal com efeito suspensivo. Salienta o autor que "a evolução é sempre no sentido de ampliar o campo de aplicação do mandado, na medi-

---

341. THERESA ARRUDA ALVIM WAMBIER, *O novo regime do agravo*, pp. 237-8.

da em que os outros recursos se tornam mais demorados e o congestionamento da justiça aumenta progressivamente"[342].

Em outras palavras, "a impetração será juridicamente possível, em princípio, quando o ato jurisdicional contiver manifesta ilegalidade ou abuso de poder, a ofender direito líquido e certo, isto é, apurável sem necessidade de dilação probatória"[343]. "O ato a ser impugnado haverá de ser a própria decisão jurisdicional que ameaça ou, efetivamente, lesa direito subjetivo"[344]. "É de fundamental importância não esquecer que o Mandado de Segurança é uma garantia processual assegurada diretamente pela Constituição, no art. 5º, item LXIX. A fonte de onde ele promana não permite que a lei ordinária restrinja o seu alcance. Essa lei deve ser *regulamentadora* do seu uso e não ser *restringidora* dele. Assim, se se admitir que o mandado de segurança é cabível contra ato judicial de determinada natureza (decisão interlocutória), não é possível, em seguida, restringir esse uso aos casos em que não tenha ocorrido a preclusão por falta de uso do recurso normal"[345].

Além dos atos processuais de conteúdo decisório, os atos administrativos do juiz também podem ser objeto de mandado de segurança[346].

Da mesma forma, é cabível mandado de segurança contra conduta omissiva do juiz. "O mandado de segurança contra ato judicial também alveja a omissão do julgador" (TRF, 1ª Região, MS 94.01.29194-2, Rela. Juíza Eliana Calmon, DJU 6.2.95, Parte II, p. 3924). Preleciona LUIZ R. NUÑES PADILLA que quando há uma omissão judicial "que não profere um despacho urgente, ou não defere uma medida cautelar indispensável, o problema é grave. O risco de dano irreparável não poderá ser afastado com a mera atribuição de efeito suspensivo a um agravo de instrumento. A 'suspensão da omissão' é inócua, sem qualquer efeito prático. A lesão ocorre e esvazia-se todo o processo, inclusive o próprio mandado de segurança, que termina por perder seu objetivo. Havendo urgência, o Tribunal está autorizado pela Lei a conceder a liminar"[347].

A despeito da Súmula 268 do Supremo Tribunal Federal, é admissível o mandado de segurança contra decisão transitada em julgado, sempre que

---

342. Obra citada, pp. 156-7.
343. ADA PELLEGRINI GRINOVER, *Mandado de segurança contra ato jurisdicional penal*, p. 14. MILTON FLAKS, obra citada, pp. 177-8.
344. CELSO RIBEIRO BASTOS, *Do mandado de segurança*, p. 50.
345. CELSO AGRÍCOLA BARBI, *Do mandado de segurança*, pp. 116-7.
346. HELY LOPES MEIRELLES, *Mandado de segurança, ação popular, ação civil pública, mandado de injunção, "habeas data"*, p. 26. J. CRETELLA JÚNIOR, obra citada, p. 185. ALFREDO BUZAID, *Do mandado de segurança*, pp. 136-7. THEMÍSTOCLES BRANDÃO CAVALCANTI, obra citada, pp. 137-8. CELSO AGRÍCOLA BARBI, *Do mandado de segurança*, p. 107. CELSO RIBEIRO BASTOS, *Do mandado de segurança*, p. 48.
347. "Mandado de segurança contra omissão judicial", *in Repro* 72:162.

esta se revista de teratologia. Diz a Súmula: "Não cabe mandado de segurança contra decisão judicial com trânsito em julgado". Decisão teratológica é aquela flagrantemente absurda ou abusiva, de manifesta ofensa ao direito. "A permissibilidade do uso e acolhimento da ação mandamental só tem razão de ser em casos teratológicos, de flagrante ilegalidade ou abuso de poder, susceptíveis de causar à parte dano irreparável ou de difícil e incerta reparação" (RT 535:72).

Há autores que consideram incabível o mandado de segurança contra a coisa julgada diante da Súmula referida[348]. HELY LOPES MEIRELLES entende inadmissível o mandado de segurança contra a coisa julgada, exceto se o julgado for substancialmente inexistente ou nulo de pleno direito, ou não alcance o impetrante nos seus pretendidos efeitos[349]. "Entendemos que, havendo coisa julgada material, a ilegalidade é removida mediante o uso da ação rescisória. E se há o risco de vir a ser ineficaz a futura tutela perseguida na rescisória, essa eficácia será assegurada pelo uso das ações cautelares. Assim, o sistema conserva sua coerência, sem que se faça indispensável, para atender-se ao mandamento constitucional, admitir-se reexame pelo mandado de segurança"[350].

Contudo, entendemos que, presentes os pressupostos do mandado de segurança, não há qualquer motivo para que se o inadmita contra decisão judicial já transitada em julgado[351], a par da referida súmula. "A letra do art. 5º abre as portas a que caiba Mandado de Segurança exatamente contra decisão judicial trânsita em julgado! Eis a decisão que não pode ser vulnerada nem por recurso, nem por correição/reclamação. Há também um outro argumento, consistente em que ação rescisória é remédio desprovido de efeito suspensivo e de rito que não se caracteriza pela celeridade, não comportando concessão de liminar"[352]. "A meu sentir, não existe antinomínia entre a coisa julgada e o instrumento jurídico estatuído para proteção a direito líquido e certo contra ato ilegal ou abuso de poder da responsabilidade de autoridade judiciária, no exercício da atividade judicante. O constituinte deu guarida tanto ao Mandado de Segurança quanto à coisa julgada, mas legou ao legislador ordinário a tarefa de regulamentá-los. Com relação

---

348. CELSO RIBEIRO BASTOS, *Do mandado de segurança*, p. 50. CELSO AGRÍCOLA BARBI, *Do mandado de segurança*, pp. 120-1.
349. *Mandado de segurança, ação popular, ação civil pública, mandado de injunção, "habeas data"*, p. 37.
350. J. J. CALMON DE PASSOS, obra citada, p. 119.
351. KAZUO WATANABE, *Controle jurisdicional e mandado de segurança contra atos judiciais*, p. 98. LUIS JORGE TINOCO FONTOURA, obra citada, p. 81. MILTON FLAKS, obra citada, p. 176.
352. THERESA ARRUDA ALVIM WAMBIER, *Medida cautelar, mandado de segurança e ato judicial*, p. 83.

ao Mandado de Segurança, em razão de ser uma garantia assegurada aos indivíduos para buscar proteção jurisdicional a direito líquido e certo contra ato ilegal ou abuso de poder de autoridade e, assim, exercer controle dos serviços públicos prestados pela administração pública direta, ou indireta, a preocupação do constituinte foi mais além e cuidou logo de estabelecer os pressupostos para o exercício da ação mandamental na própria Constituição da República. Desse modo, malgrado o constituinte tenha colocado, na máquina do legislador ordinário, o papel para que os dois institutos fossem regulamentados, a folha não foi entregue em branco, vez que, de pronto, encarregou-se de gizar os pressupostos para o exercício do *mandamus*, não conferindo poder para que estabelecidos pressupostos outros, além dos já consignados. Diga-se, ainda, que a atribuição de regulamentar ambos os institutos, delegada pelo constituinte ao legislador infraconstitucional, foi no sentido de que se outorgasse tratamento harmônico às figuras constitucionais, nunca de modo que uma viesse a excluir a outra (...). Do contrário, das duas garantias constitucionais concebidas pelo constituinte, após a necessária regulamentação em nível ordinário, restaria apenas uma, o que seria inconcebível, pois que o poder do legislador ordinário, nesse caso, prevaleceria sobre o do constituinte. Em atenção a essas ponderações, é que tanto a lei do Mandado de Segurança quanto a Constituição da República em vigor não levam à conclusão da impossibilidade da cassação, através do remédio heróico, de decisão judicial trânsita em julgado, quando proferida com ilegalidade"[353]. "Quando coexistem decisões conflitantes sobre a mesma causa, sendo uma delas nula porque proferida por juízo absolutamente incompetente, colocando em risco a higidez da prestação jurisdicional reclamada, admite-se o MS com função rescindente, de caráter satisfativo, para expurgar-se do mundo jurídico a indesejável antinomia entre acórdãos versando a mesma matéria" (TJSP, 5ª Gr. Câms. Civs., MS 213962-2/5, rel. designado Des. Donaldo Armelin, m.v., j. 31.8.1993).

É admissível, também, mandado de segurança contra decisão objeto de preclusão, porque esta produz efeitos exclusivamente endoprocessuais.

Dessa forma, o mandado de segurança pode ser impetrado independentemente de ter sido ou não intentado o recurso[354]. "É imprescindível lembrar que as normas garantidoras da preclusão, incluídas no C. Pr. Civ., visam ao bom andamento dos processos e aos casos comuns, e não tiveram em mira as situações excepcionais em que o Código deixou de criar recursos ou outros meios adequados, capazes de evitar indevido prejuízo para a parte. Quando a falta de meios no C. Pr. Civ. torna necessário lançar

---

353. WALTER NUNES DA SILVA JÚNIOR, *Mandado de segurança contra ato judicial*, p. 70.
354. THERESA ARRUDA ALVIM WAMBIER, *O novo regime do agravo*, p. 251.

mão do mandado de segurança, a preclusão é instituto que nada tem a fazer no caso. Sua invocação, em vez de auxiliar na realização do direito, somente serve para perturbá-la ou impedi-la. Ao lado dessas considerações de ordem sistemática cabem outras, de ordem prática, que demonstram com maior clareza a falha da concepção que condiciona o uso do mandado de segurança contra ato judicial à prévia e tempestiva interposição do recurso cabível contra o ato. Se essa interposição é necessária, é preciso indagar que destino terá o recurso. Será ele examinado pelo Tribunal ou a interposição é exigida apenas para evitar a preclusão? Se for apenas para efeito do problema da preclusão, já se viu que a exigência é desarrazoada e cria condição que a Constituição e a Lei ordinária reguladora do mandado de segurança não previram. A outra alternativa não leva a melhor conclusão: se o recurso tiver de ser julgado, ter-se-á verdadeira repetição do primeiro julgamento, isto é, do julgamento do mandado de segurança, porque o ato judicial atacado por este é o mesmo ato atacado pelo recurso. Realmente, quando a lei processual previr um recurso e este for adequado para evitar a lesão do direito da parte, não há razão para se pensar em deixar de usá-lo e lançar mão do mandado de segurança. Mas quando o recurso previsto em lei não se mostrar apto a evitar a lesão do direito e o conseqüente dano, é legal, constitucional e jurídico que o indivíduo procure no arsenal do direito um outro meio que impeça o perecimento do seu direito e o dano ao seu patrimônio. E esse outro meio pode perfeitamente ser o mandado de segurança"[355].

Salienta a jurisprudência que "há que se indagar se a decisão encerra abuso ou arbitrariedade e há iminência de dano irreparável ou lesão a direito líquido e certo do impetrante. Quando a decisão é anulada pelo *mandamus*, este se reveste de caráter preventivo. O rigor do princípio estatuído no *STF 267* é abrandado, admitindo-se a impetração de segurança contra ato judicial passível de recurso, quando se vislumbra a possibilidade de dano irreparável" (RT 598:154).

3. Natureza jurídica

Alguns autores se posicionam no sentido de considerar a natureza jurídica de *ação* ao mandado de segurança contra ato jurisdicional. "O mandado de segurança não deve funcionar como meio de suprir lacunas recursais da lei. Sua natureza é a de ação e, destarte, deve estar condicionado aos pressupostos e objeto específicos"[356]. Preleciona ADA PELLEGRINI GRINOVER que "assim como o mandado de segurança em geral, também quando impetrado contra ato jurisdicional, o instituto guarda natureza jurídica de ação, potenciada pela Constituição. É certo que a impetração

---
355. CELSO AGRÍCOLA BARBI, *Do mandado de segurança*, pp. 117-20.
356. CELSO RIBEIRO BASTOS, *Do mandado de segurança*, p. 50.

contra ato jurisdicional dá à sua utilização os contornos de uma via de impugnação, com função recursal, mas se tratará sempre de uma ação autônoma de impugnação, distinguindo-se nitidamente, por suas características, dos recursos. A ação de segurança contra ato jurisdicional poderá objetivar um provimento meramente declaratório e até constitutivo (quando atacar, em casos excepcionais, a coisa julgada), guardada sua carga mandamental. No processo do mandado de segurança, que é de conhecimento, poderá dar-se a suspensão liminar do ato impugnado, o que caracterizará provimento cautelar emanado no mesmo procedimento"[357].

Contudo, a natureza jurídica do mandado de segurança contra ato jurisdicional é de *cautelar*. "O mandado de segurança, salvo situações excepcionais, não se afeiçoa à figura de uma ação de impugnação autônoma de atos judiciais, mantendo-se como colmatador das lacunas do sistema recursal. Assim, sua função é permitir que os recursos propiciem resultado eficaz, se e quando providos. Ou seja, o *writ* assume em regra, respeitados os posicionamentos em contrário, um papel nitidamente cautelar, assegurando, assim, o resultado útil de recurso interposto, motivo pelo qual se investiga para a sua concessão a presença do *periculum in mora* consistente na presença de risco de dano irreparável ou de difícil ou incerta reparação, e do *fumus boni iuris* que ressuma da teratologia da decisão judicial atacada pelo *mandamus*"(1ª TACivSP, 4ª Câm., MS 523724, rel. Juiz Donaldo Armelin, v.u., j. 29.10.92). "O mandado de segurança impetrado com vistas à comunicação de efeito suspensivo a agravo tem natureza cautelar e depende, para sua concessão, da demonstração do *fumus boni iuris* e do *periculum in mora*" (STJ, 4ª T., RMS 5444-6-SP, rel. Min. Sálvio de Figueiredo, v.u., 30.5.1995, DJU 4.9.95, p. 27834).

4. O pressuposto constitucional do direito líquido e certo

A exigência constitucional de direito líquido e certo repousa "na indiscutibilidade dos fatos, que devem ser comprovados documentalmente, sem possibilidade de instrução probatória. Por isso, só se admite em mandado de segurança a prova documental, pré-constituída. E mais: em face da necessidade de serem os fatos indiscutíveis, não pode haver dúvida quanto aos documentos que os comprovam"[358].

Preleciona SÉRGIO FERRAZ[359] no sentido de que "cabe mandado de segurança contra o ato jurisdicional que, praticado com ilegalidade ou abuso de poder, ameace ou viole direito líquido e certo. E só! A irrepara-

---

357. *Mandado de segurança contra ato jurisdicional penal*, p. 13.
358. *Ibid.*, p. 32.
359. Obra citada, p. 102.

bilidade do dano, ou a inexistência de recurso com efeito suspensivo, ou a teratologia ensejada pelo ato, não são critérios de admissão em tese do *mandamus*. Funcionam, sim, como critérios de concessão de medida liminar. Mas tão apenas isso. A ilegalidade e o abuso no ato jurisdicional existirão seja quando o julgador agir em desconformidade (formal ou material) com a lei, ou quando não agir, quando a tanto legalmente obrigado. Em qualquer desses casos, sem exigências outras, caberá o mandado de segurança. É irrelevante que haja, ou não, recurso contra a decisão constritora; ou que, havendo recurso, tenha ele efeito suspensivo ou meramente devolutivo; ou, ainda, que tenha sido ele interposto, ou não; ou, por fim, que tenha ocorrido, ou não, coisa julgada. *Nada disso* foi constitucionalmente elevado ao patamar de ponto de aferição da admissibilidade do *writ*".

5. Prazo

A Lei nº 1.533, de 31.12.51, que regula o mandado de segurança, no artigo 18, fixou o prazo decadencial de 120 dias para sua impetração.

No mandado de segurança contra ato jurisdicional, o prazo que deve ser observado é aquele estabelecido na sua lei regulamentadora (Lei nº 1.533/51), não aquele do recurso sistematizado no Código de Processo Civil.

Há autores que entendem que, em se tratando de mandado de segurança contra ato jurisdicional, deve ser observado o prazo do direito de recorrer. "O mandado de segurança contra ato jurisdicional suscita problemas no que diz respeito ao prazo. Os 120 dias a partir do ato impugnado conflitam com os demais prazos sempre mais exíguos previstos nas leis processuais para os recursos em geral. Todavia, quer-nos parecer que, sobre ser de utilização excepcional em sede judiciária, o mandado de segurança não pode ainda servir de instrumento a que o requerente se beneficie de um lapso temporal que os prazos processuais não lhe deferem. Deverá, pois, ser a segurança interposta antes da decadência do direito de recorrer"[360].

Contudo, esta não parece ser a melhor solução, pelo fato de o mandado de segurança ser uma garantia constitucional, não podendo a lei ordinária restringir o seu uso.

6. Legitimados ativos (além das partes)

Além das partes, estão legitimados a impetrar mandado de segurança contra atos jurisdicionais o Ministério Público como *custos legis* e o terceiro prejudicado.

---

360. CELSO RIBEIRO BASTOS, *Do mandado de segurança*, p. 52.

Sem dúvida, o Ministério Público, quer na qualidade de parte, quer na de fiscal da lei, tem legitimidade para impetrar mandado de segurança contra atos judiciais. "(...) O Promotor tem legitimidade para impetrar mandado de segurança, descrevendo, na causa de pedir, ilegalidade ou abuso de poder do Juiz de Direito. Recurso provido" (STJ, 6ª T., RMS 5562-0-SP, rel. Min. Luiz Vicente Cernicchiaro, j. 19.12.95, v.u., DJU 13.5.96, pp. 15574-5).

O terceiro prejudicado também pode impetrar mandado de segurança, visando proteger direito líquido e certo, quando não integrou a relação processual. O terceiro interessado, que não integrou a relação processual, se seus interesses foram atingidos pela sentença, pode usar "dos meios que bem entender — apelação, nova ação, inclusive mandado de segurança, embargos de terceiro — para garantir a tutela jurisdicional que irá ser elemento constitutivo de nova relação jurídico-processual"[361]. "Pode o terceiro ajuizar mandado de segurança contra ato do juiz proferido em ação na qual não é parte" (STJ, 3ª T., RMS 4981-7-SP, rel. Min. Waldemar Zveiter, v.u., j. 18.4.95, DJU 4.9.95, p. 27827).

O assistente atua no processo como auxiliar da parte assistida e está proibido de praticar atos que digam respeito à lide entre as partes, como, por exemplo, ajuizar mandado de segurança contra ato jurisdicional. Contudo, ingressando no processo depois da sentença, o terceiro que poderia ter sido assistente simples pode interpor o *mandamus*, porque nessa qualidade não é considerado assistente, sendo seu objetivo defender direito próprio atingido pela sentença e não o de auxiliar a parte.

7. Mandado de segurança contra atos jurisdicionais e a atual disciplina do agravo

O artigo 558, *caput*, do Código de Processo Civil, com a redação dada pela Lei nº 9.139/95 estatui que "o relator poderá, a requerimento do agravante, nos casos de prisão civil, adjudicação, remição de bens, levantamento de dinheiro sem caução idônea e em outros casos dos quais possa resultar lesão grave e de difícil reparação, sendo relevante a fundamentação, suspender o cumprimento da decisão até o pronunciamento definitivo da turma ou câmara".

Consoante essa norma, o relator pode conceder efeito suspensivo ao agravo, em se verificando as hipóteses do *caput* do artigo 558 do Código de Processo Civil. TERESA ARRUDA ALVIM WAMBIER ensina que "hoje, a lei dá, expressa e explicitamente, *dois parâmetros* que devem nortear o relator para conceder (ou não) efeito suspensivo ao agravo. O art. 558 estabelece como pressupostos para a concessão da medida: 1) o perigo de que resulte,

---

361. CARLOS ALBERTO MENEZES DIREITO, obra citada, p. 55.

para a parte recorrente, lesão grave e de difícil reparação e 2) haver fundamentação relevante. Esses dois pressupostos, pode-se dizer, correspondem, embora com eles não se confundam, o primeiro ao *periculum in mora* e o segundo ao *fumus boni iuris*. Veja-se que, o que ocorre neste caso para o relator, e a situação se delineia ainda com mais clareza no regime atual que no anterior, é a necessidade de interpretação de *conceitos vagos*. Esses conceitos são: *perigo, lesão grave* e de *difícil reparação* e *fundamentação relevante*. Conceitos vagos ou indeterminados são também as expressões *periculum in mora* e *fumus boni iuris*. Assim, deve o relator verificar se é *provável* que ao recurso seja dado provimento e se existe *risco* de da eficácia da decisão resultar, para a parte, lesão grave e de difícil reparação, para o fim de conceder efeito suspensivo ao agravo de instrumento"[362].

Diante da nova reforma, provavelmente, a impetração de mandado de segurança contra ato judicial irá diminuir.

Contudo, cumpre registrar que o mandado de segurança subsiste, ao lado do agravo de instrumento, à opção do interessado, porque ele "pode ser impetrado *independentemente* de ter sido, ou não, interposto o recurso. Para a impetração do *writ*, em princípio, dispõe a parte de 120 dias, não tendo embasamento jurídico algum a redução deste prazo ao do recurso". THERESA ARRUDA ALVIM WAMBIER, ainda, salienta que diante das alterações trazidas pela Reforma, "estando preenchidos, na situação concreta, os requisitos de natureza constitucional (ato ilegal ou abusivo, que ofenda direito líquido e certo) e não oferecendo, o sistema da lei ordinária, solução *eficaz, eficiente, operativa*, pode a parte lançar mão do mandado de segurança para impugnar a decisão judicial"[363].

---

362. *O novo regime do agravo*, pp. 215-6.
363. *Ibidem*, p. 220.

CAPÍTULO IX

O Sistema Recursal no Mandado de Segurança

SUMÁRIO: 1. O sistema recursal do Código de Processo Civil e o mandado de segurança; 2. Agravo; 3. Apelação: 3.1. Efeito suspensivo; 3.2. Reexame necessário; 4. Correição parcial; 5. Embargos de declaração; 6. Embargos infringentes; 7. Recurso ordinário, extraordinário e especial; 8. Ação rescisória e ação anulatória; 9. Legitimidade para recorrer; 10. Prazo recursal.

1. O sistema recursal do Código de Processo Civil e o mandado de segurança

Existe posicionamento doutrinário no sentido de que ao mandado de segurança somente se aplicam as regras do Código de Processo Civil, quando a Lei nº 1.533/51 o especifica. Contudo, esse entendimento não pode prevalecer.

A Lei nº 1.533/51 admitiu, da decisão de primeiro grau, negando ou concedendo o mandado, o recurso de apelação. Diz o art. 12, *caput*, da Lei nº 1.533/51: "Da sentença, negando ou concedendo o mandado, cabe apelação".

Embora o mandado de segurança seja regido por lei especial, esta não exauriu toda a matéria e, havendo lacunas, estas devem ser preenchidas com a aplicação subsidiária do Código de Processo Civil[364].

Cumpre registrar a lição de EDUARDO RIBEIRO DE OLIVEIRA[365] no sentido de que "a questão de que se cogita não é peculiar do

---

364. ALFREDO BUZAID, *Do mandado de segurança*, p. 261. SÉRGIO FERRAZ, obra citada, p. 185. HELY LOPES MEIRELLES, *Mandado de segurança, ação popular, ação civil pública, mandado de injunção, "habeas data"*, p. 73. J. M. OTHON SIDOU, obra citada, p. 260. HUGO DE BRITO MACHADO, obra citada, pp. 231-2.
365. "Recursos em mandado de segurança", *in Mandado de segurança e de injunção*, pp. 280-3.

mandado de segurança. Outras leis especiais existem e existiram regulando procedimentos, sem que se questione sobre a aplicabilidade supletiva do que se contém no Código. Parece mais adequado entender que o sistema do Código, como geral que é, deve aplicar-se aos procedimentos regidos em leis especiais, salvo naquele em que essas leis dispuserem em contrário ou em que as normas do Código não se coadunarem com as peculiariedades do procedimento regido por aquelas leis".

Assim sendo, podemos concluir que o Código de Processo Civil aplica-se, subsidiariamente, no que não tiver sido alvo de expresso ou lacunoso regramento na lei especial. "Em nosso sentir, evidentemente, o sistema recursal do Código se aplica, embora subsidiariamente, às leis esparsas que regulam aspectos processuais dos institutos de que cuidam"[366].

2. Agravo

Alguns autores negam a possibilidade da interposição do agravo, diante da taxativa enunciação recursal da Lei nº 1.533/51[367]. "Não estava certamente na intenção da lei prodigalizar recursos no mandado de segurança. As decisões interlocutórias, não impugnáveis por meio de recurso adequado na lei, não operam preclusão e, portanto, podem ser examinadas quando os autos subirem ao tribunal por apelação da parte vencida. Não se compadece com a índole do mandado de segurança o agravo de instrumento de decisão interlocutória"[368]. De outra parte, outros doutrinadores, ao que parece *acertadamente*, sustentam a possibilidade de impetração do recurso de agravo, em relação às decisões interlocutórias[369]. "Mesmo não sendo numerosas as hipóteses de cabimento do agravo no processo de mandado de segurança, em virtude da própria índole, a ensejar poucas decisões interlocutórias, quando estas ocorrerem o agravo poderá ser utilizado. Para dirimir, por exemplo, questão relativa a competência, o pagamento de custas, a intervenção de terceiros, além, evidentemente, dos problemas que se coloquem sobre o próprio processamento e subida da apelação"[370].

O agravo de instrumento é o meio mais adequado para a impugnação das decisões interlocutórias em mandado de segurança diante da possibilidade de concessão de efeito suspensivo, embora haja possibilidade de interposição do agravo retido[371].

---

366. THERESA ARRUDA ALVIM WAMBIER, *Medida cautelar, mandado de segurança e ato judicial*, p. 26.
367. J. M. OTHON SIDOU, obra citada, p. 265. HUGO DE BRITO MACHADO, obra citada, p. 237.
368. ALFREDO BUZAID, *Do mandado de segurança*, p. 261.
369. HELY LOPES MEIRELLES, *Mandado de segurança, ação popular, ação civil pública, mandado de injunção, "habeas data"*, p. 73. SÉRGIO FERRAZ, obra citada, p. 191.
370. EDUARDO RIBEIRO DE OLIVEIRA, obra citada, pp. 279-80.
371. SÉRGIO FERRAZ, obra citada, p. 194.

Em que pese o entendimento de alguns autores, em favor da irrecorribilidade da decisão denegatória de liminar[372], da decisão que concede ou indefere a liminar cabe a interposição do recurso do agravo de instrumento[373] por se tratar de decisão interlocutória[374].

Embora a lei do mandado de segurança não contenha previsão expressa de recurso para a decisão que nega a concessão de liminar, aplica-se subsidiariamente o sistema recursal do Código de Processo Civil.

Assim, a decisão denegatória de liminar não pode ficar isenta de controle jurisdicional. "As garantias constitucionais não aceitam interpretações restritivas, sendo certo que a lei especial não pode limitar os recursos inerentes à garantia do cidadão" (RJTJESP 118:491). "É certo que a lei do mandado de segurança não prevê expressamente um recurso para a decisão denegatória da liminar. Não é por isso, entretanto, que ela deve ficar isenta de controle jurisdicional. De outra parte, o ato do juiz acerca da liminar é, conforme várias vezes mencionamos, uma decisão, do tipo interlocutório. O juiz, ao deixar, portanto, de conceder a liminar, profere sempre uma decisão e não um despacho, como afirma HELY LOPES MEIRELLES. Todas as decisões interlocutórias, por sua vez, são recorríveis por meio de agravo de instrumento (art. 522 do CPC)"[375].

Outras decisões interlocutórias no mandado de segurança, como por exemplo a que declara caduca a liminar, comportam o recurso de agravo diante do princípio constitucional de recorribilidade das decisões judiciais. "Art. 5º, inciso LV, da CF/88: aos litigantes, em processo judicial ou administrativo, e aos acusados em geral, são assegurados o contraditório e a ampla defesa, com os meios e *recursos* a eles inerentes" (grifo nosso).

Se o mandado de segurança for impetrado perante o Tribunal, pergunta-se: cabe recurso contra a decisão do Presidente do Tribunal ou do Relator que negar a concessão de liminar? "O recurso normalmente previsto nos regimentos internos dos Tribunais e que consta no RISTF e no RISTJ, contra decisões que causarem prejuízo ao direito da parte, é o agravo regimental. Partindo da premissa que toda decisão é recorrível, defendemos a posição de que também a decisão denegando a liminar proferida nos Tribunais, no STF e no STJ, é passível de recurso. Predomina, entretanto, na jurisprudência, o entendimento de que não cabe agravo regimental da decisão denegatória da liminar"[376]. "Em seus Regimentos Internos,

---

372. HELY LOPES MEIRELLES, *Mandado de segurança, ação popular, ação civil pública, mandado de injunção, "habeas data"*, p. 60. J. M. OTHON SIDOU, obra citada, p. 232.
373. SÉRGIO FERRAZ, obra citada, p. 149.
374. THERESA ARRUDA ALVIM WAMBIER, *Medida cautelar, mandado de segurança e ato judicial*, pp. 26-30. J. CRETELLA JÚNIOR, obra citada, p. 228.
375. BETINA RIZZATO LARA, obra citada, p. 151.
376. *Ibidem*, p. 152.

os tribunais geralmente prevêem agravo regimental contra despachos de relatores de recursos ou de processos. Assim faz o Regimento Interno do Supremo Tribunal Federal que, no seu art. 317, prevê agravo regimental, no prazo de cinco dias, de despacho do presidente do Tribunal, de presidente da Turma ou do relator que causar prejuízo ao direito da parte. Essa regra genérica, sem dúvida alguma, é aplicável no caso de o relator do mandado de segurança requerido àquela Corte indeferi-lo liminarmente. Para obviar a omissão da Lei nº 1.533, os Regimentos Internos dos demais Tribunais devem incluir igual regra. Assim o fazem, *v.g.*, os Regimentos Internos do Superior Tribunal de Justiça (art. 258) e do Tribunal de Justiça do Estado de Minas Gerais (art. 213)"[377].

A decisão que suspende a eficácia de decisão concessiva de mandado de segurança, nos termos da Lei nº 4.348/64, é do tipo interlocutória (art. 162, § 2º, do CPC). Diz o art.: "Decisão interlocutória é o ato pelo qual o juiz, no curso do processo, resolve questão incidente".

A Súmula 506 do Supremo Tribunal Federal dispõe que "o agravo a que se refere o artigo 4º da Lei nº 4.348, de 26/6/64, cabe somente do despacho do Presidente do Supremo Tribunal Federal que defere a suspensão da liminar, em mandado de segurança; não do que a denega"[378].

Essa regra é aplicável aos Presidentes dos demais Tribunais do país.

3. Apelação

3.1. *Efeito suspensivo*

O art. 558 do Código de Processo Civil, com a redação dada pela Lei nº 9.139/95, estatui que "o relator poderá, a requerimento do agravante, nos casos de prisão civil, adjudicação, remição de bens, levantamento de dinheiro sem caução idônea e em outros casos dos quais possa resultar lesão grave e de difícil reparação, sendo relevante a fundamentação, suspender o cumprimento da decisão até o pronunciamento definitivo da turma ou câmara. Parágrafo único — Aplicar-se-á o disposto neste artigo às hipóteses do art. 520".

Consoante essa norma, o juiz pode conceder efeito suspensivo à apelação, em se verificando as hipóteses do *caput* do artigo 558 do Código de Processo Civil[379].

O art. 4º da Lei nº 4.348, de 26 de junho de 1964, dispõe: "quando, a requerimento de pessoa jurídica de direito público interessada e para evitar grave lesão à ordem, à saúde, à segurança e à economia pública, o Presidente do Tribunal, ao qual couber o conhecimento do respectivo recurso, sus-

---

377. CELSO AGRÍCOLA BARBI, *Do mandado de segurança*, pp. 231-2.
378. Confira a respeito do prazo do agravo: Capítulo VI, item 2.4, p. 103.
379. Veja a respeito: Capítulo VIII, item 7, p. 115.

pender, em despacho fundamentado, a execução da liminar, e da sentença, dessa decisão caberá agravo, sem efeito suspensivo, no prazo de dez dias, contados da publicação do ato".

Esse dispositivo legal cuida apenas da suspensão *provisória* da eficácia da liminar concedida ou da sentença, uma vez presentes as circunstâncias ali referidas e, portanto, não se trata de recurso, mas de pedido de competência originária do Presidente do Tribunal. "O pedido de suspensão não tem caráter recursal. É um ato administrativo que vai ser apreciado na ótica administrativa pelo presidente do Tribunal"[380].

A suspensão da execução da sentença de mérito, em mandado de segurança, pode se verificar até o seu trânsito em julgado.

Dessa forma, a norma do art. 558 do Código de Processo Civil completa o disposto na Lei nº 4.348/64, mesmo porque aquela se refere à concessão do efeito suspensivo ao recurso de apelação e esta diz respeito à suspensão dos efeitos da sentença concessiva de mandado de segurança, não se constituindo em recurso.

3.2. Reexame necessário

O art. 12, parágrafo único, da Lei nº 1.533/51 aduz que "a sentença que conceder o mandado fica sujeita ao duplo grau de jurisdição, podendo, entretanto, ser executada provisoriamente". O art. 475, II, do Código de Processo Civil estatui que "está sujeita ao duplo grau de jurisdição, não produzindo efeito senão depois de confirmada pelo tribunal, a sentença proferida contra a União, o Estado e o Município".

Da leitura desses dispositivos, infere-se que haverá a remessa necessária dos autos ao Tribunal somente no caso de concessão da ordem[381], o que não impede a eficácia, ainda que provisória, da sentença proferida. "Dizer que 'a sentença concessiva da ordem pode ser executada provisoriamente' é o mesmo que preceituar que 'a sujeição obrigatória ao duplo grau de jurisdição não suspende, provisoriamente, a execução da sentença'. Ocorrendo a obrigatória subida dos autos ao segundo grau, por iniciativa do juiz, mantém-se a eficácia da decisão prolatada, podendo ser executada a ordem *si et in quantum* não for reformada a sentença, em grau superior. Assim, se o impetrante é impedido da prática do ato, julgada a ação de

---

380. PEDRO DOS SANTOS BARCELOS, "Medidas liminares em mandado de segurança. Suspensão de execução de medida liminar. Suspensão de execução de sentença. Medidas cautelares", *in* RT 663:45.
381. CELSO AGRÍCOLA BARBI, *Do mandado de segurança*, pp. 233-6. HELY LOPES MEIRELLES, *Mandado de segurança, ação popular, ação civil pública, mandado de injunção, "habeas data"*, p. 73. ALFREDO BUZAID, *Do mandado de segurança*, p. 264. J. M. OTHON SIDOU, obra citada, pp. 264-5. THEMÍSTOCLES BRANDÃO CAVALCANTI, obra citada, p. 191.

mandado de segurança em primeira instância e dando-lhe o juiz ganho de causa, cessa a eficácia da coação da autoridade, tolhida pela sentença favorável, que passa a ser executada, embora provisoriamente. Há, porém, exceções. Quando se tratar de sentença visando à: a) concessão de aumento de vantagens, b) extensão de vantagens, c) reclassificação de servidores públicos, d) equiparação de servidores públicos, a sentença não pode ser executada provisoriamente (Lei nº 4.348, de 26.6.64, art. 7º), cumprindo ainda observar que, nessas hipóteses, também a liminar não será concedida (mesma lei, art. 5º)"[382].

O reexame necessário só é cabível em se tratando da União, Estado e Município, não sendo admitido na hipótese de autoridade coatora vinculada à pessoa jurídica de direito privado no exercício de atividades delegadas pelo Poder Público.

O reexame necessário não é exigível quanto aos acórdãos concessivos da segurança emergentes de Tribunais, nos mandados de segurança de competência originária destes, porque diz respeito somente à sentença de primeiro grau[383].

Já decidiu nossos tribunais que "apenas a sentença do juiz singular está sujeita ao duplo grau necessário, na hipótese mencionada pela norma. Os acórdãos proferidos em mandado de segurança de competência originária não se sujeitam a esse regime" (RTJ 129:1069).

4. Correição parcial

A correição parcial pode ter três finalidades distintas: "a) sem interferência no processo, beneficiar as vítimas de erros ou abusos que invertam ou tumultuam a ordem dos processos, proporcionando a retomada de sua marcha — esta é a sua finalidade, por excelência; b) outra, que não deriva senão da elasticidade que lhe tem sido indevidamente atribuída, é a de meio de reforma de despachos ou decisões irrecorríveis. Com relação a esta última finalidade há os que vêem na correição um remédio excepcional e os que a consideram um recurso como outro qualquer; c) tal como vem sendo instituída e regulamentada pela maioria dos Estados, destina-se também a correição/reclamação à obtenção de uma providência disciplinar contra o juiz prolator do despacho reclamado"[384].

Em São Paulo, a correição parcial está prevista na Lei nº 8.040, de 13.12.63, e no âmbito da Justiça Federal ela é mencionada pela Lei nº 5.010, de 30.5.66.

---

382. J. CRETELLA JÚNIOR, obra citada, p. 270.
383. CELSO AGRÍCOLA BARBI, *Do mandado de segurança*, p. 233.
384. EGAS D. MONIZ DE ARAGÃO *apud* THERESA ARRUDA ALVIM WAMBIER, *Medida cautelar, mandado de segurança e ato judicial*, p. 90.

A correição parcial é cabível se do pronunciamento objeto da reclamação não couber recurso e se o erro referir-se a aspecto processual (*rectius,* procedimental).

A correição parcial encontra-se praticamente "sem objeto e em vias de extinção, porque são agraváveis as decisões interlocutórias e os despachos, estes últimos, desde que, porque proferidos erradamente, tenham sido capazes de gerar prejuízo. Logo, de fato, o espaço para a correição parcial ou desapareceu ou, pelo menos, ficou bastante reduzido"[385].

5. Embargos de declaração

A par da omissão da Lei nº 1.533/51, são cabíveis embargos declaratórios das decisões proferidas no mandado de segurança[386], em se verificando as hipóteses do artigo 535 da lei processual civil, diante da aplicação subsidiária do sistema recursal do Código de Processo Civil ao mandado de segurança. "Art. 535 do CPC: cabem embargos de declaração quando: I — houver, na sentença ou no acórdão, obscuridade ou contradição; II — for omitido ponto sobre o qual devia pronunciar-se o juiz ou tribunal".

Os embargos serão opostos no prazo de cinco dias, em petição dirigida ao juiz ou relator, com indicação do ponto obscuro, contraditório ou omisso, não estando sujeitos a preparo, quer de decisão interlocutória, sentença ou acórdão.

Os embargos de declaração devem ser interpostos ao juízo que proferiu a decisão embargada, interrompendo o prazo para a interposição de outros recursos, por qualquer das partes.

6. Embargos infringentes

Os autores que sustentam a inadmissibilidade dos embargos infringentes no mandado de segurança afirmam que "a Lei nº 6.014/73 apenas submeteu o recurso de apelação ao mandado de segurança com eficácia restrita, o que equivale dizer, por mero empréstimo ao art. 12 da Lei nº 1.533/51, a qual não trata de recursos supervenientes; e em que, a prevalecer o cabimento dos embargos infringentes, haveria de caber o mesmo recurso nos processos originários dos tribunais, quando a mencionada Lei nº 1.533 não contempla esses processos"[387]. "A Lei nº 6.014 não visa a criar em mandado de segurança recurso até então não existente nele; o procedi-

---

385. THERESA ARRUDA ALVIM WAMBIER, *O novo regime do agravo,* p. 235.
386. HELY LOPES MEIRELLES, *Mandado de segurança, ação popular, ação civil pública, mandado de injunção, "habeas data",* p. 73. HUGO DE BRITO MACHADO, obra citada, pp. 247-50. SÉRGIO FERRAZ, obra citada, p. 191. J. CRETELLA JÚNIOR, obra citada, pp. 275-6. ALFREDO BUZAID, *Do mandado de segurança,* pp. 260-1.
387. J. M. OTHON SIDOU, obra citada, p. 266.

mento do mandado de segurança é totalmente regulado por lei especial, só se lhe aplicando as normas do Código quando a própria lei o determinar, como fez, *v.g.,* a propósito do litisconsórcio, no seu art. 19; a interposição dos embargos tem efeito suspensivo, o que não se coaduna com a executoriedade imediata que caracteriza a sentença concessiva do mandado de segurança"[388].

Além disso, relativamente à matéria, cabe destacar a Súmula 597 do Supremo Tribunal Federal, que preceitua: "Não cabem embargos infringentes do acórdão que, em mandado de segurança, decidiu, por maioria de votos, a apelação".

Em que pese a edição dessa súmula, vários doutrinadores se opuseram ao entendimento nela contido[389]. "Ademais, uma outra forte razão poderia ser aduzida. É que ao se admitir, como já o fizemos, em parte anterior deste trabalho, que mesmo a sentença denegatória de segurança, desde que tenha entrado no mérito, faz coisa julgada, não se pode deixar de, como um corolário necessário dos efeitos jurisdicionais da decisão, admitir que hão de ser cabíveis todos os recursos previstos pelo Código de Processo Civil para garantia das partes. Daí não ser possível entender-se como alguém possa ficar com um direito absolutamente denegado, com força de coisa julgada, sem que tenha podido fazer valer um recurso que, se fora em via de ação ordinária, lhe seria extensível. Essa é a razão pela qual, como um consectário necessário dos efeitos da própria decisão proferida em mandado de segurança, quer-nos parecer que esta há de ser proferida, sempre, ao depois de esgotados os recursos cabíveis para as ações em geral"[390]. "A restrição em referência na verdade não se justifica, posto que a demora decorrente de admitir-se o recurso é incomparavelmente menos maléfica do que a prevalência de uma decisão que bem pode ser resultante de uma ocasional maioria no órgão colegiado, que nem mesmo representa o pensamento deste. Admitindo-se, como tem sido admitido tranqüilamente pela doutrina e pela jurisprudência, a aplicação subsidiária do Código de Processo Civil ao processo do mandado de segurança, não há negar tal aplicação no que pertine aos embargos de divergência. Mesmo em face da jurisprudência contrária ao cabimento dos infringentes em apelação e em remessa oficial em mandado de segurança, a interposição do recurso tem a vantagem de evitar o não conhecimento de recurso especial ao argumento de não se tratar de decisão de última instância"[391].

---

388. CELSO AGRÍCOLA BARBI, *Do mandado de segurança*, pp. 253-4.
389. *Ibidem*, pp. 252-7; SÉRGIO FERRAZ, obra citada, pp. 188-91. ARRUDA ALVIM, "Mandado de segurança", *in Coleção Estudos e pareceres, mandado de segurança e Direito Público*, p. 357.
390. CELSO RIBEIRO BASTOS, *Do mandado de segurança*, pp. 73-5.
391. HUGO DE BRITO MACHADO, obra citada, p. 251.

Essa tendência foi confirmada no Simpósio de Processo Civil, realizado em Curitiba, nos dias 27-30 de outubro de 1975, no qual foram feitas as seguintes declarações: a) cabem embargos infringentes de acórdão que, não unânime, julga apelação em mandado de segurança — por maioria; b) não têm efeito suspensivo os embargos infringentes em processo de mandado de segurança — por maioria (RF 252:26).

Ao contrário, outros autores perfilham o posicionamento da Súmula do Supremo Tribunal Federal e inadmitem os embargos infringentes[392].

Adotamos o entendimento de que são cabíveis os embargos infringentes, porque se o Código de Processo Civil tem aplicação subsidiária à Lei nº 1.533/51, não se justifica o posicionamento de que havendo voto vencido seria incabível esse recurso só por se tratar de ação de mandado de segurança.

7. Recurso ordinário, extraordinário e especial

É cabível recurso ordinário em mandado de segurança que verse apenas direito estadual ou municipal.

Assinala CELSO AGRÍCOLA BARBI[393] que "atualmente como o recurso é contra decisão em instância única de tribunais, é previsível que não surjam questões de direito municipal, porque os mandados de segurança contra autoridade municipal são de competência de Juízes de Direito, e não de Tribunais. Mas serão freqüentes mandados de segurança tendo por objeto questões de direito estadual. Nesse caso, e de acordo com a orientação anterior, que me parece correta, o recurso ordinário será cabível, apesar de não haver questão federal". "É nosso pensamento que essa continua a ser a orientação acertada, até porque a Constituição prevê o remédio no caso de decisão de tribunais locais, perante os quais, de regra, o direito estadual (quando não mesmo o municipal) constitui, predominantemente, o tema a decidir"[394].

Inclusive, já existe decisão, neste sentido, do Superior Tribunal de Justiça, conhecendo de recurso ordinário versando sobre direito local (RMS 1.031, rel. Min. José de Jesus Filho, DJU 7.12.92, p. 23301).

No Superior Tribunal de Justiça, o recurso ordinário é regulado pelos arts. 33 a 35 da Lei nº 8.038, de 28.5.90.

O art. 34 manda aplicar ao recurso ordinário, quanto aos requisitos de admissibilidade e ao procedimento no Tribunal recorrido, as regras do Código de Processo Civil relativas à apelação.

---

392. CARLOS ALBERTO MENEZES DIREITO, obra citada, pp. 135-6. JOSÉ DE MOURA ROCHA, obra citada, p. 265. ALFREDO BUZAID, *Do mandado de segurança*, p. 262.
393. *Do mandado de segurança*, p. 241.
394. SÉRGIO FERRAZ, obra citada, p. 196.

Da mesma forma, o regimento interno do Superior Tribunal de Justiça, de 22.6.89, considerou o recurso ordinário em mandado de segurança como um recurso específico, autônomo, com regras próprias, não se identificando com o recurso de apelação.

CELSO AGRÍCOLA BARBI[395] concluiu que a "Lei nº 8.038 considera o recurso ordinário como espécie autônoma, não se confundindo com o recurso de apelação, apesar de ter regras de procedimento iguais às deste no juízo *a quo*".

A jurisprudência dominante entende que o recurso ordinário deve ser recebido apenas no efeito devolutivo (STJ, AgRg na Pet. 365-2, rel. Min. José Dantas, DJU 17.12.92, p. 24252; STJ, AgRg na Pet. 531-2, rel. Min. Pádua Ribeiro, DJU 13.3.95, p. 5268; STJ, Ag. na MC 133-9, rel. Min. Rosado de Aguiar, DJU 6.3.95, p. 4364; STJ, Pet. 595-9, rel. Min. Fontes de Alencar, DJU 6.6.94, p. 14277; STJ, AgRg na MC 52-9, rel. Min. Fontes de Alencar, DJU 10.10.94, p. 27173; TRF-1ª Região, AgRg no RO-MS 94.01.38061-9 e AgRg no RO-MS 94.01.38065-1, rel. Juiz Leite Soares, DJU 25.9.95, Parte II, p. 64347).

Para o cabimento do recurso ordinário não se faz mister que o venerando acórdão denegatório do mandado de segurança tenha examinado o mérito do *writ*[396]. "Entendemos que o texto constitucional deve ser interpretado como abrangendo toda denegação de mandado de segurança, seja qual for o motivo de denegação"[397]. "Como decisão *denegatória* do mandado de segurança há de ser entendida, a ensejar o recurso ordinário, tanto a que indefere o pedido sem apreciação do mérito da impetração, como a que julga improcedente o pedido. Os dispositivos constitucionais, no caso, não comportam interpretação restritiva"[398].

Essa questão já foi superada pela jurisprudência do Superior Tribunal de Justiça, que se firmou no sentido de admitir o recurso ordinário de qualquer decisão que, apreciando ou não o mérito da impetração, deixe de conceder a segurança. "Constitucional. Mandado de segurança. Recurso ordinário. Cabimento. Qualquer decisão que não seja concessiva de segurança tem caráter denegatório, rendendo ensejo, pois, à interposição de recurso ordinário. Interpretação do art. 105, II, 'b', da Constituição. Inexistência, *in casu*, de direito líquido e certo amparável por mandado de segurança. Recurso conhecido e improvido" (STJ, 6ª Turma, RMS 179-SP, rel. Min. Costa Leite, RSTJ 9, p. 212. No mesmo sentido: STJ, RMS 792-0-MS, rel. Min. Eduardo Ribeiro, RSTJ 51, p. 403; STJ, RMS 1.170-0-ES, rel. Min. César Rocha, RSTJ 46, p. 510).

---

395. *Do mandado de segurança*, pp. 239-40.
396. SÉRGIO FERRAZ, obra citada, p. 196.
397. CELSO AGRÍCOLA BARBI, *Do mandado de segurança*, p. 241.
398. HUGO DE BRITO MACHADO, obra citada, pp. 253-4.

O recurso ordinário não pode ser interposto concomitantemente com o recurso especial e extraordinário, em razão do princípio da singularidade, segundo o qual de cada decisão judicial recorrível é cabível um único tipo de recurso, vedado à parte ou interessado interpor mais de um tipo de recurso contra a mesma decisão.

Segundo a atual Constituição Federal, o recurso extraordinário só é cabível contra decisões finais, isto é, que não comportam mais recursos ordinários nos tribunais inferiores, nas hipóteses do artigo 103, inciso III, da Carta Magna. "As hipóteses de cabimento do recurso extraordinário, tal como acontece com as do recurso especial, são estabelecidas na Constituição Federal, que atribui ao Supremo Tribunal Federal competência para julgar, mediante recurso extraordinário, as causas decididas em única ou última instância, quando a decisão recorrida: a) contrariar dispositivo da própria Constituição; b) declarar a inconstitucionalidade de tratado ou lei federal; c) julgar válida lei ou ato de governo local contestado em face da Constituição Federal"[399].

O recurso especial, por sua vez, é cabível em se verificando qualquer uma das hipóteses do artigo 105, inciso III, da Constituição Federal. "O art. 105, item III, da Constituição Federal atribui ao Superior Tribunal de Justiça competência para julgar, em recurso especial, as causas decididas em única ou última instância, pelos Tribunais Regionais Federais ou pelos Tribunais de Justiça dos Estados, do Distrito Federal e dos Territórios, quando a decisão recorrida: a) contrariar tratado ou lei federal, ou negar-lhes vigência; b) julgar válida lei ou ato de governo local contestado em face de lei federal; c) der à lei federal interpretação divergente da que lhe haja atribuído outro tribunal"[400].

8. Ação rescisória e ação anulatória

Os arts. 485 e 486 do Código de Processo Civil referem-se, respectivamente, à ação rescisória e à ação anulatória. "Art. 485. A sentença de mérito, transitada em julgado, pode ser rescindida quando: I — se verificar que foi dada por prevaricação, concussão ou corrupção do juiz; II — proferida por juiz impedido ou absolutamente incompetente; III — resultar de dolo da parte vencedora em detrimento da parte vencida, ou de colusão entre as partes, a fim de fraudar a lei; IV — ofender a coisa julgada; V — violar literal disposição de lei; VI — se fundar em prova, cuja falsidade tenha sido apurada em processo criminal ou seja provada na própria ação rescisória; VII — depois da sentença, o autor obtiver documento novo, cuja existência ignorava, ou de que não pôde fazer uso, capaz, por si só, de lhe assegurar pronunciamento favorável; VIII — houver fundamento para

---

399. HUGO DE BRITO MACHADO, obra citada, p. 259.
400. *Ibidem*, pp. 255-6.

invalidar confissão, desistência ou transação, em que se baseou a sentença; IX — fundada em erro de fato, resultante de atos ou de documentos da causa. § 1º — Há erro, quando a sentença admitir um fato inexistente, ou quando considerar inexistente um fato efetivamente ocorrido. § 2º — É indispensável, num como noutro caso, que não tenha havido controvérsia, nem pronunciamento judicial sobre o fato." "Art. 486. Os atos judiciais, que não dependem de sentença, ou em que esta for meramente homologatória, podem ser rescindidos, como os atos jurídicos em geral, nos termos da lei civil."

Embora a lei reguladora do mandado de segurança não contenha qualquer previsão especial quanto à possibilidade de impugnação da coisa julgada material, quer através da ação rescisória, quer por meio da ação anulatória, estas não são incompatíveis com a *ratio* do *writ* e podem ser ajuizadas, desde que presentes seus pressupostos.

9. Legitimidade para recorrer

Parte da doutrina entende que a autoridade coatora só tem legitimidade para recorrer como terceiro prejudicado[401]. "O coator é, sim, terceiro prejudicado, porque, na forma da previsão constitucional art. 37, § 6º, pode ter seu patrimônio regressivamente atingido pela Administração Pública, em razão dos encargos que esta tenha de suportar por força de sentença eventualmente deferitória do mandado de segurança: tão-só. Aliás, em razão dessa situação de exposição, deverá também, caso assim prefira o coator, ser ele admitido como assistente da pessoa jurídica recorrente a que ligado, tal como previsto no parágrafo único do art. 50 do Código de Processo Civil"[402]. Contudo, esse posicionamento não pode prevalecer, porque da decisão concessiva do mandado de segurança, sem dúvida, poderá recorrer a pessoa jurídica, que é a titular do direito a que contraposta a ação de segurança (= sujeito passivo).

Dessa forma, a autoridade coatora não possui legitimidade para recorrer, nem como terceiro prejudicado.

O Superior Tribunal de Justiça já decidiu que "o coator é notificado para prestar informações. Prestadas estas, sua intervenção cessa. Não tem ele legitimidade para recorrer da decisão deferitória do *mandamus*. A legitimação cabe ao representante da pessoa jurídica interessada" (RE 97.282-9-PA, DJU de 24.9.82 [RDA 150:162-4]), sendo essa a orientação predominante nos julgados.

---

401. EDUARDO RIBEIRO DE OLIVEIRA, obra citada, p. 290. CARLOS ALBERTO MENEZES DIREITO, obra citada, pp. 140-1.
402. SÉRGIO FERRAZ, obra citada, p. 186.

10. Prazo recursal

O prazo para recorrer da sentença concessiva do mandado de segurança conta-se da publicação desta pela imprensa oficial[403], conforme preceitua a Súmula 392 do Supremo Tribunal Federal. Diz a Súmula: "O prazo para recorrer de acórdão concessivo de segurança conta-se de publicação oficial de suas conclusões e não da anterior ciência à autoridade para cumprimento da decisão".

Nesse sentido, já se manifestou a jurisprudência ao enunciar que "conta-se da intimação da sentença pela imprensa oficial, e não da ciência dada à autoridade coatora, aplicando-se, *a fortiori,* o STF 392" (RJTJSP 62:277).

Diante da aplicação subsidiária do Código de Processo Civil ao mandado de segurança, subsiste o prazo em dobro para recorrer da sentença concessiva do *writ* da pessoa jurídica de direito público[404]. "À Fazenda Pública e ao Ministério Público computa-se em dobro o prazo para recorrer (art. 188), seja qual for o recurso"[405].

---

403. SÉRGIO FERRAZ, obra citada, p. 199.
404. *Ibidem*, p. 200.
405. HUGO DE BRITO MACHADO, obra citada, p. 229.

Capítulo X

Execução no Mandado de Segurança

SUMÁRIO: 1. Execução forçada; 2. Efetivação da sentença concessiva de mandado de segurança: 2.1. Condutas impostas à autoridade coatora; 2.2. Sanções de caráter criminal; 2.3. Multa diária; 2.4. Outras medidas; 2.5. Defesa da autoridade coatora; 2.6. Substituição da autoridade coatora; 3. Execução provisória; 4. Custas e honorários advocatícios.

1. Execução forçada

A execução forçada consiste na prerrogativa do credor de título executivo judicial ou extrajudicial em exigir o cumprimento da prestação através de uma ação dirigida contra o patrimônio do devedor.

Salienta HUMBERTO THEODORO JÚNIOR[406] que "através de execução forçada, o Estado intervém no patrimônio do devedor para tornar efetiva a vontade sancionatória, realizando, à custa do devedor, sem ou até contra a vontade deste, o direito do credor". "Execução forçada é a atividade desenvolvida pelos órgãos judiciários para dar atuação à sanção"[407]. "Execução forçada, isto é, a que se exerce 'sem ou contra a vontade' do devedor. Segundo alguns, os meios utilizáveis são apenas os de 'sub-rogação', isto é, os que fazem alcançar, com o ato jurisdicional, o mesmo que se obteria com a atividade do executado. Para outros, também, os meios de 'coação' são utilizáveis dentro daquele conceito de execução e consistiriam em multas, prisões etc., destinadas a atuar sobre a vontade do executado, compelindo-o, assim, a cumprir a obrigação"[408].

---

406. *Curso de Direito Processual Civil*, v. II, p. 7.
407. ENRICO TULIO LIEBMAN, *Processo de execução*, p. 4.
408. CELSO AGRÍCOLA BARBI, *Do mandado de segurança*, pp. 267-8.

Não se confundem essa execução e o processo de execução, que consiste num "conjunto de atos jurisdicionais materiais concretos de invasão do patrimônio do devedor para satisfazer a obrigação consagrada num título"[409]. "O processo de execução apresenta-se como o conjunto de atos coordenados em juízo tendentes a atingir o fim da execução forçada, qual seja, a satisfação compulsória do direito do credor à custa de bens do devedor. Esse processo, tal como se dá com o de conhecimento, é, em si mesmo, uma relação jurídica continuativa de direito público, que vincula devedor, credor e o Estado na pessoa do juiz ou Tribunal. Trata-se, pois, do continente da atividade executiva em juízo. Por execução forçada, outrossim, considera-se o *conteúdo* do processo de execução, que consiste na *realização*, material e efetiva, da vontade da lei através da função jurisdicional do Estado"[410].

A natureza jurídica da sentença no mandado de segurança é de caráter mandamental, com carga de executoriedade, na medida em que ela deve ser cumprida diante da simples notificação do juiz prolator da decisão, independentemente de caução ou de carta de sentença. "O caráter mandamental dessa sentença traduz-se em que ela contém uma determinação inescusável, à autoridade pública, para a prática do ditame judicialmente posto. É a cominação, em si, que há de ser cumprida, não se admitindo qualquer via subsidiária reparatória ou satisfativa"[411]. "Há no mandado de segurança, de maneira natural e implícita, caráter de executoriedade. Percebe-se isto quando se considera a sua própria denominação e quando se atenta para a sua finalidade: de outra maneira a defesa do direito não estaria assegurada"[412].

A doutrina discute o cabimento[413] ou não[414] da execução forçada no mandado de segurança. "A nosso ver, a razão está com aqueles que não admitem a 'execução forçada' contra o Estado, pois, consistindo esta na substituição da atividade do executado pela do juiz, isto não é possível quando o executado for o Estado. Não merece acolhida o ponto de vista de Castro Nunes, que foge ao conceito geralmente admitido de execução processual. A existência da sanção penal, para o caso de desobediência à ordem judicial, não modifica os termos da questão, pois a pena não é me-

---

409. VICENTE GRECO FILHO, *Direito Processual Civil Brasileiro*, v. III, p. 8.
410. HUMBERTO THEODORO JÚNIOR, *Curso de Direito Processual Civil*, v. II, p. 8.
411. SÉRGIO FERRAZ, obra citada, pp. 175-6.
412. JOSÉ DE MOURA ROCHA, obra citada, p. 271.
413. CASTRO NUNES, obra citada, pp. 318-9.
414. HELY LOPES MEIRELLES, *Mandado de segurança, ação popular, ação civil pública, mandado de injunção, "habeas data"*, pp. 70-2. THEMÍSTOCLES BRANDÃO CAVALCANTI, obra citada, pp. 245-7. J. CRETELLA JÚNIOR, obra citada, pp. 258-9.

dida de ordem processual, mas sim criminal. Evidentemente, a possibilidade de condenação pelo crime de desobediência pode influir no ânimo da autoridade, de forma a não se escusar no cumprimento da ordem judicial, pelo receio da pena, mas isto é coisa diversa da execução forçada processual e não pode ser incluída entre os 'meios de coação' que alguns autores reputam como existentes ao lado dos 'meios de sub-rogação'"[415]. Perfilhamo-nos ao posicionamento de impossibilidade da execução forçada no mandado de segurança, que enseja a aplicação de outras medidas, por exemplo, de caráter penal, para se obter a prestação *in natura*.

Se admitido o mandado de segurança como ação condenatória, não poderia a sentença que o concedeu ser executada sem o correspondente processo de execução. Isto porque "a sentença condenatória declara a sanção aplicável ao caso concreto, mas nada ordena: o fazer, não fazer, dar ou suportar, a que reconhece estar obrigado o devedor, no caso de se manter este inadimplente, necessitará para se tornar, direta ou indiretamente, eficaz, da propositura da ação executória. Ao contrário, a sentença mandamental, além de determinar a sanção, ordena sua efetivação, sob a ameaça de imposição de penas. Mesmo quando veicula sanções invalidativas, não se limita a declarar e a constituir ou a desconstituir: ordena, também, fazer, não fazer, dar ou suportar, porque, tal como a condenatória, é ação de prestação que, diferentemente porém daquela, já traz em sua própria sentença a ordem de efetivação da sanção, não ensejando a propositura de ulterior ação executória"[416].

Nessa mesma linha de raciocínio, temos o posicionamento de TOMÁS PARÁ FILHO, o qual preleciona que no mandado de segurança "não há também execução forçada, pois o cumprimento da sentença é assegurado, direta e imediatamente, por toda uma série de medidas coativas ou de sanções aplicáveis contra a autoridade pública rebelde". "Com efeito, no mandado de segurança há, tão-somente, o cumprimento da sentença, de modo direto, pelo obrigado, não a substituição da atividade deste pela do juiz. O que ocorre é a execução de sentença sob sanções de direito público (sanções penais, penaliformes, político-jurídicas, civis e disciplinares). Todo esse conjunto de elementos compulsivos adstringe a autoridade coatora à observância do decisório. Tudo se resume em que o objeto do mandado de segurança é a defesa contra uma ilegalidade funcional do Poder Público. Para expungir o ato ilegal, ato funcional, ou de poder, o juiz não se pode substituir à autoridade administrativa, mas, sim, exigir o acatamento de sua ordem, sob sanções jurídicas diversas, a partir das de índole criminal. Não há falar em execução forçada, é certo, em tema de mandado de segurança; cuida-se, aqui — isto sim — do cumprimento específico da sentença. Isto

---

415. CELSO AGRÍCOLA BARBI, *Do mandado de segurança*, pp. 268-9.
416. SÉRGIO DE ANDRÉA FERREIRA, obra citada, 22:57-8.

porque, no mandado de segurança, o direito é assegurado em seu próprio exercício, e não pela forma oblíqua ou sucedânea do equivalente econômico. A rebeldia do coator não obsta a execução específica, e as sanções a que ele fica sujeito visam a constrangê-lo ou compeli-lo ao desfazimento do ato ilegal ou de seus efeitos"[417].

A Súmula 271 do Supremo Tribunal Federal dispõe que "concessão de mandado de segurança não produz efeitos patrimoniais em relação a período pretérito, os quais devem ser reclamados administrativamente ou pela via judicial própria". "Quando a súmula diz: 'não produz efeitos patrimoniais em relação a período pretérito', esses mesmos efeitos são cabíveis quando se tratar de período futuro, ou seja, após a impetração do mandado de segurança. Em resumo, o mandado não produz efeitos patrimoniais quando: a) estes tiverem um caráter substitutivo ou reparador; b) quando se referirem a períodos anteriores à impetração; e c) quando não ficar demonstrado que eles se encontram indissoluvelmente vinculados a outro direito violado ou ameaçado que não seja o de mero crédito"[418].

Contudo, com o advento da Lei nº 5.021, de 9.6.66, que disciplinou o pagamento de vencimentos e vantagens pecuniárias asseguradas a servidor público civil, em sentença concessiva de mandado de segurança, essa Súmula sofreu alteração, porque a cobrança dessas prestações é devida nos próprios autos do *writ*. "Uma vez concedida a segurança (e passada em julgado), o pagamento de vencimentos e vantagens pecuniárias aos servidores públicos somente será efetuado em relação às prestações que se vencerem a contar da data do ajuizamento do pedido inicial. Isto significa que a cobrança dessas prestações é factível nos próprios autos do mandado de segurança como conseqüência direta de sua concessão"[419]. "O pagamento de vencimentos e vantagens de servidores públicos, reconhecidos devidos no *writ* (e que, nos autos, só poderão ser cobrados a partir do ajuizamento), será objeto de liquidação em execução e processado por meio de precatório. Aos demais tipos de crédito, de qualquer natureza ou origem, continua a ser aplicada a Súmula 271"[420]. "Mesmo após o advento da Lei nº 5.021, de 9.6.66, os atrasados, a que se refere o § 3º de seu art. 1º, sobre a liquidação, por cálculo, da sentença, não compreendem as prestações vencidas anteriormente ao ajuizamento do pedido, senão, unicamente, as vencidas entre a impetração e a concessão do mandado de segurança. E, como expressamente dispõe a Lei nº 5.021, a sentença que implicar pagamento de atrasados está subordinada ao regime dos precatórios, atualmente previsto no artigo 100 da Constituição Federal" (RTJ 135:264).

---

417. "Execução no mandado de segurança", *in RT* 418:44-5.
418. CELSO RIBEIRO BASTOS, *Do mandado de segurança*, p 18.
419. TOMÁS PARÁ FILHO, obra citada, 418:46.
420. SÉRGIO FERRAZ, obra citada, p. 178.

O mandado de segurança é regido por lei especial e quando esta não exaurir determinada matéria, deixando lacunas, estas devem ser preenchidas com a aplicação subsidiária do Código de Processo Civil. Todavia, no que se refere à execução do mandado de segurança, não se há falar em aplicação subsidiária do Livro II da lei adjetiva civil, porque aquele, conforme já ressaltado, não admite execução forçada. "Na execução forçada ocorre atividade de coerção sobre o obrigado, por força do qual o juiz coloca o patrimônio do devedor a serviço da obrigação, nos limites do comando contido na sentença. A atividade do juiz substitui-se à obrigação e a prestação se faz independentemente da vontade do devedor. Essa sucinta idéia de execução forçada exprime a impossibilidade de seu emprego contra o Estado, porque os bens públicos têm peculiar inalienabilidade, que acarreta a sua impenhorabilidade, daí advindo a impossibilidade de execução forçada"[421].

Em contrapartida, SEABRA FAGUNDES admite, em casos excepcionais, a execução forçada contra o Estado, quando este é condenado como devedor de crédito, com garantia real, pignoratícia, ou hipotecária. "Uma vez que o Estado aquiesce em firmar penhor, ou hipoteca, em benefício de credor seu, abre mão, ao fazê-lo, da inalienabilidade reconhecida aos seus bens"[422].

Entretanto, a razão parece estar com os autores que sustentam a inadmissibilidade de execução forçada contra o Estado.

2. Efetivação da sentença concessiva de mandado de segurança

2.1. Condutas impostas à autoridade coatora

As condutas impostas à autoridade coatora poderão ter o caráter de fazer, não-fazer ou dar, nos exatos termos do pedido do impetrante, que fixa os limites dos efeitos da sentença[423]. "A pretexto de desempenhar sua atividade, a Administração Pública pode violar os chamados direitos públicos subjetivos, por ação ou por omissão. A tutela jurisdicional desses direitos visa precisamente à prestação devida (dar, fazer ou não-fazer) e à conseqüente reparação do dano"[424].

No mesmo sentido, salienta SÉRGIO DE ANDRÉA FERREIRA[425] que "sendo o mandado de segurança essencialmente uma ação de prestação, o provimento que o autor pede ao juiz é que este mande ou ordene que a autoridade coatora dê, faça, suporte ou tolere".

---

421. TOMÁS PARÁ FILHO, obra citada, 418:43.
422. Obra citada, p. 222.
423. ALFREDO BUZAID, *Do mandado de segurança*, p. 272.
424. TOMÁS PARÁ FILHO, obra citada, 418:43.
425. Obra citada, 22:65.

Preleciona TOMÁS PARÁ FILHO[426] que "no mandado de segurança há, tão-somente, o cumprimento da sentença, de modo direto, pelo obrigado, não a substituição da atividade deste pela do juiz. O que ocorre é execução de sentença sob sanções de direito público (sanções penais, penaliformes, político-jurídicas, civis e disciplinares). Todo esse conjunto de elementos compulsivos adstringe a autoridade coatora à observância do decisório. Tudo se resume em que o objeto do mandado de segurança é a defesa contra uma ilegalidade funcional do Poder Público. Para expungir o ato ilegal, ato funcional, ou de poder, o juiz não se pode substituir à autoridade administrativa, mas, sim, exigir o acatamento de sua ordem, sob sanções jurídicas diversas, a partir das de índole criminal".

O mandado de segurança "é um remédio que visa a defesa dos direitos individuais ou funcionais contra atos administrativos, mediante a execução específica ou *in natura* da decisão judicial"[427]. Nesse passo, a Administração Pública pode ser condenada em obrigação de fazer infungível.

A questão que surge é na hipótese de seu inadimplemento. O inadimplemento de obrigação de fazer infungível no mandado de segurança dá ensejo à reparação pecuniária. "As obrigações de fazer de caráter infungível não são objeto de execução específica, dando lugar, no caso de inadimplemento do obrigado, ao nascimento da obrigação secundária de reparação por perdas e danos. Chiovenda esclarece, entretanto, que 'o ato de vontade pode ser infungível como o pode todo fazer humano. Mas o fazer, e assim também a vontade, dir-se-á juridicamente fungível, quando o resultado prático do fazer, ou o efeito jurídico do querer, se puder conseguir mediante uma atividade diversa da do obrigado'"[428].

2.2. Sanções de caráter criminal

É importante asseverar com CELSO AGRÍCOLA BARBI[429] que "o direito brasileiro evoluiu no sentido de não permitir que a Administração escolha entre praticar o ato e indenizar o dano causado: a Administração tem de cumprir a ordem ou decisão judicial em forma 'específica', e não pela forma 'reparatória'. Isto é princípio geral, relativo às ações processadas por qualquer rito e não apenas às processadas na forma de mandado de segurança. Apesar de já se haver afirmado que o mandado de segurança não comporta execução 'forçada', isto não exclui, todavia, a existência de uma série de medidas tendentes a tornar efetivo o direito reconhecido na sentença. Essas medidas constituem também execução, mas em 'sentido amplo', e visam a conseguir o cumprimento específico da decisão pelo Poder Público".

---

426. Obra citada, 418:44.
427. ARNOLDO WALD, obra citada, p. 113.
428. SÉRGIO DE ANDRÉA FERREIRA, obra citada, 22:55.
429. *Do mandado de segurança*, pp. 275-6.

Como o mandado de segurança objetiva obter a execução específica, nem sempre a ameaça de prisão, a teor de desobediência, é suficiente para ensejar a efetivação da sentença concessiva do mandado de segurança.

A doutrina é unânime em afirmar que os tipos penais são insuficientes (especificamente, o delito de desobediência) para compelir a autoridade coatora ao cumprimento de decisões judiciais, especialmente aquelas proferidas em sede de mandado de segurança. "É certo que já se sustentou não haver no Código Penal dispositivo algum em que se pudesse capitular a desobediência às sentenças por parte dos agentes do Poder Público. Talvez porque no capítulo 'Dos Crimes contra a Administração da Justiça' nenhuma figura criminal existe que suporte o enquadramento da desobediência às sentenças. Mas no próprio Código Penal vamos encontrar, capitulado como crime, o retardamento ou omissão 'na prática de ato de ofício, contra disposição de lei e por interesse ou sentimento pessoal, figura que se ajuste a recusa ou obstáculo opostos ao cumprimento de sentença. Com efeito. Se quando a sentença é comunicada ao coator a ele cabe praticar, como atos do seu ofício, aqueles destinados a lhe dar execução, desde que o não faz (e as suas razões para tal só podem ser as de algum interesse ou sentimento pessoal, pois as sentenças não se discutem em seu teor), está ele prevaricando, isto é, infringindo um texto da lei penal. Não se refere o Código à desobediência a sentenças, mas alude, com o mesmo resultado, à omissão de atos de ofício, entre os quais se terão de incluir os que visam ao cumprimento delas'"[430].

Outrossim, a autoridade coatora amparada por *habeas corpus* preventivo ficaria imune à sanção penal. Neste passo, devem ser empregados meios complementares para a execução, como "fixar prazos, ainda que não constantes de lei, expedir ordem de reintegração, ou ordem que valha pela declaração de vontade, ordem de entrega de documentos etc."[431].

Na prática, surgindo obstáculos para a execução da sentença concessiva do mandado de segurança, devem ser aplicadas as medidas previstas no § 5º do art. 461 do Código de Processo Civil. "O alvo dessas medidas continua sendo a efetivação da tutela específica ou a obtenção do resultado prático equivalente, que são as *medidas-fins*; as medidas tendentes a tornar possível esse resultado, elencadas de forma exemplificativa no parágrafo, são meras *medidas-meio*. A requisição de força policial, para garantir o cumprimento das ordens judiciais, já vinha prevista nos arts. 579, 662 e 825, parágrafo único"[432].

---

430. SEABRA FAGUNDES, obra citada, nota 10, p. 341.
431. CELSO AGRÍCOLA BARBI, *Do mandado de segurança*, p. 277.
432. J. E. CARREIRA ALVIM, *Ação monitória e temas polêmicos da reforma processual*, p. 223.

2.3. Multa diária

Sem dúvida, aplica-se ao mandado de segurança o meio indireto de coerção consistente em multa diária para o caso de descumprimento do mandado, que objetiva a prestação *in natura* e não o seu sucedâneo patrimonial.

Por outras palavras, é cabível a imposição de multa diária, diante do fato de a execução ser específica e não reparatória, nos mesmos termos do art. 461 do Código de Processo Civil, com a redação dada pela Lei nº 8.952, de 13 de dezembro de 1994. "Para reforçar a coerção legal sobre o ânimo da autoridade pública rebelde ao cumprimento da ordem judicial, parece conveniente prover, o juiz, do poder de aplicar multas razoáveis em relação à injustificada demora no acatamento de sua ordem, pelas quais responderiam a autoridade rebelde e a Fazenda Pública, sem prejuízo de ficar sujeito, o coator, à responsabilidade que couber, consoante o exposto"[433]. "A fixação em valor elevado ocorre justamente porque a multa tem a finalidade de compelir o devedor a cumprir a obrigação na forma específica e inibi-lo de negar-se a cumpri-la. Essa multa não é pena, mas providência inibitória. Daí por que pode e deve ser fixada em valor elevado"[434].

2.4. Outras medidas

Não cumprido o mandado nos *writs* direcionados à liberação de mercadorias apreendidas, viável será a sua busca e apreensão, se a autoridade coatora, beneficiada por *habeas corpus* renitir em a manter apreendida, como medida de apoio, visando à prestação *in natura*.

É importante salientar que a disciplina relativa à execução indireta, em nossa legislação pátria, apesar das recentes alterações, ainda é inconsistente, porque os nossos Tribunais são tímidos no emprego de medidas que visem a efetiva tutela específica.

2.5. Defesa da autoridade coatora

A autoridade coatora, com a finalidade de obstar a efetivação da segurança já concedida, utiliza-se das seguintes defesas: a) exigência de prestação de caução, nos termos do art. 588, I, do Código de Processo Civil e b) pedido de suspensão de execução provisória, nos termos do art. 4º da Lei nº 4.348/64 (grave lesão à ordem, à saúde, à segurança e à economia públicas).

2.6. Substituição da autoridade coatora

Havendo substituição física da autoridade coatora (remoção ou substituição do ocupante do cargo) pode ser o substituído ou novo ocupante

---

433. TOMÁS PARÁ FILHO, obra citada, 418:46.
434. NELSON NERY JÚNIOR, *Atualidades sobre o processo civil*, p. 120.

do cargo compelido ao cumprimento da decisão concessiva do mandado de segurança.

Essa questão sensibilizou alguns legisladores e, neste sentido, a bancada do Rio Grande do Norte na Câmara Federal, tendo à frente o Deputado JOSÉ FERREIRA DE SOUZA, apresentou emenda ao projeto da Lei nº 191, na qual constava que "nenhuma autoridade, sob fundamento algum, deixará de cumprir o mandado de segurança contra ela expedido, ou de fazer quanto lhe determine o juiz para a execução do mesmo, importando a desobediência deste preceito em ser chamado a cumprir o Mandado o substituto legal da autoridade desobediente; se esse substituto não der cumprimento às ordens judiciais, incorrerá na pena de demissão, que lhe será aplicada mediante o processo legal"[435].

3. Execução provisória

O parágrafo único do art. 12 da Lei nº 1.533/51 dispõe que "a sentença, que conceder o mandado, fica sujeita ao duplo grau de jurisdição, podendo, entretanto, ser executada provisoriamente".

Diante desse dispositivo legal, pendente recurso com efeito meramente devolutivo da sentença ou acórdão que concedeu a segurança, cabe a execução provisória. "Com isso, tornou inequívoca a sujeição dessa execução em mandado de segurança às normas do Código relativas à execução provisória e que são as constantes do art. 588. Segundo ele, a execução provisória da sentença far-se-á do mesmo modo que a definitiva, observados os seguintes princípios: I — corre por conta e responsabilidade do credor, que prestará caução, obrigando-se a reparar os danos causados ao devedor; II — não abrange os atos que importem alienação do domínio, nem permite, sem caução idônea, o levantamento de depósito em dinheiro; III — fica sem efeito, sobrevindo sentença que modifique ou anule a que foi objeto da execução, restituindo-se as coisas no estado anterior"[436]. HELY LOPES MEIRELLES admite a execução provisória; contudo, entende pela desnecessidade de caução e carta de sentença: "a *execução provisória* foi estendida à sentença concessiva da segurança pela Lei 6.071, de 3.7.74, mas daí não se conclua que essa provisoriedade exija a caução e a carta de sentença referidas no art. 588 do CPC. E assim já se decidiu. Pois se a liminar é executada independentemente desses requisitos, ilógico seria exigi-los para execução da decisão do mérito, ainda que sujeita a recurso"[437]. J. CRETELLA JÚNIOR admite a execução provisória e ressalva as seguintes hipóteses: "quando se tratar de sentença visando à a) concessão de

---

435. JORGE SALOMÃO, obra citada, p. 59.
436. CELSO AGRÍCOLA BARBI, *Do mandado de segurança*, p. 281.
437. *Mandado de segurança, ação popular, ação civil pública, mandado de injunção, "habeas data"*, p. 71.

aumento de vantagens, b) extensão de vantagens, c) reclassificação de servidores públicos, d) equiparação de servidores públicos, a sentença não pode ser executada provisoriamente (Lei nº 4.348, de 26.6.1964, art. 7º), cumprindo ainda observar que, nessas hipóteses, também a liminar não será concedida (mesma lei, art. 5º)"[438].

O art. 5º da Lei nº 4.348/64 dispõe que "não será concedida a medida liminar de mandados de segurança impetrados visando à reclassificação ou equiparação de servidores públicos, ou à concessão de aumento ou extensão de vantagens. Parágrafo único. Os mandados de segurança a que se refere este artigo serão executados depois de transitada em julgado a respectiva sentença".

Para alguns autores, o referido dispositivo é inconstitucional[439]. "*O efeito dos recursos* em mandado de segurança é somente o *devolutivo,* porque o *suspensivo* seria contrário ao caráter urgente e auto-executório da decisão mandamental. A essa regra a Lei 4.348/64 abriu exceção, que se nos afigura inconstitucional, para os recursos contra decisões concessivas de reclassificação ou equiparação de servidores públicos, vencimentos e vantagens, casos em que impõe o efeito suspensivo (arts. 5º e 7º)"[440].

Não se harmoniza com a Constituição Federal o disposto na súmula 271 da jurisprudência do STF, que, calcada no art. 1º da Lei nº 5.021/66, somente autoriza a execução das prestações relativas a vencimentos e vantagens pecuniárias asseguradas em sentença concessiva do mandado de segurança que se vencerem após sua impetração.

A respeito do assunto, preleciona SÉRGIO DE ANDRÉA FERREIRA[441] que "julgado procedente o mandado de segurança, e reconhecido a servidor público direito de que decorra o pagamento, em seu favor, de vencimentos, salários e vantagens pecuniárias, a ordem, o mandamento contido na sentença concessiva e transmitido à autoridade coatora determina que tal pagamento abranja não só as prestações que, doravante, se vencerem, como também as que se vencerem a contar da data do ajuizamento da inicial. Tal disposição não fere o estatuído pelo art. 117 da Constituição Federal (atual art. 100). Em primeiro lugar, porque o procedimento neste previsto diz respeito à execução por quantia certa da sentença condenatória, e não mandamental, como o é a prolatada no julgamento da segurança, que obriga um cumprimento 'in natura', imediato, sem possibilidade de oposição de embargos, nem de qualquer manifestação de recalcitrância". No mesmo sentido é o entendimento de TOMÁS PARÁ

---

438. Obra citada, p. 270.
439. CELSO AGRÍCOLA BARBI, *Do mandado de segurança*, pp. 246-7.
440. HELY LOPES MEIRELLES, *Mandado de segurança, ação popular, ação civil pública, mandado de injunção, "habeas data"*, p. 74.
441. Obra citada, 22:71.

FILHO: "Uma vez concedida a segurança (e passada em julgado), o pagamento de vencimentos e vantagens pecuniárias aos servidores públicos somente será efetuado em relação às prestações que se vencerem a contar da data do ajuizamento do pedido inicial. Isto significa que a cobrança dessas prestações é factível nos próprios autos do mandado de segurança como conseqüência direta de sua concessão. Quando, porém, a sentença concessiva implicar pagamento de atrasados, caberá a liquidação nos termos dos arts. 906 a 908 do CPC, observado ainda o art. 117 e parágrafos da Constituição (atual art. 100). Com isto, em vez de adstrito a mover ação ordinária para obter tais efeitos patrimoniais, o funcionário promoverá, desde logo, a competente execução. Como a sentença de segurança relativamente àquela ação ordinária vale como coisa julgada, pode-se perceber não somente o acerto, mas também o alcance da inovação. Simplificou-se o cumprimento das sentenças concessivas de mandado de segurança no que toca a vantagens pecuniárias de funcionários públicos. E é de se almejar se estenda os princípios a outras hipóteses de igual ou equivalente significado, pois a lei deve ter, quanto possível, sentido harmônico ou integral"[442].

Se inviável essa execução, a decisão concessiva do mandado de segurança não consubstanciaria sentença meramente declaratória, fazendo coisa julgada a respeito da existência do crédito e carecendo de ação condenatória específica para ensejar a cobrança de tais atrasados. Isto se verifica porque "no mandado de segurança, a ordem é expressamente emitida na sentença, como parte integrante e indispensável desta"[443]. "Quando se tratar de vencimentos e vantagens vinculados à sentença concessiva do mandado, o art. 1º da Lei nº 5.021, de 9.6.66, dispõe que o pagamento dessas parcelas somente será efetuado relativamente às prestações que se venceram, a contar da data do ajuizamento da ação. Se houver prestações anteriores àquela data, diz o § 3º do citado artigo que a sentença valerá como título executivo delas, sujeitas a liquidação por cálculo do contador, na forma dos arts. 603 a 605 do Código de Processo Civil; e a cobrança do que for liquidado será feita na forma do art. 730 do aludido Código e do art. 177 da Constituição Federal (atual art. 100)"[444].

A Lei nº 8.898/94 suprimiu a liquidação por cálculo do contador e transferiu essa atribuição ao credor, "o qual deverá apresentar planilha demonstrativa do valor do débito, com todos os cálculos e critérios utilizados na elaboração do cálculo, para que possa ser objeto de análise pelo devedor"[445].

---

442. Obra citada, 418:46.
443. JORGE SALOMÃO, obra citada, p. 49.
444. CELSO AGRÍCOLA BARBI, *Do mandado de segurança*, p. 222.
445. NELSON NERY JÚNIOR, *Atualidades sobre o processo civil*, p. 204.

Salienta CÂNDIDO RANGEL DINAMARCO[446] que "não existe lugar para discussões ou homologações de conta no processo executivo assim instaurado. Eventuais discussões sobre o valor do crédito poderão ter espaço nos *embargos* que o executado vier a opor: ao sustentar que o exeqüente está a exigir mais do que o devido, ele estará fundamentando seus embargos em *excesso de execução*, que o inc. V do art. 741 define expressamente como motivo para embargar".

Não se observa qualquer incompatibilidade na utilização da nova sistemática do Código de Processo Civil, introduzida pela Lei nº 8.898/94, e a execução em face da Fazenda, porque esta será citada para, querendo, opor embargos, podendo deduzir toda matéria de impugnação. "A eliminação da liquidação por cálculos estende-se à execução contra a Fazenda Pública. A menção ao artigo 652 do CPC, relativo à execução por quantia certa contra devedor solvente, é exemplificativa, à míngua de dispositivo a consignar a existência de liquidação judicial por cálculo. Ademais, o procedimento executivo regulado pelos arts. 730 e ss. do CPC também diz respeito à cobrança de valor certo e determinado, justificando-se as peculiaridades de seu *iter* em função da impenhorabilidade dos bens e rendas públicas. Portanto, o art. 604 do CPC, no seu atual texto, é aplicável à execução disciplinada pelo art. 730 do CPC, devendo a Fazenda Pública executada utilizar-se dos embargos se quiser contraditar a postura unilateral do exeqüente"[447].

O *caput* do art. 100 da Constituição Federal prescreve que "à exceção dos créditos de natureza alimentícia, os pagamentos devidos pela Fazenda Federal, Estadual ou Municipal, em virtude de sentença judiciária, far-se-ão exclusivamente na ordem cronológica de apresentação dos precatórios e à conta dos créditos respectivos, proibida a designação de casos ou de pessoas nas dotações orçamentárias e nos créditos adicionais abertos para este fim".

A exceção prevista pela referida norma constitucional não dispensa a inclusão dos créditos alimentares em precatórios judiciais, consoante entendimento doutrinário pacífico sobre o tema. Há duas ordens para os precatórios judiciais: a) a ordem geral, ordinária e b) a ordem especial, da qual se incluem os de natureza alimentar.

O Supremo Tribunal Federal, na ADIn 47, interpretando o artigo 100 da Constituição Federal, firmou o entendimento de que "os créditos de natureza alimentícia, ali referidos, também devem ser objeto de precatórios, para efeito de inclusão no orçamento das entidades (devedoras) de direito público, submetendo-se, porém, tais créditos à ordem cro-

---

446. *A reforma do Código de Processo Civil*, p. 267.
447. EDILSON PEREIRA NOBRE JÚNIOR, "O novo perfil da liquidação da sentença", *in RT* 707:16.

nológica específica, não à ordem geral dos demais créditos" (STF, 1ª Turma, RE 169575-7, rel. Min. Sydney Sanches, j. em 6.12.94, DJU 10.8.94, p. 23587).

Há responsabilidade objetiva por perdas e danos, se efetivada a sentença concessiva da segurança e posteriormente provido o recurso ou reexame necessário, com a incidência, por analogia, do art. 574 do Código de Processo Civil, que diz: "O credor ressarcirá ao devedor os danos que este sofreu, quando a sentença, passada em julgado, declarar inexistente, no todo ou em parte, a obrigação que deu lugar à execução".

Ao contrário, temos o posicionamento — com o qual não concordamos — no sentido de que não há se falar em risco do impetrante por ocasião da execução provisória. "A execução da sentença concessiva de segurança se faz independentemente de requerimento do impetrante, mas por imperativo legal. Do escorço histórico a que se procedeu, em torno do tratamento legal dado à questão e do exame sistemático da Lei nº 1.533, em vigor, resulta evidente que a execução da sentença concessiva de segurança se faz, *ex vi legis*, tão logo o juiz a profira. Para que se expeça o ofício, ordenando a suspensão do ato impugnado, em cumprimento à sentença concessiva da segurança, não se impõe ao impetrante nenhuma condição, nem a rigor, se tem de aguardar por sua iniciativa; apenas se lhe faculta a escolha do veículo porque a ordem será transmitida à autoridade coatora (Lei nº 1.533, art. 11). Não há por que cogitar-se, por conseguinte, de um risco que o impetrante nem sequer provoca. O que se verifica, em verdade, uma vez feita a expedição do ofício que serve de instrumento à segurança, é que, por meio dele, o órgão jurisdicional se desincumbe de um dever que a lei lhe impõe. Para o impetrante, esse ato não representa uma faculdade especial, senão a outorga de uma garantia. A execução provisória, em tal perspectiva, se apresenta como a via natural para a realização da prestação jurisdicional. A solução para a preservação dos interesses da entidade pública poderia ser encontrada no poder de que o Código de Processo Civil arma o juiz para mandar que a execução se faça pelo modo menos gravoso para o devedor (art. 620), o que autoriza o magistrado a determinar o depósito de quantias devidas ao impetrante em conta especial, à ordem do juízo, com correção monetária e juros, de forma que o montante somente seja liberado após o trânsito em julgado da sentença. Essa seria, a nosso ver, a solução adequada e que estaria em consonância com o princípio da igualdade de tratamento às partes (CPC, art. 125, I), pondo assim a salvo os pagamentos efetuados pela entidade pública, na pendência do recurso"[448].

---

448. PAULO ROBERTO DE GOUVÊA MEDINA, *Mandado de segurança e de injunção*, coord.: Sálvio de Figueiredo Teixeira, pp. 270-1.

4. Custas e honorários advocatícios

As custas significam receitas para custeio da atividade estatal, não se podendo, por tal fato, dar à sentença natureza condenatória.

Uma vez cumprida a ordem judicial, exaure-se o conteúdo mandamental da sentença, ficando apenas o seu efeito condenatório, relativo ao pagamento de custas e honorários advocatícios. "Ainda que se admitisse o fato de que a classificação das sentenças é feita levando-se em conta a eficácia predominante, ou seja, que uma sentença, embora constitutiva, possa ter certo conteúdo condenatório, e, pois, exeqüível, mesmo assim não encontramos, na presente hipótese, nem na sentença, nem no acórdão que a revogou, um mínimo de *carga condenatória* susceptível de execução forçada, salvo a implícita condenação nas custas"[449]. "A nossa posição é no sentido de que o mandado de segurança se submete ao princípio da sucumbência. A razão é que embora a Lei nº 1.533 alije o Código de Processo Civil, nas matérias por ela reguladas, nela nada consta acerca de honorários advocatícios, pelo que se tem que necessariamente aplicar à espécie as leis genéricas do processo civil"[450].

---

449. PAULO ROBERTO DE GOUVÊA MEDINA, *Mandados de segurança e de injunção*, coord.: Sálvio de Figueiredo Teixeira, p. 70.
450. CELSO RIBEIRO BASTOS, *Do mandado de segurança*, pp. 20-1.

Capítulo XI

Mandado de Segurança Coletivo

SUMÁRIO: 1. Generalidades; 2. Significado da expressão "interesses" contida no nº II do inciso LXX do artigo 5º da Constituição Federal; 3. Objeto; 4. Legitimidade ativa: 4.1. Natureza jurídica; 4.2. Partido político; 4.3. Organização sindical, entidade de classe ou associação; 4.4. Ministério Público; 4.5. Litisconsórcio ativo; 4.6. Assistência; 5. Coisa julgada; 6. Litispendência; 7. Prazo; 8. Competência; 9. Petição inicial; 10. Liminar; 11. Execução.

1. Generalidades

A ligação entre o mandado de segurança individual e o coletivo é evidente, sendo certo que o constituinte deixou de definir os contornos deste último, porque já o fizera em relação ao primeiro no inciso LXIX do artigo 5º da Constituição Federal. "Na análise do *mandado de segurança coletivo*, a primeira afirmação, embora possa parecer um truísmo, é de que não estamos frente a um novo instituto jurídico, mas sim a Constituição veio, apenas, ampliar o elenco das pessoas capacitadas ao ajuizamento da garantia mandamental, para tanto utilizando a técnica da *substituição processual*. Assim, no pólo ativo da relação processual não irá figurar somente a pessoa cujo direito subjetivo tenha sido, ou se afirma que o foi, violado por ato ilegal ou praticado com abuso de poder, por autoridade pública ou por agente de pessoa jurídica no exercício de atribuição do Poder Público, mas poderá figurar também 'a organização sindical, entidade de classe ou associação legalmente constituída e em funcionamento há pelo menos um ano, em defesa dos interesses de seus membros ou associados', assim como 'partido político com representação no Congresso Nacional' (Constituição Federal, art. 5º, LXIX e LXX)"[451].

---

451. ATHOS GUSMÃO CARNEIRO, "Aspectos do mandado de segurança coletivo", *in Direito & Justiça*, p. 4.

Ao mandado de segurança coletivo aplicam-se os dispositivos da Lei nº 1.533/51 (Lei do mandado de segurança), no que se refere às generalidades do instituto, tais como as condições da ação (direito líquido e certo e o ato ilegal ou abusivo da autoridade) e disposições procedimentais[452], como, por exemplo, o rito[453].

O mandado de segurança coletivo difere do mandado de segurança individual no que respeita à legitimação ativa, coisa julgada e quanto à concessão da liminar (art. 2º da Lei nº 8.437/92). Diz o art.: "A liminar será concedida quando cabível, após a audiência do representante judicial da pessoa de direito público, que deverá se pronunciar no prazo de setenta e duas horas".

São incompatíveis com o mandado de segurança coletivo os dispositivos contidos nos arts. 1ª, § 2º; 3º; 5º e 7º, II, da Lei nº 1.533/51.

Art. 1ª, § 2º, da Lei nº 1.533/51: "Quando o direito ameaçado ou violado couber a várias pessoas, qualquer delas poderá requerer o mandado de segurança".

Art. 3º da Lei nº 1.533/51: "O titular de direito líquido e certo decorrente de direito, em condições idênticas, de terceiro, poderá impetrar mandado de segurança a favor do direito originário, se o seu titular não o fizer, em prazo razoável, apesar de para isso notificado judicialmente".

Art. 5º da Lei nº 1.533/51: "Não se dará mandado de segurança quando se tratar: I — de ato de que caiba recurso administrativo com efeito suspensivo, independente de caução; II — de despacho ou decisão judicial, quando haja recurso previsto nas leis processuais ou possa ser modificado por via de correição; III — de ato disciplinar, salvo quando praticado por autoridade incompetente ou com inobservância de formalidade essencial".

Art. 7ª, II, da Lei nº 1.533/51: "Ao despachar a inicial, o juiz ordenará: ... II — que se suspenda o ato que deu motivo ao pedido, quando for relevante o fundamento e do ato impugnado puder resultar a ineficácia da medida, caso seja deferida".

Os arts. 1ª, § 2º, e 3º da Lei nº 1.533/51 não se harmonizam com o mandado de segurança coletivo, porque neste é vedada a defesa dos interesses pelos indivíduos.

As limitações do art. 5º da Lei nº 1.533/51 são próprias do mandado de segurança individual.

A liminar no mandado de segurança coletivo não será concedida *inaudita altera pars*, diante o disposto no artigo 2º da Lei nº 8.437/92. "A liminar, neste tipo de mandado, ganha uma maior dimensão na medida

---

452. LOURIVAL GONÇALVES DE OLIVEIRA, "Interesse processual e mandado de segurança coletivo", in *Mandados de segurança e de injunção*, coord.: Sálvio de Figueiredo Teixeira, p. 140.
453. UADI LAMMÊGO BULOS, *Mandado de segurança coletivo*, p. 68.

em que, ao evitar a ineficácia da prestação jurisdicional obtida através da sentença, estará evitando, ao mesmo tempo, a lesão ao direito de vários indivíduos"[454].

2. Significado da expressão "interesses" contida no nº II do inciso LXX do artigo 5º da Constituição Federal

O preceito constitucional do mandado de segurança coletivo, quando se refere à "defesa dos interesses de seus membros ou associados" (art. 5º, LXX, "b") quer dizer interesse coletivo *lato sensu* dessas entidades e não direito líquido e certo, que já é seu pressuposto.

ADA PELLEGRINI GRINOVER[455] ressalta que "a locução parece restritiva, à primeira vista, levando eventualmente a ser interpretada no sentido de que os interesses visados são apenas os coletivos e os individuais homogêneos. Mas a interpretação que restringisse o objeto da segurança coletiva aos interesses dos membros da categoria fugiria ao critério da maior amplitude do instrumento potenciado. E ainda, a adotar-se essa posição, chegaríamos à conclusão de que o dispositivo é supérfluo, absorvido como ficaria, para os sindicatos, pelo disposto no art. 8º, III, e, para as entidades associativas, pelo inc. XXI do art. 5º".

3. Objeto

A doutrina diverge quanto aos interesses/direitos (difusos, coletivos e individuais homogêneos) tuteláveis pelo mandado de segurança coletivo. UADI LAMMÊGO BULOS[456], JOSÉ ROGÉRIO CRUZ E TUCCI[457], CARLOS MÁRIO DA SILVA VELLOSO[458] e ERNANE FIDÉLIS DOS SANTOS[459], entre outros, entendem que o mandado de segurança coletivo não pode tutelar interesses difusos.

De outra parte, ADA PELLEGRINI GRINOVER[460], NELSON NERY JÚNIOR[461], LOURIVAL GONÇALVES DE OLIVEIRA[462],

---

454. BETINA RIZZATTO LARA, obra citada, p. 155.
455. "Mandado de segurança coletivo: legitimação e objeto", *in RDP* 93:21.
456. Obra citada, p. 64.
457. *"Class action" e mandado de segurança coletivo*, pp. 40-1.
458. "Do mandado de segurança e institutos a ins na onstituição de 1988", *in Mandados de segurança e de injunção*, coord.: Sálvio de Figueiredo Teixeira, p. 97.
459. "Mandado de segurança individual e coletivo (legitimação e interesse)", *in Mandados de segurança e de injunção*, coord.: Sálvio de Figueiredo Teixeira, p. 132.
460. "Mandado de segurança coletivo: legitimação, objeto e coisa julgada", *in Repro* 58:78-9.
461. "Mandado de segurança coletivo", *in Repro* 57:154-5.
462. Obra citada, p. 142.

ALFREDO BUZAID[463], CARLOS ARI SUNDFELD[464] e CELSO AGRÍCOLA BARBI[465], entre outros, entendem que o mandado de segurança coletivo pode ter por objeto direito ou interesse difuso.

Ao que parece, este último posicionamento deve prevalecer, não se podendo efetuar uma interpretação restritiva do texto constitucional. "O escopo da Constituição Federal, quando criou o mandado de segurança coletivo, não foi o de restringi-lo a que as entidades legitimadas defendessem somente os direitos de seus associados, ou, ainda, os coletivos de uma categoria ou grupo de pessoas. Ao contrário, foi de estabelecer única e simplesmente *regra processual de legitimação ativa para a causa*"[466].

Assim sendo, os direitos tuteláveis pelo mandado de segurança coletivo são os difusos, os coletivos propriamente ditos e os individuais homogêneos. "Interesses difusos são os transindividuais, de natureza indivisível, de que sejam titulares pessoas indeterminadas ou ligadas por circunstâncias de fato" (art. 81, inciso I, do Código de Defesa do Consumidor). "Interesses coletivos propriamente ditos são os transindividuais de natureza indivisível de que seja titular grupo, categoria ou classe de pessoas ligadas entre si ou com a parte contrária por uma relação jurídica-base" (art. 81, inciso II, do Código de Defesa do Consumidor). "Interesses individuais homogêneos são os decorrentes de origem comum" (art. 81, inciso III, do Código de Defesa do Consumidor).

4. Legitimidade ativa

4.1. Natureza jurídica

Para ADA PELLEGRINI GRINOVER[467], o tipo de legitimação para a causa dos partidos políticos e das associações, que a Constituição Federal estabelece no inciso LXX do artigo 5º, é ordinária, porque "a entidade age na defesa de seus interesses institucionais — proteção ao meio ambiente, aos consumidores, aos contribuintes, por exemplo".

Entretanto, entendemos que em relação à legitimação ativa no mandado de segurança coletivo, da mesma forma que nas ações coletivas, não se pode usar os mesmos institutos previstos no direito processual civil. Assim, a legitimação prevista no inciso LXX do art. 5º da Constituição

---

463. Considerações sobre o mandado de segurança coletivo, p. 51.
464. "Mandado de segurança coletivo na Constituição de 1988", *in RDP* 89:41.
465. "Mandado de segurança coletivo", *in Mandado de segurança*, coord.: Aroldo Plínio Gonçalves, p. 66.
466. NELSON NERY JÚNIOR, "Mandado de segurança coletivo", *in Repro* 57:153
467. "Mandado de segurança coletivo: legitimação, objeto e coisa julgada", *in Repro* 58:77.

Federal, como preleciona THEREZA ARRUDA ALVIM[468], "não é ordinária; é simplesmente própria, legitimação própria para a propositura de ações civis, legitimação coletiva".

A legitimidade ativa no mandado de segurança coletivo é concorrente e disjuntiva, não se podendo olvidar que se admite a legitimidade individual, ou seja, da pessoa que sofrer ameaça ou lesão a direito líquido e certo, que poderá impetrar o mandado de segurança individual. "A legitimidade se diz concorrente porquanto a legitimidade de uma das entidades não exclui a de outra: são todas simultânea e independentemente legitimadas para agir. Concorrente, aqui, significa não-exclusiva de uma só entidade"[469]. No mesmo sentido: "a legitimação concorrente significa que qualquer um dos legitimados 'ex lege' pode agir processualmente, independentemente da atividade simultânea de outro legitimado, ou seja, inexiste necessidade de atividade paralela de qualquer um dos outros legitimados. Concorrente significa que a atividade de qualquer um desses legitimados se dirige ou tende para uma mesma e comum finalidade, e que, por isso mesmo, pode autonomamente ser desempenhada por qualquer um dos legitimados"[470]. "A legitimidade é disjuntiva no sentido de não ser complexa, vez que qualquer uma das entidades co-legitimadas poderá propor, sozinha, a ação coletiva sem necessidade de formação de litisconsórcio ou de autorização por parte dos demais co-legitimados. É facultada, entretanto, a formação voluntária de litisconsórcio"[471]. "Evidentemente, a legitimação dessas entidades não exclui a de cada membro ou associado para postular seu direito separadamente, de acordo com a norma ordinária sobre legitimação, haja, ou não, mandado de segurança coletivo em andamento"[472].

Dessa forma, no mandado de segurança coletivo, "o interesse de uma entidade não exclui necessariamente o de outra, sendo perfeitamente viável a concorrência de legitimação. O partido político, por exemplo, é parte legítima para pleitear contra aumento ilegal do preço do transporte urbano, mas também o serão todos os sindicatos e todas as associações de bairro, já que qualquer gravame respectivo, que é de caráter geral, afeta também os interesses individuais dos sindicalizados e dos associados"[473].

---

468. *O direito processual de estar em juízo*, p. 49.
469. ANTÔNIO GIDI, "Legitimidade para agir nas ações coletivas", *in Revista de Direito do Consumidor* 14:55.
470. JOSÉ MANOEL DE ARRUDA ALVIM NETTO, *Código do consumidor comentado*, p. 382.
471. ANTÔNIO GIDI, *Legitimação para agir nas ações coletivas*, 14:55.
472. CELSO AGRÍCOLA BARBI, "Mandado de segurança na Constituição de 1988", *in Mandados de segurança e de injunção,* coord.: Sálvio de Figueiredo Teixeira, p. 69.
473. ERNANE FIDÉLIS DOS SANTOS, obra citada, p. 133.

4.2. Partido político

A Constituição Federal, no art. 5º, LXX, "a" atribuiu legitimidade ativa aos partidos políticos, com representação no Congresso Nacional, para a impetração de mandado de segurança coletivo.

A legitimação ativa dos partidos políticos para a impetração do mandado de segurança coletivo não exige mais do que o requisito constitucional expresso, qual seja, a representatividade no Congresso Nacional.

Dessa posição comungam, entre outros, ADA PELLEGRINI GRINOVER[474], CELSO AGRÍCOLA BARBI[475], LÚCIA VALLE FIGUEIREDO[476] e UADI LAMMÊGO BULOS[477]. Segundo ERNANE FIDÉLIS DOS SANTOS, "a legitimação do mandado de segurança coletivo é dada a partido político com representação no Congresso Nacional (art. 5º, LXX, "a", da CF). À primeira vista, fica a parecer que o interesse legitimador do partido político seria o da comunidade partidária, relacionado com os direitos políticos respectivos, mas a lei não fez restrição alguma, o que importa afirmar que, sempre que houver ofensa ou ameaça a direitos individuais, atingindo no geral a coletividade, o partido político poderá interpor o mandado de segurança. Seria a hipótese, por exemplo, da criação inconstitucional de tributos. Não há disposição constitucional sobre a forma de atuação do partido político no mandado de segurança coletivo. À falta de disciplina específica, já que os partidos políticos adquirem personalidade jurídica com registro de seu ato constitutivo (art. 17, § 2º, da CF), a representação para o mandado de segurança coletivo deverá ser daquele ou daqueles designados nos estatutos respectivos, o que vem impedir, em princípio, qualquer atividade de diretórios estaduais ou municipais. A lei ordinária, no entanto, poderá estender a estes últimos a legitimação, sem ofender o texto constitucional, já que não há nenhuma restrição expressa. Não há dúvida de que a medida seria salutar".

A jurisprudência, contudo, vem inadmitindo a interposição do mandado de segurança pelos partidos políticos, em várias hipóteses, especialmente no tocante à legitimação.

Assim é que se decidiu pela ilegitimidade do partido político, sob o argumento de que o mandado de segurança coletivo somente pode ser utilizado no sentido de defender seus filiados e em questões políticas, quando autorizado por lei ou por estatuto. "Mandado de segurança coletivo — Partido político — Falta de legitimação para a causa, no caso. Falta a partido político 'legitimatio ad causam' para impetrar mandado de segurança coletivo, se este não tem por objetivo direitos subjetivos ou interesses liga-

---

474. "Mandado de segurança coletivo: legitimação e objeto", *in* RT 57:96.
475. *Do mandado de segurança*, p. 295.
476. *Mandado de segurança*, p. 36.
477. Obra citada, p. 49.

dos a atividade partidária. É o que acontece no caso em que o impetrante alvitra a proteção de direitos subjetivos individuais homogêneos de beneficiários da previdência social, ou seja, o pagamento do reajuste de 147,06% a todos os benefícios em manutenção e de prestação continuada" (RSTJ 2:121. No mesmo sentido: RSTJ 12:215).

4.3. *Organização sindical, entidade de classe ou associação*

Para a caracterização da legitimidade ativa do mandado de segurança coletivo não há se falar em distinção entre organização sindical e sindicato. O que importa, isto sim, é a sua regular constituição.

Os sindicatos não estão cingidos à observância do prazo de mais de um ano de legal constituição e funcionamento. "Não exige a norma constitucional que o sindicato ou a entidade de classe estejam em funcionamento há mais de um ano para terem legitimidade para a impetração do mandado de segurança coletivo. A exigência é tão-só para a associação como deflui da simples leitura do texto" (TRF — 1ª Região, 3ª Turma, AMS 89.01.09409-6, DJU 5.3.90).

Questão interessante é saber se é necessária autorização expressa (ou mesmo estatutária) dos membros do sindicato para o ajuizamento da ação mandamental coletiva.

Entendemos que basta a disposição estatutária genérica, na qual conste a possibilidade de utilização do mandado de segurança coletivo, para que se preencha o requisito da autorização. "Constitucional. Processual Civil. Mandado de segurança coletivo. Substituição processual. Autorização expressa. Objeto a ser protegido pela segurança coletiva. CF, art. 5º, LXX, "b". I. A legitimação das organizações sindicais, entidades de classe ou associações, para a segurança coletiva, é extraordinária, ocorrendo, em tal caso, substituição processual. CF, art. 5º, LXX. II. Não se exige, tratando-se de segurança coletiva, a autorização expressa aludida no inciso XXI do art. 5º da Constituição, que contempla hipótese de representação. III. O objeto do mandado de segurança coletivo será um direito dos associados, independentemente de guardar vínculo com os fins próprios da entidade impetrante do *writ*, exigindo-se, entretanto, que o direito esteja compreendido na titularidade dos associados e que exista ele em razão das atividades exercidas pelos associados, mas não se exigindo que o direito seja peculiar, próprio, da classe" (STF, RE 193.382-8/SP, Pleno, rel. Min. Carlos Velloso, v.u., j. em 28.6.96, DJU 20.9.96).

Desnecessária, também, a relação nominal dos beneficiados na ação coletiva promovida pelo sindicato, como, aliás, já decidiu o Plenário do Tribunal de Justiça do Estado de São Paulo (JTJ 145:263).

A Constituição Federal atribui legitimidade para a impetração do mandado de segurança coletivo, concorrentemente, às associações legalmente constituídas há pelo menos um ano.

As exigências de "legal constituição" (com ato devidamente assentado no Registro de Títulos e Documentos — Pessoa Jurídica) e "funcionamento há pelo menos um ano" destinam-se à proteção do mandado de segurança, como instituto, coibindo-se eventuais abusos na movimentação da máquina judiciária. Trata-se de uma verdadeira condição de procedibilidade, que não fere, de modo algum, o livre acesso ao Poder Judiciário.

Para as entidades de classe, no que se refere à impetração de mandado de segurança coletivo, não é exigida a constituição há pelo menos um ano.

A previsão constitucional parece clara, no sentido de que somente às associações é exigido o referido prazo e não para as entidades de classe. "A exigência é tão-só para a associação como deflui da simples leitura do texto" (TRF — 1ª Região, 3ª Turma, AMS 89.01.09409-6, DJU 05.03.90).

4.4. Ministério Público

Embora o Ministério Público não se encontre elencado no inciso LXX do artigo 5º da Constituição Federal, podemos afirmar, com segurança, no sentido de sua legitimidade ativa para o ajuizamento do mandado de segurança coletivo.

Considerando que o mandado de segurança coletivo representa uma ação coletiva, exsurge daí, portanto, a presença de interesse social.

É função institucional do Ministério Público a defesa do interesse social. Assim, sempre que se estiver diante de uma ação coletiva, estará aí presente o interesse social, que legitima a intervenção e a ação em juízo do Ministério Público (art. 127, *caput*, e 129, IX, ambos da Constituição Federal).

4.5. Litisconsórcio ativo

A legitimação ativa no mandado de segurança coletivo, conforme já referido, é concorrente. Isto significa que "a legitimidade de uma das entidades não exclui a de outra: são todas simultânea e independentemente legitimadas para agir"[478].

Em sendo concorrente a legitimação ativa no mandado de segurança coletivo nada impede o litisconsórcio no pólo ativo entre os co-legitimados. Nesta hipótese, o litisconsórcio será facultativo ativo.

4.6. Assistência

Na hipótese de ser intentado mandado de segurança coletivo, o titular do direito subjetivo reclamado poderá ingressar como assistente (en-

---

478. ANTÔNIO GIDI, obra citada, 14:55.

tenda-se, no caso, assistente litisconsorcial) da entidade coatora, com base no artigo 54 do Código de Processo Civil[479].

5. Coisa julgada

No mandado de segurança coletivo, diante da falta de regulamentação própria, o tema da coisa julgada encontra-se previsto nos artigos 103 e 104 do Código de Defesa do Consumidor, segundo ANTÔNIO GIDI, lembrando que a questão foi tratada com precisão por MICHEL TEMER, que aduz: "Deriva, assim, da Constituição, a autorização — se não mesmo a determinação para o legislador ordinário, ao regulamentar o mandado de segurança coletivo, estabelecer que a decisão judicial fará coisa julgada quando for favorável à entidade impetrante e não fará coisa julgada quando a ela desfavorável. Com isso fica aberta a possibilidade do mandado de segurança individual quando a organização coletiva não for bem-sucedida no pleito judicial"[480].

O primeiro doutrinador a sugerir a aplicação do instituto da coisa julgada coletiva ao mandado de segurança coletivo foi CALMON DE PASSOS, segundo o qual se aplicaria a esta ação coletiva o já previsto na Lei da Ação Popular e na Lei da Ação Civil Pública (extensão da coisa julgada *secundum eventum litis*). "Assim se estenderiam os efeitos da coisa julgada a todos, com a diferença que defende ele a posição de que, também, em casos de improcedência, os efeitos atingiriam a todos que, caso pretendessem se ver liberados dos seus efeitos, deveriam valer-se da ação rescisória, a fim de se verem excluídos dos efeitos *ultra partes*, típicos das decisões proferidas em sede de Mandado de Segurança Coletivo. Acrescenta, ainda, o ilustre mestre, que não haveria aqui a hipótese de improcedência por insuficiência de provas, pois o Mandado de Segurança somente se presta para a defesa de direitos líquidos e certos e, portanto, o julgamento de improcedência por insuficiência de provas implicaria não julgamento do mérito, o que — como já visto anteriormente — não pode ensejar formação de coisa julgada material, já que de mérito não se trataria a mesma e referida decisão terminativa, não impedindo, pois, fossem repropostos tantos Mandados de Segurança quantos fossem o número de legitimados"[481].

Com a edição do Código de Defesa do Consumidor, a questão da coisa julgada veio delineada, bem como foi estendido o seu regramento a

---

479. CELSO AGRÍCOLA BARBI, "Mandado de segurança na Constituição de 1988", *in Mandado de segurança e de injunção*, pp. 69-70.
480. ANTÔNIO GIDI, *Coisa julgada e litispendência nas ações coletivas*, pp. 83-4.
481. CLÁUDIO CINTRA ZARIF, "Da coisa julgada nas ações coletivas", *in Revista de Direito do Consumidor* 15:127-8.

todas as modalidades de ações coletivas para a defesa de interesses e direitos difusos, coletivos e individuais homogêneos (arts. 90 e 117 do Código de Defesa do Consumidor). NELSON NERY JÚNIOR ensina que "a aplicação dos sistemas do CDC e da LACP ao mandado de segurança coletivo tem importância prática, na medida em que, por exemplo, pode ser utilizado o regime da coisa julgada daquelas leis, dado que nada existe na lei sobre a coisa julgada no mandado de segurança coletivo. Dentro do sistema da coisa julgada parece-nos ser relevante a fixação dos limites subjetivos nos moldes traçados pelo artigo 103 do CDC, quando o objeto do mandado de segurança for a tutela de direito não individual em sentido estrito (individual homogêneo, coletivo ou difuso)"[482].

Como informa ADA PELLEGRINI GRINOVER[483], "o art. 103 contém toda a disciplina da coisa julgada nas ações coletivas, seja definindo seus limites subjetivos (o que equivale a estabelecer quais as entidades e pessoas que serão alcançadas pela autoridade da sentença passada em julgado), seja determinando a ampliação do objeto do processo da ação coletiva, mediante o transporte *in utilibus* do julgamento coletivo às ações individuais".

A coisa julgada nas ações coletivas — inclusive no mandado de segurança coletivo — se forma *pro et contra* (independentemente de o resultado da demanda ser favorável ou contrário aos interesses jurídicos da parte ou de terceiro.

A coisa julgada nas ações coletivas, segundo a maioria dos autores, é *secundum eventum litis*. O que diferirá, de acordo com o "evento da lide", não é a formação ou não da coisa julgada, mas o rol de pessoas por ela atingidas. Enfim, o que é *secundum eventum litis* não é a *formação* da coisa julgada, mas a sua *extensão "erga omnes"* ou *"ultra partes"* à esfera jurídica individual de terceiros prejudicados pela conduta considerada ilícita na ação coletiva (é o que se chama extensão *in utilibus* da coisa julgada).

Em caso de procedência do pedido, a sentença coletiva fará coisa julgada *erga omnes* ou *ultra partes* para tutelar o bem coletivo, atingindo a comunidade ou a coletividade titular do direito superindividual, e atingindo, para beneficiar, também, a esfera individual de todos os componentes da comunidade ou da coletividade que sejam titulares do correspondente direito individual homogêneo.

Como se vê, nessa hipótese "de procedência do pedido coletivo, que ocorre a extensão subjetiva *erga omnes* ou *ultra partes* e *secundum eventum litis* da coisa julgada para beneficiar (*in utilibus*) a esfera jurídica individual dos consumidores interessados. Mas também na primeira hipótese de impro-

---

482. *Código brasileiro de defesa do consumidor comentado pelos autores do anteprojeto*, p. 659.
483. *Ibidem*, p. 580.

cedência, a coisa julgada se opera *ultra partes* para atingir a comunidade ou a coletividade titular do direito superindividual ou individual homogêneo em litígio"[484].

É possível a eficácia do mandado de segurança coletivo extrapolar os lindes subjetivos da coisa julgada nas seguintes hipóteses: a) em caso de improcedência após instrução suficiente, a sentença coletiva fará coisa julgada *ultra partes* para atingir a comunidade ou a coletividade titular do direito superindividual (difuso ou coletivo) ou individual homogêneo em litígio e impedir que qualquer legitimado reproponha a mesma ação coletiva pleiteando a mesma tutela para o mesmo direito através do mesmo pedido, invocando a mesma causa de pedir. Ações individuais, em defesa de direitos individuais (homogêneos ou não), entretanto, continuam podendo ser propostas; b) em caso de improcedência após instrução insuficiente (por falta de prova), a sentença coletiva não fará coisa julgada material.

6. Litispendência

O mandado de segurança coletivo não inibe o individual impetrado pelo particular.

Para que se possa reconhecer a litispendência deve haver uma correspondência entre a lide individual e a lide coletiva, o que não ocorre entre um mandado de segurança individual e um mandado de segurança coletivo. "Note-se dever existir correspondência entre o objeto de um processo (lide ou pedido) e o que será, quando julgado, objeto da sentença e coisa julgada. Para que haja litispendência (vedada para que não possam coexistir decisões *praticamente* conflitantes) deve haver duas ações pendentes entre as mesmas partes (identidade subjetiva), a mesma causa de pedir (fundamentos de fato e de direito) e o mesmo pedido"[485].

Assim sendo, quanto às ações coletivas propostas na defesa dos direitos difusos e coletivos não se induz litispendência ou coisa julgada em relação às ações individuais, "porque se trata de ações diversas, por possuírem partes, causa de pedir e pedido absolutamente diferentes"[486].

Quanto às ações coletivas (entenda-se, *in casu*, mandado de segurança coletivo) para a defesa dos interesses individuais homogêneos e as respectivas ações individuais, há uma relação de continência. "A regra do art. 104, que não inclui a menção ao inc. III do parágrafo único do art. 81, e mais o fato de que o legislador teve que dizer expressamente que a sentença coletiva do inc. III do art. 103 não prejudica os interessados a título individual

---

484. ANTÔNIO GIDI, *Coisa julgada e litispendência nas ações coletivas*, pp. 73-4.
485. JOSÉ MANOEL DE ARRUDA ALVIM NETTO, *Código do consumidor comentado*, p. 487.
486. ANTÔNIO GIDI, *Coisa julgada e litispendência nas ações coletivas*, p. 207.

(v. § 2º do art. 103), levam à conclusão de que a questão da relação entre a ação coletiva de responsabilidade civil e as ações reparatórias individuais se resolve pelo regime da reunião de processos ou, quando esta for impossível, pela suspensão prejudicial, tudo em virtude da continência"[487]. "É evidente que não se poderia *até mesmo pela própria dimensão maior da ação coletiva* pretender-se falar em identidade de lides, *propriamente dita*. No entanto, *é possível cogitar-se de identidade parcial, consistente em que a ação coletiva, em parte, contém a ação individual, toda ela. Seria, portanto, uma hipótese de continência, à qual não é estranho o fenômeno da igualdade, ainda que parcial*"[488].

7. Prazo

Admitido o prazo decadencial de 120 dias para impetração do mandado de segurança coletivo, pergunta-se: qual o seu termo inicial?

Há autores que entendem que a decadência relativa à impetração de um mandado de segurança individual impede o gozo de um possível benefício, caso se verifique a propositura de um mandado de segurança coletivo.

Todavia, parece que a decadência no mandado de segurança coletivo se opera com o passar dos 120 dias da ciência do ato impugnado pela entidade legitimada. As ações coletivas vieram para beneficiar o indivíduo e não faz sentido excluí-lo da tutela coletiva, em razão da perda do direito de agir individualmente. O escopo dos legitimados a propor mandado de segurança coletivo é o de proteger os interesses metaindividuais, que se voltam para os indivíduos, ainda que o pedido seja indivisível.

8. Competência

A fixação da autoridade coatora determina a competência.

Define-se a autoridade coatora como aquela que ordena ou omite a prática do ato lesivo de direito.

Para o juiz processar e julgar questões relativas ao mandado de segurança coletivo é importante verificar as normas que regem a sua competência, que se encontram na Constituição Federal e outras leis existentes no nosso sistema jurídico.

Compete ao Supremo Tribunal Federal processar e julgar originariamente mandado de segurança coletivo contra ato do Presidente da República, das mesas das Câmaras dos Deputados e do Senado Federal, do Tribunal de Contas da União, do Procurador-Geral da República, bem como

---

487. ADA PELLEGRINI GRINOVER, *Código brasileiro de defesa do consumidor comentado pelos autores do anteprojeto*, p. 592.
488. JOSÉ MANOEL DE ARRUDA ALVIM NETTO, *Código do consumidor comentado*, p. 492.

atos seus. É o que se extrai do art. 102, inciso I, letra "d", da Constituição Federal.

De outro lado, compete ao Superior Tribunal de Justiça processar e julgar originariamente mandado de segurança coletivo contra ato de Ministro de Estado ou do próprio Tribunal (CF/88, art. 105, I, "b"). Outrossim, cabe-lhe julgar em recurso ordinário mandado de segurança coletivo decidido em única instância pelos Tribunais Regionais Federais ou pelos Tribunais dos Estados e do Distrito Federal, desde que a decisão seja denegatória (CF/88, art. 105, II, "b").

Aos Tribunais Regionais Federais compete processar e julgar originariamente mandado de segurança coletivo contra ato do próprio tribunal ou de juiz federal (CF/88, art. 108, I, "c"). O juiz federal tem competência para processar e julgar mandado coletivo contra ato de autoridade federal, ressalvados os casos de competência dos tribunais federais (CF/88, art. 109, VIII).

À Justiça dos Estados compete processar e julgar mandado de segurança coletivo, observadas as normas da Constituição e da lei de organização judiciária.

Por ora, a modificação introduzida pela Medida Provisória nº 2.180-33, de 28 de junho de 2001 (art. 4º), que acrescentou as alíneas "a" e "b" ao art. 2º da Lei nº 9.494, de 10 de setembro de 1997:

> "Art. 2º-A. A sentença civil, prolatada em ação de caráter coletivo proposta por entidade associativa na defesa dos interesses e direitos dos seus associados, abrangerá apenas os substituídos que tenham, na data da propositura da ação, domicílio no âmbito de competência territorial do órgão prolator.
>
> Parágrafo único. Nas ações coletivas propostas contra a União, os Estados, o Distrito Federal, os Municípios e suas autarquias e fundações, a petição inicial deverá obrigatoriamente estar instruída com a ata da assembléia da entidade associativa que a autorizou, acompanhada da relação nominal dos seus associados e indicação dos respectivos endereços."
>
> "Art. 2º-B. A sentença que tenha por objeto a liberação de recurso, inclusão em folha de pagamento, reclassificação, equiparação, concessão de aumento ou extensão de vantagens a servidores da União, dos Estados, do Distrito Federal e dos Municípios, inclusive de suas autarquias e fundações, somente poderá ser executada após seu trânsito em julgado."

Contudo, essa nova redação do artigo 2º da mencionada Medida Provisória não se aplica ao mandado de segurança coletivo, mas sim às ações propostas por entidades associativas, quando expressamente autorizadas, para representar seus filiados judicial ou extrajudicialmente, segundo os termos do artigo 5º, inciso XXI, da Constituição Federal[489].

Ademais, na ação coletiva propriamente dita, diante de sua natureza jurídica e levando em conta os interesses transindividuais em jogo, não é necessário indicar nominalmente cada um daqueles que serão abrangidos pela coisa julgada, mesmo porque, em se tratando de interesses difusos, como, por exemplo, o meio ambiente, eles são indetermináveis e, em certos casos, como nos interesses difusos propriamente ditos, os interessados podem vir a ser determinados, dependendo do caso concreto.

9. Petição inicial

Na petição inicial do mandado de segurança coletivo não é necessário nominar todos ou alguns dos associados ou filiados do impetrante, porque não se configura a natureza jurídica da legitimação em representação, mas sim em legitimação própria para as ações coletivas (*rectius*, legitimação coletiva).

10. Liminar

Sem dúvida, é cabível a liminar no mandado de segurança coletivo, presentes os pressupostos para sua concessão (relevante fundamento e ineficácia da medida).

Como salienta BETINA RIZZATTO LARA[490] "a liminar, neste tipo de mandado, ganha uma maior dimensão na medida em que, ao evitar a ineficácia da prestação jurisdicional obtida através da sentença, estará evitando, ao mesmo tempo, a lesão ao direito de vários indivíduos".

Releva notar, quanto ao mandado de segurança coletivo, a circunstância do artigo 2º da Lei nº 8.437, de 30 de junho de 1992, a qual determina que "a liminar será concedida, quando cabível, após a audiência do representante judicial da pessoa jurídica de direito público, que deverá se pronunciar no prazo de setenta e duas horas". Contudo, desde que a prévia oitiva do representante judicial da pessoa jurídica de direito público, no prazo de setenta e duas horas, acarrete a ineficácia do ato, não poderá o juiz sujeitar a concessão da medida liminar requerida no bojo do mandado de segurança coletivo ao regime deste artigo 2º. "Em casos excepcialíssi-

---

489. Veja mais sobre esta controvérsia em matéria por esta autora escrita e citada por RODOLFO DE CAMARGO MANCUSO, *Ação civil pública*, 6ª ed. revista e atualizada, São Paulo, Editora Revista dos Tribunais, 1999, p. 69.
490. Obra citada, p. 155.

mos, nos quais a demora na tutela antecipada colocaria em risco valores exponenciais, o juiz afastará a incidência dessa regra para prover liminar com fundamentação diretamente calcada na Constituição. Imagine-se a hipótese, já ocorrida no âmbito da competência da Justiça Federal, em que o Governo proíbe a operação de câmbio ou a onera excessivamente e o requerente precisa comprar moeda estrangeira, com urgência, para submeter-se a cirurgia somente praticada no exterior. Se o magistrado for ouvir o Banco Central, em 72 horas, antes de deferir a liminar, a causa pode esvaziar-se pela perda da vida do postulante. A medida será, então, deferida imediatamente, sem prejuízo da intimação do requerido, para manifestação, dada a prevalência absoluta do direito à vida e à aplicação da garantia da inafastabilidade da tutela jurisdicional, em situação na qual o tempo poderia torná-la ineficaz. Não é possível afastar-se a aplicação dessa regra em situações nas quais o esforço de realização rápida da notificação baste para o Juiz abrir a oportunidade de manifestação à entidade pública. A pretexto de haver direito em risco, não poderá o magistrado descumprir o comando legal sem que haja razões muito fortes para tanto, apoiadas, repito, na iminência de o requerente sofrer grave e irreparável lesão se for observado o prazo de 72 horas para ouvida da parte contrária"[491].

11. Execução

A decisão concessiva do mandado de segurança efetiva-se da mesma forma que o mandado de segurança individual[492].

O art. 12, parágrafo único, da Lei nº 1.533/51 dispõe que "a sentença, que conceder o mandado fica sujeita ao duplo grau de jurisdição, podendo, entretanto, ser executada provisoriamente".

Diante desse dispositivo legal, pendente recurso com efeito meramente devolutivo da sentença ou acórdão que concedeu a segurança, cabe a execução provisória. "Com isso, tornou inequívoca a sujeição dessa execução em mandado de segurança às normas do Código relativas à execução provisória e que são as constantes do art. 588. Segundo ele, a execução provisória da sentença far-se-á do mesmo modo que a definitiva, observados os seguintes princípios: I — corre por conta e responsabilidade do credor, que prestará a caução, obrigando-se a reparar os danos causados ao devedor; II — não abrange os atos que importem alienação do domínio, nem permite, sem caução idônea, o levantamento de depósito em dinheiro; III — fica sem efeito, sobrevindo sentença que modifique ou anule a que foi objeto da execução, restituindo-se as coisas no estado anterior"[493].

---

491. JOSÉ LÁZARO ALFREDO GUIMARÃES, *As ações coletivas e as liminares contra atos do poder público*, p. 37.
492. Veja capítulo X, item 2.
493. CELSO AGRÍCOLA BARBI, *Do mandado de segurança*, p. 281.

HELY LOPES MEIRELLES admite a execução provisória, contudo entende pela desnecessidade de caução e carta de sentença: "a *execução provisória* foi estendida à sentença concessiva da segurança pela Lei 6.071, de 3.7.74, mas daí não se conclua que essa provisoriedade exija a caução e a carta de sentença referidas no art. 588 do CPC. E assim já se decidiu. Pois se a liminar é executada independentemente desses requisitos, ilógico seria exigi-los para execução da decisão do mérito, ainda que sujeita a recurso"[494]. J. CRETELLA JÚNIOR admite a execução provisória e ressalva as seguintes hipóteses: "quando se tratar de sentença visando à a) concessão de aumento de vantagens, b) extensão de vantagens, c) reclassificação de servidores públicos, d) equiparação de servidores públicos, a sentença não pode ser executada provisoriamente (Lei nº 4.348, de 26.6.1964, art. 7ª), cumprindo ainda observar que, nessas hipóteses, também a liminar não será concedida (mesma lei, art. 5ª)"[495].

A autoridade coatora e todos os seus subordinados e os agentes públicos não subordinados à autoridade coatora, mas atingidos pela decisão, ficam adstritos a cumprir tal decisão, diante de sua natureza mandamental. "O processo do mandado de segurança coletivo não necessita de mais atos que o ofício para a execução, pois a ordem, sobre resolver a liquidez e certeza do direito do impetrante, declara inválido o ato eivado de ilegalidade ou abuso de poder, determinando à autoridade coatora que cumpra a decisão. A execução de sentença não é nova ação; é uma ordem expedida de ofício pelo órgão jurisdicional sob as sanções legais"[496].

---

494. *Mandado de segurança, ação popular, ação civil pública, mandado de injunção, "habeas data"*, p. 71.
495. Obra citada, p. 270.
496. ALFREDO BUZAID, *Considerações sobre o mandado de segurança coletivo*, p. 138.

Capítulo XII

Conclusões

1. A exigência de prestação efetiva da tutela jurisdicional decorre da idéia de Estado de Direito, da qual se extraem os princípios do monopólio da jurisdição (proibição de autotutela) e a garantia de prestação jurisdicional de qualquer lesão ou ameaça de lesão a direito.
2. A tendência do direito processual civil moderno é no sentido de conferir maior utilidade aos provimentos jurisdicionais, isto é, propiciar ao processo os meios para realizar os fins ou produzir os efeitos a que se ordene.
3. As tutelas jurídicas diferenciadas caracterizam-se como formas alternativas de tutela sumária para atender a situações urgentes.
4. Uma das tutelas diferenciadas decorrentes de imposição constitucional é o mandado de segurança, que exige direito líquido e certo.
5. As garantias constitucionais são meios processuais caracterizados pela celeridade, destinados à proteção de direitos individuais.
6. O mandado de segurança, como garantia constitucional, constitui-se em cláusula pétrea no atual texto da Carta Magna.
7. Os requisitos constitucionais do mandado de segurança são: a) existência de um direito líquido e certo a proteger, não tutelável por *habeas corpus* ou *habeas data*; b) ato (ou omissão) marcado de ilegalidade ou abuso de poder, de autoridade pública ou agente de pessoa jurídica no exercício de atribuições do Poder Público.
8. O direito líquido e certo é aquele comprovado de plano, ou seja, documentalmente.
9. A expressão ilegalidade compreende todos os vícios administrativos capazes de ensejar o controle jurisdicional, inclusive o que se queria denominar especificamente de abuso de poder.
10. O abuso de poder pode se configurar quer quando o agente atue em nome da lei, mas por ela não está autorizado, quer quando age

extralimitando as funções que ela traça, quer quando, embora dentro da lei, age em distorção de seus intuitos.

11. Os requisitos constitucionais do mandado de segurança constituem condições da ação.

12. O prazo para impetração do mandado de segurança é de cento e vinte dias e conta-se a partir do dia em que o interessado tiver conhecimento oficial do ato a ser impugnado.

13. A natureza jurídica do prazo para impetração do mandado de segurança é a de prazo decadencial.

14. O mandado de segurança possui a natureza jurídica de ação mandamental.

15. O objeto da ação de mandado de segurança é o ato ou comportamento da Administração.

16. É cabível a utilização anômala do mandado de segurança contra ato judicial, contra ato disciplinar e contra a lei, se esta produzir efeitos, independentemente de um ato administrativo intermediário.

17. O mandado de segurança não dispensa o exame prévio dos pressupostos processuais de existência e de validade do processo.

18. No mandado de segurança há restrições ao seu cabimento fundadas no interesse de agir, contidas no artigo 5º da Lei nº 1.533/51.

19. A possibilidade jurídica do pedido não deve ser considerada, isoladamente, como condição da ação, estando albergada no interesse de agir.

20. A lei atribuiu a legitimidade ativa para a impetração do mandado de segurança a quem tivesse direito líquido e certo lesado ou ameaçado de lesão. Tanto pode ser pessoa física como jurídica (inclusive de direito público), órgão público ou universalidade patrimonial privada e os entes despersonalizados de direito público. Quando for pessoa física ou jurídica, pode ser nacional ou estrangeira domiciliada em nosso país ou fora dele. O estrangeiro não residente no país deverá prestar a caução a que alude o artigo 835 do Código de Processo Civil. Essa legitimação é do tipo ordinária.

21. O artigo 3º da Lei nº 1.533/51 prevê hipótese de legitimação extraordinária ao prescrever que "o titular de direito líquido e certo decorrente de direito, em condições idênticas, de terceiro, poderá impetrar mandado de segurança a favor do direito originário se o seu titular não o fizer, em prazo razoável, apesar de para isso notificado judicialmente".

22. A pessoa física pode ser legitimada para ocupar o pólo passivo da relação processual contra aquele que exerce função delegada do poder público.

23. A parte que se legitima para ocupar o pólo passivo é a pessoa jurídica de direito público, a cujos quadros pertence a autoridade apontada como coatora.

24. A autoridade coatora, na verdade, é representante processual da pessoa jurídica de direito público.

25. A autoridade coatora é aquela que ordena a prática do ato ou a omissão.

26. Nos mandados de segurança impetrados contra atos de colegiados, deve ser notificado como autoridade coatora o próprio colegiado e não seu presidente, que apenas o representa.

27. Em se tratando de mandados de segurança impetrados contra atos complexos e compostos devem ser notificados o executor e a autoridade superior, como autoridades coatoras.

28. Nos mandados de segurança inseridos em procedimento administrativo deve ser notificado, como autoridade coatora, o órgão que executa o procedimento.

29. O terceiro encontra-se legitimado a integrar o pólo passivo da relação processual toda vez que o mandado de segurança implicar modificação da posição jurídica de outras pessoas, que foram diretamente beneficiadas pelo ato impugnado, ou, mais precisamente, quando a sentença modificar o direito subjetivo, criado pelo ato impugnado em favor de outras pessoas, haverá litisconsórcio necessário e a sentença não pode ser dada sem que esses terceiros sejam citados como partes passivas da ação.

30. Em se tratando de litisconsórcio facultativo unitário ativo, a impetração da segurança por apenas um dos eventuais litisconsortes adimple o requisito da legitimidade.

31. As informações da autoridade coatora não representam contestação.

32. É cabível no mandado de segurança a assistência (simples e litisconsorcial) e o recurso de terceiro prejudicado.

33. A prova no mandado de segurança é pré-constituída e sempre documental (prova literal).

34. O Ministério Público atua como fiscal da lei e após ser intimado não é indispensável o oferecimento efetivo do seu parecer.

35. A sentença no mandado de segurança é de natureza mandamental.

36. A natureza da liminar em mandado de segurança é cautelar.
37. A concessão da liminar é ato vinculado do juiz mediante pedido da parte.
38. Não se justifica proibir a concessão de liminares, ainda que elas sejam efetivamente satisfativas.
39. A revogação da liminar pode se dar no curso do processo: a) se surgir fato novo e b) se, após as informações, o juiz verifica que não estão mais presentes os pressupostos que o levaram à sua concessão, bem como por ocasião da prolação da sentença. Se a sentença conceder a segurança, a liminar é por ela absorvida; se a sentença é denegatória da segurança pleiteada, ocorre automaticamente a revogação da liminar.
40. A suspensão da liminar pode ser solicitada por pessoa jurídica de direito público ao Presidente do Tribunal ao qual couber o conhecimento do recurso, quando com a execução da liminar houver risco de grave lesão à ordem, à saúde, à segurança e à economia públicas.
41. Por medida provisória, atualmente, indeferido o pedido de suspensão ou provido o agravo, caberá novo pedido de suspensão ao Presidente do Tribunal competente para conhecer de eventual recurso especial ou extraordinário.
42. No âmbito do mandado de segurança preventivo, o "justo receio" deve ser identificado como sinônimo de ameaça. A ameaça que poderá dar causa à invocação do mandado de segurança preventivo deve ser concreta, objetiva e atual, devendo haver prova de sua certeza.
43. É viável a impetração de mandado de segurança contra a lei em tese, se esta produzir efeitos independentemente de um ato administrativo intermediário.
44. A sentença concessiva de mandado de segurança preventivo também tem natureza mandamental.
45. A eficácia da segurança concedida preventivamente opera efeitos *ex nunc* em relação aos casos futuros e determinados naquela certa lide.
46. Não há violação constitucional para se restringir o cabimento do mandado de segurança coletivo preventivo.
47. É cabível, também, o mandado de segurança preventivo contra atos jurisdicionais.
48. O Ministério Público possui legitimidade para impetrar mandado de segurança individual preventivo.
49. O objeto do mandado de segurança contra ato jurisdicional é qualquer decisão em geral, desde que, além dos requisitos básicos (ato

ilegal ou abusivo e violador de direito líquido e certo) gere prejuízo irreparável.

50. É cabível mandado de segurança contra conduta omissa do juiz, decisão transitada em julgado, sempre que se revista de teratologia, e decisão objeto de preclusão, independentemente de ter sido ou não interposto o recurso.

51. A natureza jurídica do mandado de segurança contra ato jurisdicional é de cautelar.

52. No mandado de segurança contra ato jurisdicional, o prazo que deve ser observado é aquele estabelecido na sua lei regulamentadora e não aquele do recurso sistematizado no Código de Processo Civil.

53. Além das partes, estão legitimados a impetrar mandado de segurança contra atos jurisdicionais o Ministério Público como *custos legis* e o terceiro prejudicado.

54. Admite-se a interposição de recurso de agravo, em relação às decisões interlocutórias, em sede de mandado de segurança.

55. No mandado de segurança, havendo recurso de apelação, admite-se a concessão de efeito suspensivo, nos mesmos termos do artigo 558 do Código de Processo Civil.

56. A sentença concessiva do mandado de segurança fica sujeita ao duplo grau de jurisdição, podendo, entretanto, ser executada provisoriamente.

57. A correição parcial é cabível se do pronunciamento objeto da reclamação não couber recurso e se o erro se referir a aspecto processual (procedimental).

58. A par da omissão da Lei nº 1.533/51, são cabíveis embargos declaratórios das decisões proferidas em mandado de segurança, em se verificando as hipóteses do artigo 535 da lei processual civil.

59. Admitem-se embargos infringentes, em sede de mandado de segurança, diante da aplicação subsidiária do Código de Processo Civil.

60. É cabível recurso ordinário em mandado de segurança que verse apenas direito estadual ou municipal.

61. Os recursos extraordinário e especial, em mandado de segurança, são admissíveis nas hipóteses dos artigos 103, III, e 105, III, da Constituição Federal.

62. No mandado de segurança podem ser ajuizadas ação rescisória e anulatória para impugnar coisa julgada material.

63. A autoridade coatora não tem legitimidade para recorrer, nem como terceiro prejudicado.

64. O prazo para recorrer da sentença concessiva do mandado de segurança conta-se da publicação desta pela imprensa oficial, conforme preceitua a Súmula 392 do Supremo Tribunal Federal.

65. As condutas imponíveis à autoridade coatora poderão ter o caráter de fazer, não fazer ou dar, nos exatos termos do pedido do impetrante, que fixa os limites dos efeitos da sentença.

66. Os tipos penais são insuficientes para compelir a autoridade coatora ao cumprimento de decisões judiciais, especialmente aquelas proferidas em mandado de segurança, devendo ser aplicadas as medidas previstas no parágrafo 5º do artigo 461 do Código de Processo Civil.

67. Aplica-se ao mandado de segurança o meio indireto de coerção consistente em multa diária para o caso de descumprimento do mandado, que objetiva a prestação *in natura* e não o seu sucedâneo patrimonial.

68. Não cumprido o mandado nos *writs* direcionados à liberação de mercadorias apreendidas, viável será a sua busca e apreensão.

69. Havendo substituição física da autoridade coatora pode ser o substituído, ou novo ocupante do cargo, compelido ao cumprimento da decisão concessiva do mandado de segurança.

70. Há responsabilidade objetiva por perdas e danos se efetivada a sentença concessiva da segurança e posteriormente provido o recurso ou reexame necessário, com a incidência, por analogia, do artigo 574 do Código de Processo Civil.

71. Ao mandado de segurança aplicam-se os dispositivos da Lei nº 1.533/51, no que se refere às generalidades do instituto, como as condições da ação (direito líquido e certo e o ato ilegal ou abusivo da autoridade) e disposições procedimentais, como, por exemplo, o rito.

72. O mandado de segurança coletivo difere do mandado de segurança individual no que respeita à legitimação ativa, coisa julgada e quanto à concessão da liminar (art. 2º da Lei nº 8.437/92).

73. São incompatíveis com o mandado de segurança coletivo os dispositivos contidos nos artigos 1º, parágrafo 2º, 3º, 5º e 7º, inciso II, da Lei nº 1.533/51.

74. A expressão "interesses" contida no nº II do inciso LXX do artigo 5º da Constituição Federal quer dizer interesse coletivo *lato sensu* dessas entidades e não direito líquido e certo, que já é seu pressuposto.

Conclusões

75. Os direitos tuteláveis pelo mandado de segurança coletivo são os difusos, os coletivos propriamente ditos e os individuais homogêneos.

76. A legitimidade ativa no mandado de segurança coletivo é concorrente e sua natureza jurídica é ordinária.

77. O partido político possui legitimidade para impetrar mandado de segurança coletivo, desde que existente representatividade no Congresso Nacional.

78. Não há necessidade de autorização específica para que o sindicato impetre mandado de segurança coletivo.

79. Desnecessária a relação nominal dos beneficiados na ação coletiva promovida pelo sindicato, entidade de classe ou associação.

80. A exigência de constituição legal há pelo menos um ano para a impetração de mandado de segurança coletivo impõe-se apenas para as associações.

81. O Ministério Público também é legitimado ativo para o ajuizamento do mandado de segurança coletivo.

82. No mandado de segurança coletivo admite-se o litisconsórcio facultativo ativo.

83. O titular do direito subjetivo reclamado, na hipótese de mandado de segurança coletivo, poderá ingressar como assistente (entenda-se, no caso, assistente litisconsorcial) da entidade coatora.

84. O tema da coisa julgada, no mandado de segurança coletivo, rege-se pelos artigos 103 e 104 do Código de Defesa do Consumidor.

85. O mandado de segurança coletivo não inibe o individual impetrado pelo particular, não se podendo falar em litispendência entre um e outro.

86. O prazo decadencial de 120 dias, no mandado de segurança coletivo, opera-se a partir da ciência do ato impugnado pela entidade legitimada.

87. Na petição inicial do mandado de segurança coletivo não é necessário nominar todos ou alguns dos associados ou filiados do impetrante, porque a natureza jurídica da legitimação não é de representação.

88. É cabível liminar no mandado de segurança coletivo, presentes os pressupostos para sua concessão (relevante fundamento e ineficácia da medida).

89. A decisão concessiva do mandado de segurança efetiva-se da mesma forma que o mandado de segurança individual.

90. Por ora, as modificações introduzidas pela Medida Provisória nº 2.180-33, de 28 de junho de 2001 (art. 4º), que acrescentaram as alíneas "a" e "b" ao artigo 2º da Lei nº 9.494, de 10 de setembro de 1997, não se aplicam ao mandado de segurança coletivo, mas sim à ação da entidade associativa prevista no artigo 5º, inciso XXI, da Constituição Federal.

Bibliografia

ARMELIN, Donaldo. "A tutela jurisdicional cautelar", *in Revista da Procuradoria Geral do Estado de São Paulo*. São Paulo, 1985, v. 23.

——————. *Legitimidade para Agir no Direito Processual Civil Brasileiro*. São Paulo, Revista dos Tribunais, 1979.

——————. "Tutela jurisdicional diferenciada", *in Revista de Processo*. São Paulo, Revista dos Tribunais, 1992, v. 65.

——————. "Tutela jurisdicional do meio ambiente", *in Revista do Advogado* nº 37, SP, AASP, 1992.

ARRUDA ALVIM, Eduardo. *Mandado de Segurança no Direito Tributário*. São Paulo, Revista dos Tribunais, 1997.

ARRUDA ALVIM, Thereza. "A tutela específica do art. 461, do Código de Processo Civil", *in Revista de Processo*. São Paulo, Revista dos Tribunais, 1995, v. 80.

——————. *O direito Processual de Estar em Juízo*. São Paulo, Revista dos Tribunais, 1996.

ARRUDA ALVIM NETTO, José Manoel. *Código do Consumidor Comentado*. São Paulo, Revista dos Tribunais, 2ª ed. revista e ampliada, 2ª tiragem, 1995.

——————. "Mandado de Segurança", *in Coleção Estudos e Pareceres Mandado de Segurança e Direito Público*. São Paulo, Revista dos Tribunais, 1995.

——————. *Manual de Direito Processual Civil*. São Paulo, Revista dos Tribunais, v. 1, Parte Geral, 5ª ed. revista, atualizada e ampliada, 1996.

——————. "Revogação da medida liminar em mandado de segurança", *in Coleção Estudos e Pareceres Mandado de Segurança e Direito Público*.

——————. *Tratado de Direito Processual Civil*. São Paulo, Revista dos Tribunais, 2ª ed., refundida, do v. I (arts. 1º ao 6º), do "Código de Processo Civil Comentado", 1990.

ASSIS, Carlos Augusto de. *Sujeito Passivo no Mandado de Segurança*. São Paulo, Malheiros Ed., 1997.

BANDEIRA DE MELLO, Celso Antônio. "Mandado de segurança contra concessão ou denegação de liminares", *in Revista de Direito Público*.

———. "O ato coator", in *Curso de Mandado de Segurança*. São Paulo, Revista dos Tribunais, 1986.

BARBI, Celso Agrícola. *Comentários ao Código de Processo Civil*. 9ª ed., Rio de Janeiro, Forense, 1994, v. I.

———. *Do Mandado de Segurança*. 3ª ed., Rio de Janeiro, Forense, 1976.

———. "Mandado de segurança coletivo", in *Mandado de Segurança*. Coordenador: Aroldo Plínio Gonçalves. Belo Horizonte, Del Rey, 1996.

———. "Mandado de segurança na Constituição de 1988", in *Mandados de Segurança e de Injunção*. Coordenador: Sálvio de Figueiredo Teixeira, São Paulo, Saraiva, 1990.

BARBOSA MOREIRA, José Carlos. "Regras de experiência e conceitos juridicamente indeterminados", in *Temas de Direito Processual*.

———. "Tendências contemporâneas do direito processual civil", in *Revista de Processo*, São Paulo, Editora Revista dos Tribunais, 1983, v. 31.

———. "Tutela sancionatória e tutela preventiva", in *Temas de Direito Processual*. São Paulo, Saraiva, 2ª Série, 1980.

BARCELOS, Pedro dos Santos. "Medidas liminares em mandado de segurança. Suspensão de execução de medida liminar. Suspensão de execução de sentença. Medidas cautelares", in *Revista dos Tribunais*. São Paulo, Revista dos Tribunais, v. 663.

BARRETO FILHO, Alberto Deodato Maia. "Mandado de segurança preventivo e lei em tese", in *Mandado de Segurança*. Coordenador: Aroldo Plínio Gonçalves. Belo Horizonte, Del Rey, 1996.

BARROS, Hamilton de Moraes. *As Liminares no Mandado de Segurança*. Rio de Janeiro, 1963.

———. "A proteção jurisdicional dos direitos humanos no direito positivo brasileiro", in *Revista de Informação Legislativa* 8 (32).

BASTOS, Celso Ribeiro. *Curso de Direito Constitucional*. 17ª ed. ampliada e atualizada, São Paulo, Saraiva, 1996.

———. *Do Mandado de Segurança*. São Paulo, Saraiva, 1978.

——— e MARTINS, Ives Gandra. *Comentários à Constituição do Brasil*. São Paulo, Editora Saraiva, 1989, 2º v..

BEDAQUE, José Roberto dos Santos. *Direito e Processo: Influência do Direito Material sobre o Processo*. 2ª ed., São Paulo, Malheiros Ed., 1997.

BUENO, Cassio Scarpinella. *Liminar em Mandado de Segurança*. São Paulo, Revista dos Tribunais, 1997.

BULOS, Uadi Lammêgo. *Mandado de Segurança Coletivo*. São Paulo, Revista dos Tribunais, 1996.

BUZAID, Alfredo. *Considerações sobre o Mandado de Segurança Coletivo*. São Paulo, Saraiva, 1992.

———. *Do Mandado de Segurança — Do Mandado de Segurança Individual*. São Paulo, Saraiva, 1979, v. I.

CALAMANDREI, Piero. *Instituciones de Derecho Procesal Civil*. Buenos Aires, 1943.

CALMON DE PASSOS, J. J. "O mandado de segurança contra atos jurisdicionais", *in Mandado de Segurança*. Coordenador: Aroldo Plínio Gonçalves. Belo Horizonte, Del Rey, 1996.

CAMPOS JÚNIOR, Ephraim. *Substituição Processual*. São Paulo, Revista dos Tribunais, 1985.

CAPPELLETTI, Mauro e GARTH, Bryant. *Acesso à Justiça*. Porto Alegre, Sérgio Fabris Editor, 1988.

CARNEIRO, Athos Gusmão. "Aspectos do mandado de segurança coletivo" *in Direito & Justiça*. Brasília, Correio Brasiliense, 1992.

CARREIRA ALVIM, J. E. *Ação Monitória e Temas Polêmicos da Reforma Processual*. 1ª ed., Belo Horizonte, Del Rey, 2ª tiragem, 1995.

CAVALCANTI, Themístocles Brandão. *Do Mandado de Segurança*. 5ª ed. revista e atualizada, Rio de Janeiro, Freitas Bastos, 1966.

CRETELLA JÚNIOR, J. *Comentários à Lei do Mandado de Segurança*. 7ª ed., Rio de Janeiro, Forense, 1995.

DALLARI, Adilson Abreu. "A autoridade coatora", *in Curso de Mandado de Segurança*. São Paulo, Revista dos Tribunais, 1986.

DINAMARCO, Cândido Rangel. *A Instrumentalidade do Processo*. 5ª ed., São Paulo, Malheiros Ed., 1996.

———. *A Reforma do Código de Processo Civil*. 2ª ed. revista e ampliada, São Paulo, Malheiros Ed., 1995.

———. *Execução Civil*. São Paulo, Revista dos Tribunais, 1973.

DIREITO, Carlos Alberto Menezes. *Manual do Mandado de Segurança*. 2ª ed. ampliada e atualizada, Rio de Janeiro, Renovar, 1994.

FAGUNDES, Miguel Seabra. *O Controle Jurisdicional dos Atos Administrativos pelo Poder Judiciário*. 5ª ed., Rio de Janeiro, Forense, 1979.

FERRAZ, Sérgio. *Mandado de Segurança (individual e coletivo) — Aspectos Polêmicos*. São Paulo, Malheiros Ed., 1993.

FERREIRA, Sérgio de Andréa. "A natureza mandamental-condenatória do mandado de segurança", *in RDP* v. 22. São Paulo, Revista dos Tribunais, 1972.

FERREIRA FILHO, Manoel Gonçalves. *Curso de Direito Constitucional*. 17ª ed., São Paulo, Saraiva, 1989.

FIGUEIREDO, Lúcia Valle. *A Autoridade Coatora e o Sujeito Passivo no Mandado de Segurança*. São Paulo, Revista dos Tribunais, 1991.

──────. "A liminar no mandado de segurança", *in Curso de Mandado de Segurança*. São Paulo, Revista dos Tribunais, 1986.

──────. *Mandado de Segurança*. 2ª ed., São Paulo, Malheiros Ed., 1997.

FIORILLO, Celso Antônio, RODRIGUES, Marcelo Abelha e ANDRADE NERY, Rosa Maria. *Direito Processual Ambiental Brasileiro*. Belo Horizonte, Del Rey, 1996.

FLAKS, Milton. *Mandado de Segurança: Pressupostos de Impetração*. Rio de Janeiro, Forense, 1980.

FONTOURA, Luis Jorge Tinoco. *O Mandado de Segurança e o Novo Agravo*. Belo Horizonte, Del Rey, 1996.

GIDI, Antônio. *Coisa Julgada e Litispendência nas Ações Coletivas*. São Paulo, Saraiva, 1995.

──────. "Legitimidade para agir nas ações coletivas", *in Revista de Direito do Consumidor*. São Paulo, Revista dos Tribunais, 1995, v. 14.

GRECO FILHO, Vicente. *Direito Processual Civil Brasileiro*. 9ª ed. atualizada, São Paulo, Saraiva, 1995, 3º v.

──────. *Tutela Constitucional das Liberdades*. São Paulo, Saraiva, 1989.

GRINOVER, Ada Pellegrini. *Código Brasileiro de Defesa do Consumidor Comentado pelos Autores do Anteprojeto*. 2ª ed., Rio de Janeiro, Forense Universitária, 1992.

──────. "Mandado de segurança coletivo: legitimação e objeto", *in Revista de Direito Público*. São Paulo, Revista dos Tribunais, 1990, v. 93.

──────. "Mandado de segurança coletivo: legitimação e objeto", *in Revista de Processo*. São Paulo, Revista dos Tribunais, 1990, v. 57.

──────. "Mandado de segurança coletivo: legitimação, objeto e coisa julgada", *in Revista de Processo*. São Paulo, Revista dos Tribunais, 1990, v. 58.

──────. "Mandado de segurança contra ato jurisdicional penal", *in Mandado de Segurança*. Coordenador: Aroldo Plínio Gonçalves, Belo Horizonte, Del Rey, 1996.

GUERRA, Marcelo Lima. *Estudos sobre o Processo Cautelar*. São Paulo, Malheiros Ed., 1995.

GUIMARÃES, Ari Florêncio. *O Ministério Público no Mandado de Segurança*. Curitiba, 1959.

GUIMARÃES, José Lázaro Alfredo. *As Ações Coletivas e as Liminares Contra Atos do Poder Público*. 2ª ed., Brasília, Brasília Jurídica, s.d.

LARA, Betina Rizzatto. *Liminares no Processo Civil*. São Paulo, Editora Revista dos Tribunais, 1998.

LEYSER, Maria Fátima Vaquero Ramalho. "O Ministério Público e o mandado de segurança coletivo", *in Revista da Associação dos Pós-Graduandos da PUC-Especial Direito*. São Paulo, APG, 1997.

LIEBMAN, Enrico Tulio. *Estudos sobre o Processo Civil Brasileiro*. São Paulo, Bushatsky, 1976.

——————. *Manual de Direito Processual Civil*. Trad. e notas de Cândido Rangel Dinamarco, Rio de Janeiro, Forense, 1985.

——————. *Manuale di Diritto Processuale Civile*. Milano, Giuffrè, 1992.

——————.*Processo de Execução*. 3ª ed., São Paulo, 1968.

LOPES DA COSTA, A. Araújo. *Direito Processual Civil Brasileiro*. 2ª ed., Rio de Janeiro, 1956.

——————. *Manual elementar de Direito Processual Civil*. Rio de Janeiro, 1956.

MACHADO, Hugo de Brito. *Mandado de Segurança em Matéria Tributária*. 2ª ed. revista e ampliada, São Paulo, Revista dos Tribunais, 1995.

MANCUSO, Rodolfo de Camargo Mancuso. *Ação Civil Pública*. 6ª ed. revista e atualizada, São Paulo, Revista dos Tribunais, 1999.

MARINONI, Luiz Guilherme. *A Antecipação da Tutela na Reforma do Código de Processo Civil*. São Paulo, Malheiros Ed., 1995.

——————. *Efetividade do Processo e Tutela de Urgência*. Porto Alegre, Sérgio Fabris Editor, 1994.

——————. *Tutela Cautelar e Tutela Antecipatória*. 1ª ed., São Paulo, Revista dos Tribunais, 2ª tiragem, 1994.

MEDINA, Paulo Roberto de Gouvêa. *Mandado de Segurança e de Injunção*. Coordenador: Sálvio de Figueiredo Teixeira. São Paulo, Saraiva, 1990.

MEIRELLES, Hely Lopes. *Direito Administrativo Brasileiro*. 8ª ed. atualizada, São Paulo, Revista dos Tribunais, 1981.

——————. *Mandado de Segurança, Ação Popular, Ação Civil Pública, Mandado de Injunção, "Habeas Data"*. 16ª ed. atualizada por Arnoldo Wald. São Paulo, Malheiros Ed., 1995.

MIRANDA, Pontes de. *Comentários ao Código de Processo Civil*. Rio de Janeiro, Forense, 1974, v. 1.

NERY JÚNIOR, Nelson. *Atualidades sobre o Processo Civil — A Reforma do Código de Processo Civil Brasileiro de 1994 e de 1995*. 2ª ed. revista e ampliada, São Paulo, Revista dos Tribunais, 1996.

——————. *Código Brasileiro de Defesa do Consumidor Comentado pelos Autores do Anteprojeto*. 2ª ed., Rio de Janeiro, Forense Universitária, 1992.

——————. *Código do Processo Civil Comentado e Legislação Processual Civil Extravagante em Vigor*.

——————. "Condições da ação", *in Revista de Processo*. São Paulo, Revista dos Tribunais, v. 64.

―――――. "Mandado de segurança coletivo", *in Revista de Processo*. São Paulo, Revista dos Tribunais, 1990, v. 57.

NERY JÚNIOR, Nelson e ANDRADE NERY, Rosa Maria. *Código de Processo Civil Comentado e Legislação Processual Civil em Vigor Comentados*. São Paulo, Revista dos Tribunais, 1994.

NOBRE JÚNIOR, Edilson Pereira. "O novo perfil da liquidação da sentença", *in Revista dos Tribunais*. São Paulo, Revista dos Tribunais, v. 707.

NUNES, Castro. *Do Mandado de Segurança e de Outros Meios de Defesa Contra Atos do Poder Público*. 8ª ed. atualizada por José de Aguiar Dias. Rio de Janeiro, Forense, 1980.

OLIVEIRA, Eduardo Ribeiro de. "Recursos em mandado de segurança", *in Mandados de Segurança e de Injunção*. Coordenador: Sálvio de Figueiredo Teixeira. São Paulo, Saraiva, 1990.

OLIVEIRA, Francisco Antônio de. *Mandado de Segurança e Controle Jurisdicional*. 2ª ed. revista e atualizada, São Paulo, Revista dos Tribunais, 1996.

OLIVEIRA, Lourival Gonçalves. "Interesse processual e mandado de segurança coletivo", *in Mandados de Segurança e de Injunção*. Coordenador: Sálvio de Figueiredo Teixeira. São Paulo, Saraiva, 1990.

PADILLA, Luiz R. Nuñes. "Mandado de segurança contra omissão judicial", *in Revista de Processo*. São Paulo, Revista dos Tribunais, 1993, v. 72.

PARÁ FILHO, Tomas. "Execução no mandado de segurança", *in Revista dos Tribunais*. São Paulo, Editora Revista dos Tribunais, vol. 418, 1970.

PASSOS, Paulo Roberto da Silva. "A medida liminar no mandado de segurança e a Constituição de 1988", *in Revista dos Tribunais*, volume 655. São Paulo, RT, 1990.

―――――. *Do Mandado de Segurança*. 1ª ed., São Paulo, Edipro, 1991.

PIETRO, Maria Sylvia Zanella di. "Mandado de Segurança, ato coator e autoridade coatora", *in Mandado de Segurança*. Coordenador: Aroldo Plínio Gonçalves. Belo Horizonte, Del Rey, 1996.

PISANI, Andrea Proto. "Breve premessa a un corso sulla giustizia civile", *in Appunti sulla giustizia civile*. Bari, Cacucci, 1982.

―――――. "I rapporti fra diritto sostanziale e processo", *in Appunti sulla giustizia civile*. Bari, Cacucci, 1982.

ROCHA, José de Moura. *Mandado de Segurança — A Defesa dos Direitos Individuais*. 1ª ed., Rio de Janeiro, Aidê, 2ª tiragem, 1987.

SALOMÃO, Jorge. *Execução no Mandado de Segurança*. Rio de Janeiro, Freitas Bastos, s.d.

SANTOS, Ernane Fidélis dos. "Mandado de segurança individual e coletivo (legitimação e interesse)", in *Mandado de Segurança e de Injunção*. Coordenador: Sálvio de Figueiredo Teixeira. São Paulo, Saraiva, 1990.

SANTOS, Moacyr Amaral dos. "Natureza jurídica do mandado de segurança", in *Revista de Direito Público*. São Paulo, Revista dos Tribunais, 1981, v. 17.

SIDOU, J. M. Othon. *"Habeas Data", Mandado de Injunção, "Habeas Corpus", Mandado de Segurança, Ação Popular — As Garantias Ativas dos Direitos Coletivos, Segundo a Nova Constituição*. 3ª ed., Rio de Janeiro, Forense, 1989.

SILVA, José Afonso da. *Curso de Direito Constitucional Positivo*. 14ª ed., São Paulo, Malheiros Ed., 1997.

SILVA, Ovídio A. Baptista da. *A Ação Cautelar Inominada no Direito Brasileiro*. 4ª ed., Rio de Janeiro, Forense, 1992.

SILVA JÚNIOR, Walter Nunes da. *Mandado de Segurança Contra Ato Judicial*. Natal, 1990.

SLAIBI FILHO, Nagib. *Anotações à Constituição de 1988 — Aspectos Fundamentais*. Rio de Janeiro, Forense, 1989.

SOUSA, Sebastião de. *Dos Processos Especiais*. Rio de Janeiro, 1957.

TÁCITO, Caio. "Mandado de segurança preventivo", in *Revista de Direito Administrativo*. 1960, v. 61.

TEIXEIRA, J. H. Meirelles. *Curso de Direito Constitucional organizado e atualizado por Maria Garcia*. 1ª ed., Forense Universitária, 1991.

TEMER, Michel. *Elementos de Direito Constitucional*. 9ª ed., São Paulo, Malheiros Ed., 1992.

THEODORO JÚNIOR, Humberto. *Curso de Direito Processual Civil*. 16ª ed., Rio de Janeiro, Forense, 1996, v. II.

──────. "Mandado de segurança preventivo e a lei em tese", in *Mandados de Segurança e de Injunção*. Coordenador: Sálvio de Figueiredo Teixeira. São Paulo, Saraiva, 1990.

TUCCI, José Rogério Cruz e. *"Class action", e Mandado de Segurança Coletivo*. São Paulo, Saraiva, 1990.

SUNDFELD, Carlos Ari. "Mandado de segurança coletivo na Constituição de 1988", in *Revista de Direito Público*. São Paulo, Revista dos Tribunais, 1989, v. 89.

VELLOSO, Carlos Mário da Silva. "As novas garantias constitucionais", in *Revista dos Tribunais*. São Paulo, Revista dos Tribunais, 1989, v. 644.

──────. "Conceito de Direito Líquido e Certo", in *Curso de Mandado de Segurança*. São Paulo, Revista dos Tribunais, 1986.

———. "Do mandado de segurança e institutos afins na Constituição de 1988", in *Mandados de Segurança e de Injunção*. Coordenador: Sálvio de Figueiredo Teixeira, São Paulo, Saraiva, 1990.

———. *Temas de Direito Público*. Belo Horizonte, Del Rey, 1994.

VIDIGAL, Luis Eulálio de Bueno. *Do Mandado de Segurança*. São Paulo, Saraiva, 1953.

WALD, Arnoldo. *Do Mandado de Segurança na Prática Judiciária*. 3ª ed., Rio de Janeiro, Forense, 1968.

WAMBIER, Luiz Rodrigues. "Liminares: alguns aspectos polêmicos", in *Repertório de Jurisprudência e Doutrina sobre Liminares*. Coordenadora: Teresa Arruda Alvim Wambier, São Paulo, Revista dos Tribunais, 1995.

WAMBIER, Theresa Arruda Alvim. *Medida Cautelar, Mandado de Segurança e Ato Judicial*. 3ª ed. revista e ampliada, São Paulo, Revista dos Tribunais, 1994.

———. *Nulidades da Sentença*. São Paulo, Revista dos Tribunais, 1987.

———. *O Novo Regime do Agravo*. 2ª ed. revista e atualizada, São Paulo, Revista dos Tribunais, 1996.

WATANABE, Kazuo. *Controle Jurisdicional e Mandado de Segurança Contra Atos Judiciais*. São Paulo, Revista dos Tribunais, 1980.

———. *Da Cognição no Processo Civil*. São Paulo, Revista dos Tribunais, 1987.

ZARIF, Cláudio Cintra. "Da coisa julgada nas ações coletivas", in *Revista de Direito do Consumidor*. São Paulo, Revista dos Tribunais, 1995, v. 15.

ZAVASCKI, Teori Albino. "Antecipação da tutela e colisão de direitos fundamentais", in *Repertório de Jurisprudência e Doutrina sobre Liminares*. Coordenadora: Theresa Arruda Alvim Wambier. São Paulo, Revista dos Tribunais, 1995.

Leitura Recomendada

EXAME DE ORDEM
Wagner Veneziani Costa, Valter Roberto Augusto e Marcelo Aquaroli

Esta obra complementa o trabalho das faculdades na formação dos profissionais de carreira jurídica, pois o padrão institucionalizado de um ensino demasiado teórico acaba por levar ao exercício do Direito sem qualquer prática, gerando frustrações que teoria alguma ensina como evitar.

CONTRATOS
Manual Prático e Teórico
Wagner Veneziani Costa e Gabriel J. P. Junqueira

Neste volume o leitor encontra todos os modelos de contratos, dos mais simples aos mais completos, que são necessários na vida diária dos cidadãos e das empresas. As mais variadas situações de nossa vida pessoal e profissional exigem que sejam firmados contratos, e é justamente para atender a estas necessidades que o presente livro foi elaborado. Obra aperfeiçoada ao longo de suas sucessivas edições.

DICIONÁRIO JURÍDICO
Wagner Veneziani Costa e Marcelo Aquaroli

Este Dicionário apresenta cerca de 1.500 termos de Direito, para todos os campos da atividade jurídica. É uma seleção de termos e expressões que guiam o consulente na termionologia do Direito. Os autores preocuparam-se com a inclusão de Direito novos verbetes e, dentro dos já em uso, novas conceituações. Assim, o leitor — seja estudante de Direito, advogado, leigo ou outro — encontrará o antigo e o novo. Uma obra pequena em volume e rica em conteúdo. Um roteiro básico da terminologia jurídica.

CÁLCULOS TRABALHISTAS
Leila Moreira Soares

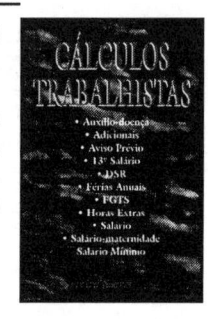

Todos sabemos que os cálculos trabalhistas fazem parte da rotina de qualquer empresa, por menor que seja o número de seus funcionários. Fazem parte da vida funcional, sendo importantes não apenas no momento do desligamento do empregado, mas durante toda a sua trajetória de trabalho.

Leitura Recomendada

CRIMES NAS RELAÇÕES DE CONSUMO
Marlon Wander Machado

Com excelente didática e profundo conhecimento, Marlon Wander Machado oferece ao público este proveitoso livro, com comentários e análise jurisprudencial dos crimes contra o consumidor, contra a economia popular e tipos específicos do Código Penal.

PROCESSO DO TRABALHO
Prática e Teoria
Jamil Hahmad Abou Hassan

Processo do Trabalho — Prática e Teoria foi escrito em linguagem jurídica de fácil compreensão e voltado tanto ao acadêmico quanto ao profissional da área de Direito, auxiliando-os em uma busca imediata e real e respondendo às dúvidas mais pertinentes ao assunto, ilustradas com modelos de petições.

CONFLITO, ESTRATÉGIA E NEGOCIAÇÃO
O Direito e sua Teoria
Márcio Pugliesi

O autor, um generalista, enfoca o Direito como um fenômeno complexo e tendo como núcleo o conflito.
A lide, de fato, caracteriza a principal atividade do sistema judicial e sujeita-se a regras e, como conseqüência dessa concepção, aplica resultados da Teoria de Jogos para buscar a otimização das condutas e a solução de conflitos num contexto de globalização, abertura de mercados e convívio de pluralidade de ordenamentos.

RESPONSABILIDADE CIVIL DO JUIZ, A
José Carlos de Araujo Almeida Filho

Este livro, em texto claro e conciso, discute sobre a responsabilidade das ações do magistrado, sua postura diante da sociedade e a conduta ética deste profissional. Leitura indispensável para juízes, advogados e estudantes.

WVC EDITORA

CADASTRO/MALA DIRETA

Envie este cadastro preenchido e passará receber informações dos nossos lançamentos, nas áreas que determinar.

Nome _____
Endereço Residencial _____
Bairro _____ Cidade _____
Estado _____ CEP _____ Fone _____
E-mail _____
Sexo ☐ Fem. ☐ Masc. Nascimento _____
Profissão _____ Escolaridade (Nível/curso) _____

Você compra livros:
☐ livrarias ☐ feiras ☐ telefone ☐ reembolso postal
☐ outros: _____

Quais os tipos de literatura que você LÊ:
☐ jurídicos ☐ pedagogia ☐ romances ☐ espíritas
☐ esotéricos ☐ psicologia ☐ saúde ☐ religiosos
☐ outros: _____

Qual sua opinião a respeito desta obra? _____
_____

Indique amigos que gostariam de receber a MALA DIRETA:
Nome _____
Endereço Residencial _____
Bairro _____ CEP _____ Cidade _____

Nome do LIVRO adquirido: **Mandado de Segurança**

WVC Gestão Inteligente Comercial Ltda.
Rua Francisco Baruel 70 — Santana — CEP 02403-026 — SP
Tel.: (0__11) 6959.1127 — Fax: (0__11) 6959.3090
www.madras.com.br/wvc

Para receber catálogos, lista de preços
ou enviar originais escreva para:

WVC
EDITORA

GESTÃO INTELIGENTE COMERCIAL LTDA.

Rua Francisco Baruel, 70 — Santana
02403-026 — São Paulo — S.P.
Tel.: (0_ _11) 6959.1127 — Fax: (0_ _11) 6959.3090
www.madras.com.br/wvc